叶志鹏◎著

逆袭的技艺
地方政府与中国经济奇迹

THE ART OF
COUNTERATTACK
LOCAL GOVERNMENTS AND
CHINA'S ECONOMIC MIRACLE

经济日报出版社

图书在版编目（CIP）数据

逆袭的技艺：地方政府与中国经济奇迹 / 叶志鹏著. —北京：经济日报出版社，2023.11

ISBN 978-7-5196-1347-1

Ⅰ.①逆… Ⅱ.①叶… Ⅲ.①地方政府-行政管理-作用-中国经济-经济发展-研究 Ⅳ.①D625②F124

中国国家版本馆CIP数据核字（2023）第175405号

逆袭的技艺：地方政府与中国经济奇迹
NIXI DE JIYI：DIFANG ZHENGFU YU ZHONGGUO JINGJI QIJI

叶志鹏　著

出　　版：	经济日报出版社
地　　址：	北京市西城区白纸坊东街2号院6号楼710（邮编100054）
经　　销：	全国新华书店
印　　刷：	北京虎彩文化传播有限公司
开　　本：	710mm×1000mm　1/16
印　　张：	17.75
字　　数：	205千字
版　　次：	2023年11月第1版
印　　次：	2023年11月第1次印刷
定　　价：	50.00元

本社网址：edpbook.com.cn　　　　　微信公众号：经济日报出版社
未经许可，不得以任何方式复制或抄袭本书的部分或全部内容，**版权所有，侵权必究**。
本社法律顾问：北京天驰君泰律师事务所，张杰律师　举报信箱：zhangjie@tiantailaw.com
举报电话：010-63567684
本书如有印装质量问题，请与本社总编室联系，联系电话：010-63567684

序　言

在中国的改革开放及经济崛起的过程中,一个引人注目和耐人寻味的现象是,中国经济地理发生的重构,亦即一些曾经经济发达的地区逐渐相对落后了,而一些"名不见经传"的地区实现了超越后进的发展(Beyond late development),成为中国经济版图中新兴的经济或产业增长极和现代化城市,这就是本书作者所谓的"地区经济逆袭"(以下简称"逆袭")。"逆袭"是中国经济崛起过程中的一个实践结果,导致这个结果的"因"是什么?围绕这一问题及其相关问题已有大量实然和因然的研究分析,形成了由不同理论视角或维度以及不同的研究分析方法组成的研究文献集群,犹如对中国经济发展解释的学术研究"拼图",这幅"拼图"中的每"一块"都具有不可或缺的研究贡献,但又总是给人留下尚可与时俱进的拓展空间,从而引发学人尤其是年轻学人们力图继续完善"拼图"的学术探索兴趣和热情。本书作者叶志鹏博士就是秉持这种兴趣和热情,在攻读博士学位期间基于大量的相关文献进行学习和梳理以及调研访谈,一直在思考和研究"逆袭"为何发生以及怎样发生的问题,最终成就了他的博士学位论文,进而也成就了展现在读者面前的这本学术专著。

区域之间"为增长而竞争"是中国经济崛起的内生动力,这一竞争是在要素资源稀缺的约束条件下,争取要素资源的空间集聚,正如克鲁格曼（Paul R. Krugman）所指出的，经济活动的空间特征就是"集中"。这一竞争势必显现出以经济活动集中强度差异的空间格局，经济区位论、比较优势理论、区域经济学等从资源禀赋条件差异揭示了某种区域空间格局的必然性及其演变的一般规律；区域间为什么要为增长而竞争？学者们也分别基于财政联邦制理论、晋升锦标赛、新结构经济学等理论视角，从政府的行为逻辑解释了区域经济发展中的竞争，以及竞争中的政府与市场关系。但为何一些区位条件与要素禀赋并不突出的地区，得以在激烈的竞争中脱颖而出（"逆袭"）？已有研究文献对此问题研究涉及不多，且基于一般经济学或政治经济学理论的解释力有限，缺乏对"逆袭"的机制性问题的深入研究。

叶志鹏博士的《逆袭的技艺：地方政府与中国经济奇迹》一书，尝试从政府发展能力视角，基于经济地理学中的空间尺度概念，来探究尺度重构（Rescaling）如何加速推动产业集聚发展以实现"逆袭"。尺度重构是一种空间资源和行政资源的重新调整或聚集（近十几年各地均出现的产业园区和行政区划的"撤、并"现象），空间尺度重构为产业集聚创设空间载体，并增强地方政府产业发展权限，而地方政府借助尺度重构的制度变迁过程来塑造区域营商环境，推动区域产业的超常规发展。尺度重构的行为主体在中国一定是政府，尺度重构的空间规划、产业设计、相关政策资源的获取、措施制定和执行力等综合地构成了政府发展能力，换言之，以尺度重构作为"逆袭"的解释变量，就是视政府能力与"逆袭"具有因果关系，政府能力决定了尺度重构的有效性，进而决定了区域的产业能否有效发展甚至超常规发展，但地方政府发展能力与自然资源一样具有空间异质性，这就形成了该书具有新意的问题研究理论视角，它契合了中国经济发展中的现实感受。在实证部分，该书采取一种基于案例的混合研究策略，以昆山案例的长历史分析为主，揭示了地方政府借助尺度重构推动区域产业发展的因果机制，并进一步从地方政府的组织视角和地方官员的个体视角，探讨了地方政府发展能力的形成机制与强化机制。与此同时，该书借助最相似案例比较法，横向比较昆山与周边县市，进一步探索了地方政府能力异质性对区域发展成效及演变路径的形塑作用。

有学术理论价值的研究成果，总是能从其研究分析结论或发现中揭示具有一般意义的规律性认知。叶志鹏博士的该书研究选题把学术前沿性问题与现实问题很好地结合在一起，从政府发展能力的理论视角构建了分析框架，把空间尺度重构作为政府发展能力的一个观察指标，由此展开区域产业发展的研究，不仅解释了"逆袭"为何得以形成的问题，更有意义的是该书为研究"中国经济奇迹"提供了一种地方政府发展能力的新视角，通过揭示地方政府借助尺度重构创设和改善市场环境机制，增进了对中国经济体制转型时期政府与市场关系的理解。因此，该书有助于拓宽学术界对于空间尺度重构理论、地方政府行为理论、发展型国家理论、政策试验与政策企业家理论，以及中国中央与地方关系的研究思路。我相信，包括经济学、公共管理学、政治学和经济地理学在内的多学科研究人员，以及对中国区域发展和地方政府行为感兴趣的广泛公众读者，都能从阅读本书中获得启迪。

叶志鹏博士作为一个"90后"的"学术新新人类"，能够出版这样一部具有良好学术功底的专著，充分反映了他的学术理论素养和研究能力具有超常规的积累，更难能可贵的是他对现实的了解和理解程度超越了许多同龄学人。在校就读期间，他就对昆山、东莞、温州、宁波、福州、广州、深圳等地进行了多次深入调研访谈，参加工作后又对上海周边长三角地区继续实地调研,这就使得叶志鹏博士的研究具有了扎根于实践的生命力,根深才能叶茂。作为他的博士论文指导教师,我对叶志鹏博士的学术成就甚感欣慰,也期待他不负清华大学的培育,取得更多的优秀研究成果。

殷存毅

清华大学公共管理学院教授

2023 年 5 月 1 日于荷清苑

目 录

第一章 导论：转换尺度再解中国经济奇迹命题 … 1
- 一、神州大地不断涌现地区逆袭 … 3
- 二、探析中国经济奇迹地方基础 … 6
- 三、细致考量地方政府发展能力 … 10
- 四、研究思路与设计 … 14
- 五、本书的章节安排 … 19

第二章 视角：地方政府发展能力缘何重要 … 23
- 一、区域经济发展的三种经典解释及缺憾 … 25
- 二、从激励到能力：补地方政府行为缺环 … 42
- 三、引入地方政府发展能力的异质性视角 … 56
- 四、本章小结 … 70

第三章 昆山经济奇迹：地区经济逆袭的典型样本 … 73
- 一、昆山经济奇迹的样本价值 … 75
- 二、昆山经济奇迹的历史素描 … 76
- 三、昆山经济奇迹中的试验区 … 91
- 四、比较视野下的昆山经济奇迹 … 93
- 五、昆山经济奇迹中的政府角色初探 … 105
- 六、本章小结 … 115

第四章　地方政府发展能力的施展：以尺度重构为舞台 …… 117
一、尺度重构：政府发展能力的施展舞台 ………… 119
二、权力与空间：尺度重构的两种作用机制 ………… 121
三、依托尺度重构施展的政府发展能力要素 ………… 132
四、影响尺度重构有效性的地方结构性因素 ………… 146
五、机缘抑或努力？逆袭现象的竞争性解释 ………… 148
六、本章小结 ………… 154

第五章　地方政府发展能力的演变：地方政府的视角 …… 157
一、上下互动式扩权：能力演变的解释模型 ………… 159
二、借势型政策创新与创新风险的创造性转化 ………… 167
三、跨层级央地互动与中央政府的注意力分配 ………… 169
四、嵌入型政商互动与地方发展绩效承诺兑现 ………… 172
五、发展绩效反馈与地方政府发展能力的成长 ………… 174
六、本章小结 ………… 177

第六章　地方政府发展能力的演变：地方官员的视角 …… 179
一、自下而上的政策企业家精神：地方官员的角色 ………… 181
二、政府官员的创新特质与地方发展策略选择 ………… 189
三、官员关键决策与地方经济结构的路径依赖 ………… 191
四、地方经济结构赋能政策企业家精神的发挥 ………… 196
五、本章小结 ………… 199

第七章　讨论：昆山案例的借鉴价值及其理论蕴含 …… 203
一、昆山案例的特殊性与一般性 ………… 205
二、昆山模式的理论价值蕴含 ………… 214

第八章 结语 ·· 223

一、初步提出地方政府发展能力理论 ························ 225

二、重新解析中国经济奇迹理论命题 ························ 228

三、迈向中国特色的区域政治经济学 ························ 231

参考文献 ·· 237

后记 ··· 267

第一章

导论：转换尺度再解中国经济奇迹命题

第一章 导论：转换尺度再解中国经济奇迹命题

一、神州大地不断涌现地区逆袭

中国在改革开放以来的40余年时间里，国内生产总值（GDP）以接近年均10%的速度保持高速增长，从根本上改变了中国的发展面貌。放眼全球，中国所取得的经济成就被学术界冠以"中国经济奇迹"（China's economic miracle）命题加以研究。学者们多将中国的经济增长基础归结为在中央政府的有力引导下，地方政府之间开展的有效的区域经济竞争，并探究了助推区域经济良性竞争的相关制度安排。例如，一些著名经济学家提出，中央与地方政府之间的行政与财政分权结构，为地方政府"为增长而竞争"的行为提供了官员晋升激励和地方财税激励，进而推动了持续性的经济增长[①]。

以区域经济竞争的视角来考察"中国经济奇迹"命题，实质上是将地方政府及区域经济纳入了解析该命题的分析范畴。这是因为，不同于世界上绝大多数经济体，在中国，地方政府承担着推动辖区内经济发展的重要职能，而这恰是地方政府开展激烈区域竞争的重要内容。有竞争就有胜出者。理论上，更具区位优势、要素禀赋优势以及行政资源的地区更有利于在区域经济竞争中胜出。这意味着，那些"天赋

---

① 冯兴元. 地方政府竞争：理论范式，分析框架与实证研究 [M]. 上海：译林出版社，2010. 张五常. 中国的经济制度 [M]. 北京：中信出版社，2009. 张军，周黎安. 为增长而竞争：中国增长的政治经济学 [M]. 上海：上海人民出版社，2008. 周黎安. 转型中的地方政府：官员激励与治理 [M]. 上海：格致出版社，2017. QIAN Y. How reform worked in China: The transition from plan to market [M]. MIT Press, 2017. XU C. The fundamental institutions of China's reforms and development [J]. Journal of Economic Literature, 2011, 49 (4): 1076-1151.

平庸"的地区难以在激烈的区域经济竞争中取胜。

但事实上，反例并不鲜见，在改革开放过程中不断涌现出一系列地区逆袭者。其中，江苏昆山无疑是中国区域竞争中逆袭者的典型代表。改革开放之初，昆山是苏州下辖 8 县中最为贫穷的农业县，论区位或要素资源禀赋均不及周边地区。然而，步入 20 世纪 90 年代后，昆山迅速从农业县转变为中国制造业重镇。进入 2000 年后，昆山更是发展成为全球电子信息制造业的重要基地之一，是"全球—地方"产业链深度联结的成功范例[1]。自 2005 年起至 2022 年，昆山已经连续 18 年蝉联全国百强县之首，其电子信息制造业产值一度超过 5000 亿元人民币。2010 年，昆山的出口总额超过 500 亿美元（与当年北京市的出口规模相当），笔记本电脑产量占全球 2/3。2019 年，昆山市的 GDP 规模超过 4000 亿元的门槛，2023 年进一步成为全国首个跨入"5000 亿元俱乐部"的县级市。

就地区逆袭而言，昆山并非孤例。例如，在珠三角地区，东莞至改革开放之初仍是广东惠阳地区下辖 11 个县市中工业化基础最为薄弱的县。彼时，无论是区位条件，抑或要素禀赋结构，东莞都称不上是珠三角地区的优等生。然而，东莞以"三来一补"出口加工贸易起家，迅速发展成为"世界工厂"，造就了闻名全国的东莞模式。东莞的经济逆袭可从统计数据中得以印证：其 GDP 规模从 1978 年的 6.11 亿元，增长至 2017 年的 7582.12 亿元，年均增长 15.5%，常住人口城镇化率达到 89.86%。至 2022 年，东莞晋级"万亿元俱乐部"，位居广东省

---

[1] 司月芳，曾刚，曹贤忠，等. 基于全球—地方视角的创新网络研究进展[J]. 地理科学进展，2016，35（5）：600-609.

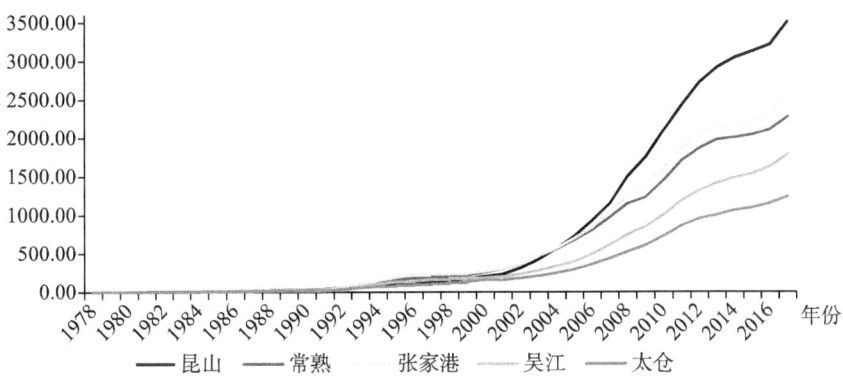

图 1-1 昆山与周边县市的 GDP 规模比较（1978—2017）

资料来源：各县市历年统计年鉴、统计公报。

注：单位（亿元）。

第四、全国 30 强。东莞的经济逆袭不仅体现在工业产值上，就科技创新而言，东莞也已摆脱早年的贴牌和代加工的发展面貌。至 2019 年，东莞市所拥有的国家高新技术企业数量超过 6000 家，位居全国第五、地级市第一。

在省会城市中，最为典型的逆袭样本当属贵阳市。自 2013 年以来，贵阳市在大数据产业的集聚发展上大放异彩，助推城市经济的"弯道超车"①。贵阳市的 GDP 规模在全国的排名，从 2012 年的第 90 名迅速跃升至 2022 年的第 58 名。此外，合肥在省会城市中经济的快速崛起，也是一个为人津津乐道的例子，合肥市政府更是被产业界和媒体称为中国最佳"政府合伙人"。合肥的 GDP 规模从 2012 年的 4167.98 亿元增加到 2021 年的 1.14 万亿元，年均增长 9.1%，高于全

---

① 尚虎平，刘俊腾. 欠发达地区的政策创新真的促进了"弯道超车"吗？——一个面向贵阳市大数据发展政策的合成控制检验 [J]. 公共管理学报，2021，18（04）：34-45+168.

国、全省2.4和0.7个百分点。合肥的GDP在全国城市中的排名已上升至2021年的第19位，10年间前进了13位，在省会城市中居第9位，比2012年前移6位。再如，浙江义乌、温州等地，其经济追赶时间或长或短，这些县市都在与周边地区的激烈经济竞争中实现了经济赶超与逆袭。

层出不穷的经济逆袭现象，为解析"中国经济奇迹"命题带来了双面效应：一方面，经济逆袭映衬出区域经济竞争在塑造中国经济奇迹过程中的重要作用，呈现出地方政府与中央政府合力将"经济蛋糕"做大的过程；另一方面，经济逆袭现象也给区域经济增长的传统理论解释带来了根本性挑战。其中一个值得探究的问题是：为何这些"天赋平庸、基础薄弱"的落后者能在激烈的区域经济竞争中脱颖而出？地方政府，尤其是成功推动地区经济逆袭的地方政府在推动和形塑"中国经济奇迹"的过程中究竟"做对了什么"？这成为本书着重探讨和回答的重要议题。

二、探析中国经济奇迹地方基础

如前文所述，在中国的工业化与经济全球化进程中，一些资质平庸、基础薄弱的地区却能在激烈的区域经济竞争中逆流而上、脱颖而出。这些逆袭地区不仅创造了令人瞩目的地方经济发展成就，同时也塑造了各具特色的区域经济发展模式，典型如温州模式、东莞模式、义乌模式、昆山模式、合肥模式、贵阳模式等，均在中国改革开放经济史中留下了浓墨重彩的一笔。

第一章　导论：转换尺度再解中国经济奇迹命题

地区逆袭现象，既是"中国经济奇迹"的构成内容，同时也对解析这一时代命题提出了新的研究方向。如同数学领域的"哥德巴赫猜想"，"中国经济奇迹"命题也吸引了众多顶尖学者，尤其是在经济学界几乎所有顶尖经济学家均参与了这场"华山论剑"，尝试给出一个令人信服的理论解释。此处，暂且抛开对这些理论学说孰优孰劣的评论，单就其研究尺度而言，大多数研究均从国家尺度来考察"中国经济奇迹"命题。即使部分理论关注到区域竞争对于"中国经济奇迹"的重要性，如县际竞争理论、"官场＋市场"理论等，但也均侧重于关注区域竞争的宏观经济呈现，未能探究宏观经济的地方特质以及宏观、中观与微观因素之间的互动关系。

故此，地区逆袭现象，实质上是指向了"中国经济奇迹"的地方动力与成因。不过，一旦将研究尺度从国家层级下降至区域和地方层级，便不得不考察经典的区域经济与产业发展理论的有效性问题。这一研究问题背后所指向的理论问题是——区域产业发展的成效差异由何决定？针对这一理论问题，在地理学界和经济学界已有长达100余年的理论思考，从马歇尔的产业集聚理论，到古典区位论的发展，再到发展经济学领域的理论创新，以及近年来的发展型国家理论和新结构经济学等，吸引了无数卓越的经济学家、地理学家以及政治学家们持续投入的思考。然而，正如在本书第二章文献评述中所指出的，地区逆袭现象也同样难以从区域产业集聚发展的相关理论学说中得到令人满意的解释。例如，以区位论和新经济地理学为代表的区位论、以新经济地理学和新结构经济学为代表的要素禀赋结构论，或如以新结构经济学和发展型国家理论为代表的国家政策扶持论，上述三个经典理论学说既无法解释在要素自由流动受阻的制度背景下产业集聚的动力机制，亦无助于理解在国家政策缺失条件下多层级政府互动与区域产业发展之间的关系。究其根本在于，既有理论忽视了地方制度差异对于产业集聚发展的重要影响，尤其是忽视了地方政府在推动产业发展过程中的积极有为角色①。

就此而言，本书对地区逆袭现象的关注，乃是借此来探究"中国经济奇迹"的地方制度基础，将地方政府在推动辖区经济发展中的积极有为角色纳入考察。当然，此前也不乏探究地方制度因素之于区域发展的文献，但聚焦产业及经济发展维度的探讨不多。例如，20 世纪 80 年代以来，经济地理学中涌现出的"新区域主义"研究转向便十分强调制度因素对于区域发展的重要影响②。与此同时，在比较政治经济学领域，也涌现出一批探究区域发展之地方制度基础的文献，如地方的所有制差异对区域经济增长的长期影响③。其中，就产业发展的动力机制而言，一项较具代表性的研究探讨了"为何美国洛杉矶和旧金山的经济发展水平自 20 世纪 80 年代的'难分伯仲'逐渐演变为

---

① 李世杰，胡国柳，高健. 转轨期中国的产业集聚演化：理论回顾、研究进展及探索性思考 [J]. 管理世界，2014（4）：165-170.

② STORPER M. The regional world: territorial development in a global economy [M]. Guilford press, 1997. SCOTT A J. Regions and the world economy: The coming shape of global production, competition, and political order [M]. Oxford: Oxford University Press, 1998. MARTIN R, SUNLEY P S. Low convergence? The new endogenous growth theory and regional development [J]. Economic Geography, 1998, 74 (3): pp.201-227. 苗长虹，樊杰，张文忠. 西方经济地理学区域研究的新视角：论"新区域主义"的兴起 [J]. 经济地理，2002，22（6）：644-650.

③ 刘瑞明. 所有制结构，增长差异与地区差距：历史因素影响了增长轨迹吗？[J]. 经济研究，2011（2）：16-27. 刘明兴，张冬，章奇. 区域经济发展差距的历史起源：以江浙两省为例 [J]. 管理世界，2015（3）：34-50.

'分道扬镳',并拉开明显差距"①。作者指出,洛杉矶的"掉队",除了90年代美国国防部因冷战结束而缩减军需,导致其航空航天产业急剧萎缩之外,更重要的是洛杉矶的"垂直一体化"科研组织体系难以适应"新经济"的发展需求,以及洛杉矶地区领导层过于关注贸易服务产业而非知识经济所导致。近来,北京大学贺灿飞教授基于中国的区域产业发展实践指出,地方政府的发展战略选择,有助于打破区域产业发展的路径依赖②。这两篇与本书主题相近的文献,均指出了地方政府作为地方制度中的关键行动主体对于区域产业发展所产生的重要影响。

探究"中国经济奇迹"背后的地方政府角色,也与中国的发展模式和制度安排有着直接关联。在中国改革开放以来的央地分权结构下,地方政府不仅在区域经济发展中扮演着政策执行者与创新者等多重身份,同时还掌握着丰富的政策资源和政策工具。一方面,地方政府是中央产业政策的直接执行者。地方政府可以传递、细化,甚至变通执行中央政府的产业政策,以推动辖区经济发展与产业的转型升级;另一方面,地方政府也是其辖区内各类区域政策创新的主要行动主体。在这过程中,地方政府既可以利用其行政权限展开地方政策试验与创新,也可以向上级乃至中央政府索取选择性、排他性的区域政策,以推动本辖区的产业集聚发展。更重要的是,地方政府还常扮演着推动

---

① STORPER M, KEMENY T, MAKAREM N P, OSMAN T. The rise and fall of urban economies: Lessons from San Francisco and Los Angeles [M]. Stanford University Press, 2015.

② 贺灿飞. 区域产业发展演化:路径依赖还是路径创造?[J]. 地理研究, 2018, 37(7): 1253-1267.

制度变迁的角色——"制度企业家"①，尤其是在改革开放初期要素跨地区自由流动受阻的制度背景下，地方政府通过推动各类横向经济联合组织以促进要素和产品流动，从而突破了区位优势论和要素禀赋论的前提假设——要素自由流动。换言之，唯有引入地方政府在推动区域产业发展中的角色，才能更好地理解区位条件、要素禀赋以及国家政策等影响因素发挥其作用的重要前提，也有助于理解地方制度因素在推动地区经济逆袭背后所扮演的关键性角色。

三、细致考量地方政府发展能力

探究地方政府推动经济发展的组织行为模式，是解析"中国经济奇迹"地方基础的关键。长期以来，经济发展中地方政府行为模式与逻辑广受学界关注，并涌现出一系列颇具影响力的理论创新。其中，主流的经济学理论解释大致遵循着"激励→行为"模型，暗含假定地方政府推动经济发展的增长激励直接决定了增长绩效②。基于这一模型，诸多理论创新从不同的视角揭示了中国地方政府的行为激励来源，主要包括财政激励和晋升激励，其构成了中国地区竞争分析视角③。实际上，采用这一分析视角的理论创新大多聚焦于产业发展的宏观结

---

① 杨瑞龙. 我国制度变迁方式转换的三阶段论 [J]. 经济研究，1998（1）：5-12.

② 周黎安. 转型中的地方政府：官员激励与治理 [M]. 上海：上海人民出版社，2008.

③ 张军，周黎安. 为增长而竞争：中国增长的政治经济学 [M]. 上海：上海人民出版社，2008. XU C. The fundamental institutions of China's reforms and development [J]. Journal of Economic Literature，2011，49（4）：1076-1151.

果——"中国经济奇迹"①,其核心研究范式可以归纳为"(地方政府)为增长而竞争"②,而非"(地方政府)如何促进产业发展而竞争"。增长激励固然重要,但问题是,普适于各地的增长激励不足以解释极具差异化的地方政府的发展行为。

换言之,既有理论注重地方政府行为激励,而忽视了地方政府推动产业发展的行动能力。不难发现,已有的理论创新均致力于解释地方政府的行为激励来源,亦即为何地方政府具有发展产业的动力和意愿。例如,长期以来,关于地区竞争如何影响地方政府在地区产业发展中所扮演的角色,存在着一个关键性争论,即地方政府究竟是扮演"攫取之手"(Grabbing hand)的角色,还是"援助之手"(Helping hand)的角色③。在经验观察上,除少数文献外④,大多数研究均支持了中国地方政府的"援助之手"假说,亦即中国快速的产业发展和经济增长来自地方政府的积极推动(地方政府行为激励与辖区经济增长目标吻合"激励兼容")。问题在于,即使"援助之手"假说成立,地方政府究竟如何有效地推动产业发展,以及是否有充足能力推动经

---

① 张五常. 中国的经济制度 [M]. 北京:中信出版社,2009. QIAN Y. How reform worked in China: The transition from plan to market [M]. MIT Press, 2017. SONG Z, STORESLETTEN K, ZILIBOTTI F. Growing like China [J]. American Economic Review, 2011, 101 (1): 196-233.

② 张军,周黎安. 为增长而竞争:中国增长的政治经济学 [M]. 上海:上海人民出版社,2008.

③ 陈抗,Arye L. Hillman,顾清扬. 财政集权与地方政府行为变化:从援助之手到攫取之手 [J]. 经济学(季刊),2002,2 (4): 111-130.

④ 陈抗,Arye L. Hillman,顾清扬. 财政集权与地方政府行为变化:从援助之手到攫取之手 [J]. 经济学(季刊),2002,2 (4): 111-130. CAI H, TREISMAN D. Did government decentralization cause China's economic miracle? [J]. World Politics, 2006, 58 (4): 505-535.

济发展等问题均被忽略了。无论是地方财政收入激励，抑或主政官员的政治晋升激励，均只回答了为何地方政府有激励政策来推动产业发展。但在地方政府的"援助之手"激励与地方产业发展之间，还需要一个中间过程，亦即地方政府如何塑造有助于地方产业发展的政策与制度环境。

因此，亟须在理论上同时考量地方政府的行为激励与发展能力，才能更为全面和准确地理解"中国经济奇迹"背后的地方政府角色。而一旦在理论上将地方政府发展能力同质性的研究假设予以拓宽，一系列地区经济逆袭现象便可以得到更好的理解与解释。我们可以通过两类地区的经济发展动力比较来理解这一问题。改革开放以来，中国激烈的区域经济竞争催生出两类成功实现超常规经济发展的地区。一类是以深圳、浦东为代表的外生型经济发展模式，借助中央政府自上而下的规划与授权打造成为地区发展标杆；另一类是以昆山、义乌为代表的内生型经济发展模式，地方政府依靠内部动力推动经济发展[1]，通过自下而上的发展路径逐渐走入国家改革视野，不断获取中央和上级政府授权放权，取得显著的经济发展成效。典型如江苏苏州下辖的昆山市，在推动经济发展过程中，昆山政府自下而上获得了中央政策支持，中央在财税、土地、投资审批、外贸、金融等领域的行政放权，进而助推了昆山经济的快速发展。以昆山为代表的内生型经济发展模式，折射出地方政府的内生型发展动能，反映了地方政府发展能力的获得与积累在助推地区经济快速发展过程中所起到的重要作用。这进

---

[1] FOLMER H, OOSTERHAVEN J. Spatial inequalities and regional development [M]. Dordrecht: Springer, 1979.

第一章　导论：转换尺度再解中国经济奇迹命题

一步佐证了有必要在既有的地方政府行为激励视角的基础上，引入一种地方政府发展能力的分析视角，从发展能力的强弱及其来源和动态演变等方面来考察中国的地方政府发展行为。

当然，在已有的地方政府行为理论中，不乏对地方政府经济发展能力的探索。例如，基于经典的发展型国家理论，一些学者提出地方发展型政府理论，通过将理论的适用性降至地方层级来强调政府的发展能力的重要性①。这些文献注意到中国地方政府所具有的推动地区产业发展的一系列政策手段，但却未进一步从理论上考察地方政府的能力及其异质性问题。与此同时，另一些学者则尝试在新结构经济学理论框架下提出"有为地方政府"理论。该理论认为，地方政府将根据本地的要素禀赋结构，甄别最优的主导产业和产业转型升级路径②。该理论假定，地区要素禀赋结构决定了地区的潜在比较优势，进而决定了该地区的最优产业结构，而地方政府的发展角色在于克服信息与协调外部性。但问题是，相邻地区的潜在比较优势也相似，为何落后地区能将更弱的潜在比较优势转化为更强的实际比较优势呢？更重要的是，地方政府的发展能力不仅体现在如何将潜在比较优势转化为实际比较优势，更展现为积极改变地区要素禀赋结构和塑造地区潜在比较优势本身，进而帮助落后地区扭转初始发展条件，实现地区经济逆袭。

---

① BLECHER M J, SHUE V. Tethered deer: Government and economy in a Chinese county [M]. Stanford University Press, 1996. 郁建兴, 高翔. 地方发展型政府的行为逻辑及制度基础 [J]. 中国社会科学, 2012, (5): 95-112.

② 鞠建东, 刘政文. 产业结构调整中的有为地方政府 [J]. 经济学报, 2017 (4): 61-76.

基于上述分析可知，唯有细致考量地方政府发展能力，才能更好地理解相对落后地区的地方政府究竟如何在各类内外部结构因素约束下，发挥其主观能动性，进而推动地区经济的超常规增长。然而，地方政府的发展能力及其异质性维度，尚未在已有的地方政府行为研究中予以理论模型化处理和充分讨论。地方政府如何作用于地区经济发展，似乎是一个基于程序设定而自动实现的过程。这就形成了一个重要的理论缺环，亦即从"地方政府想不想干"（激励维度）到"地方政府能不能干、怎么干"（能力维度）之间的逻辑跳跃。为此，本书尝试将地方政府能力维度及其异质性纳入理论分析，丰富中国制度背景下空间异质性的内涵，通过转变研究尺度，从地方层级来重新解析"中国经济奇迹"命题。

四、研究思路与设计

（一）研究对象

本书的研究对象是地方政府与地方官员。一方面，这是转换研究尺度后聚焦于地方层级分析的结果。地方政府扮演了中央与地方委托代理关系中的代理人角色，是推动区域产业发展和参与区域经济竞争的直接利益主体与核心行动主体。地方政府与地方官员也是地方政策的制定主体，并且在中央政府和辖区企业之间的互动关系中扮演纽带角色，是地方政策创新和索取中央政策的行为主体。另一方面，地方政府与地方官员也是地方发展能力（组织能力与行政领导者个体能力）的重要展现，通过考察其能力的获取与积累机制，便可以捕捉和刻画地方发展能力的形成与强化机制，并分析其在推动辖区经济发展中的作用机制。

基于上述考虑，本书的研究单元是县市层级。在中国的工业化转型过程中，县市（包含地级市和县级市）是推动区域产业发展的基本行政单元和空间尺度。在案例选择上，本书选取昆山作为主要研究案例。相较于四大直辖市，以及省会城市和计划单列市而言，昆山作为一个普通的县级市并不具有突出的行政资源优势，却取得了令人瞩目的产业发展成效。为此，本书将昆山作为典型案例方法（Crucial‐case method）中的最不可能案例（Least‐likely cases）进行研究①。

与此同时，作为案例比较研究，本书还选取了昆山周边的张家港、常熟、太仓和吴江等苏州下辖的县级市开展横向比较研究。这五个县级市又被称为"苏州五虎"。选取这些案例的理由有如下几方面：其一，有助于控制变量。"苏州五虎"在区位条件、要素资源禀赋、行政级别，以及地方制度与文化等诸多方面均具有较高的相似性，从而可以在比较案例研究中消除这些因素对于区域产业发展的影响，而将核心差异聚焦于地方政府发展能力维度上。其二，各案例在自变量（地方政府发展能力）上具有显著差异，从而便于案例间的控制比较，正如本书案例研究部分所揭示的，昆山与周边县市在政府发展能力上具有显著差异。其三，需要额外解释为何在比较案例中剔除了无锡、江阴和吴县三个案例。无锡和江阴虽在20世纪80年代初隶属于苏州地区，但均于1983年并入无锡市（地级市），而吴县则于2000年撤市划

---

① GERRING J. What is a case study and what is it good for? [J]. American Political Science Review，2004，98（2）：341‐354. GERRING J. Is there a (viable) crucial‐case method? [J]. Comparative Political Studies，2007，40（3）：231‐253.

区，拆分为苏州市吴中区和相城区。由于行政区划调整，这三个案例与"苏州五虎"存在较大差异不再便于比较，因而予以剔除。

（二）研究方法

研究方法服务于研究目的。为了揭示地方政府发展能力的形成与演变，及其推动地区经济发展的作用机制，本书在研究设计上综合运用多种案例研究方法。一方面，本书在案例研究设计中采纳经典的过程追踪法（Process tracing method），通过个案内部研究（包含长达30年的长历史分析）提升内部效度；另一方面，本书借助比较案例研究进一步提升研究结论的外部效度。

第一，过程追踪法。在单案例研究的具体方法选择上，本书采用了过程追踪法。在已有研究中国经济改革与发展的经典文献中[1]，大多采纳深描法（Thick description）进行案例分析[2]，但该方法并非用于理论建构或理论验证。与此不同，本书采纳的过程追踪法非常适合个案内（Within-case）的因果机制识别与检验[3]，这一方法近年来开

---

[1] 傅高义. 先行一步：改革中的广东 [M]. 凌可丰，等译. 广州：广东人民出版社，2008. 傅高义. 邓小平时代 [M]. 冯克利，译. 上海：三联出版社，2013. 郑永年. 中国的"行为联邦制"：中央—地方关系的变革与动力 [M]. 邱道隆，译. 北京：东方出版社，2013.

[2] GEERTZ C. The interpretation of cultures [M]. Basic books, 1973.

[3] BEACH D, PEDERSEN R B. Process-tracing methods: Foundations and guidelines [M]. University of Michigan Press, 2019. COLLIER D. Understanding process tracing [J]. PS: Political Science & Politics, 2011, 44 (4): 823-830.

始从政治科学推广至公共行政和政策科学研究之中[①]。

具体到本研究，过程追踪分析还具有如下几个优点：其一，有助于揭示因果关系的复杂性。由于地方政府发展能力与区域经济发展具有双向影响关系，因而在大样本中难以识别干净的因果关系，而过程追踪分析能够在长时间序列中清晰地甄别两者之间复杂的因果顺序和因果机制。其二，能够帮助证伪和排除一系列竞争性解释，例如，区位因素、要素禀赋因素，以及国家产业政策因素等。其三，有利于考察异因同果现象。正如斯考切波在分析法国、俄国和中国的社会革命成因时所指出的，"因为初始条件不同，这些国家的社会革命后果也不尽相同"[②]。例如，由于地方政府发展能力构成维度的多样性，在不同的地区案例中，展现出不同的地方政府发展能力均能达到近似的产业发展成效。就此而言，该方法能够帮助识别多个案例地区（如"苏州五虎"）不同的因果机制。

第二，最相似案例比较法。案例比较法的优势在于提升研究结论的外部效度（External validity），亦即将昆山单案例研究的结论外推至更广的范围以检验其外部效度。案例比较法的研究策略在于控制和比较，因此需要选取条件较为相似的案例进行变量控制。基于这一思路，本书选取昆山周边的张家港、常熟、太仓和吴江

[①] CHARBONNEAU E, HENDERSON A C, LADOUCEUR B, et al. Process tracing in public administration: The implications of practitioner insights for methods of inquiry [J]. International Journal of Public Administration, 2017, 40 (5): 434-442. KAY A, BAKER P. What can causal process tracing offer to policy studies? A review of the literature [J]. Policy Studies Journal, 2015, 43 (1): 1-21.

[②] 西达·斯考切波. 国家与社会革命：对法国、俄国和中国的比较分析 [M]. 何俊志，等译. 上海：上海人民出版社，2007：332.

进行横向比较研究，这些案例具备类似的区位条件和要素禀赋结构，同时均为县级市且同属于苏州地区①，因而有助于识别出更为干净的因果效应。

（三）数据来源

在案例研究的资料搜集方面，本书综合运用一手的田野调查资料和二手的文献资料。首先是第一手的访谈资料。在2012—2021年期间，笔者曾先后赴昆山、江阴、吴江、苏州等地进行10余次的实地考察和调研访谈。在熟悉各案例所处的经济社会背景的同时，也搜集了本研究所需的相关调研材料。

对于本书的核心研究案例——昆山，通过前后8次实地调研，合计共访谈政府职能部门17家（次）、地方官员和各级干部30余人次、行业协会3家（次）、银行3家（次）、代表性企业6家、市档案馆1次。在访谈中，本研究主要采用半结构化访谈，在访谈提纲的基础上于深入交谈过程中灵活提问。访谈常以单一部门的座谈会形式进行，同时也包含针对特定访谈对象（如退休干部）的单独深度访谈。累计访谈时间45小时、田野调查资料100余万字。

得益于昆山等地的政府信息公开较为完善，且在实地访谈中也能获得一些非公开资料，笔者搜集了各地区改革开放历程中的相关政策文件、政府工作报告、统计年鉴、统计公报、历年大事记等，作为访谈材料的重要补充。此外，笔者还搜集了记述各地改革开放发展历程的地方干部口述材料，以及地方政府部门组织编写的口述史资料或介绍地方

---

① 吴江于2012年撤市设区，为苏州市吴江区。

发展经验的著作等，如昆山开发区的创办人吴克铨的口述文集《唯实、扬长、奋斗："昆山之路"的发展历程及现实意义》，执掌昆山开发区20余年的宣炳龙的口述文集《见证中国第一个自费开发区——宣炳龙印象》，以及《苏州改革开放30年》《改革开放口述史》等。这些材料记载了各地区地方干部的口述资料，针对地方官员的访谈实录，以及改革开放发展历程中的一些重要事件。这些材料均具有一定的研究价值，并用于补充和验证第一手的访谈材料。此外，笔者还搜集了与研究主题相关的媒体报道文章和学术文献，并综合利用这些二手资料进行补充和验证分析。如不同材料之间针对某些议题存在历史记述或观点评判上的分歧，笔者则在文中脚注中作特别说明。文中涉及访谈原文的引用，以"访谈部门名称或访谈对象职位＋访谈日期"的方式进行编码。

五、本书的章节安排

本书共分为八章。其中，第一章为导论，简要介绍了本书的写作目的与写作思路、拟解决的研究议题与学理上的研究贡献，并交代具体的研究设计思路等。

第二章是文献综述部分。首先，对三个关于区域产业发展的经典理论作解释，亦即对区位优势论、要素禀赋论，以及国家政策论在解释区域产业发展和地区经济逆袭现象中的优点与不足进行评述，进而指出其忽略了中国地方政府在克服要素跨地区流动和推动宏观与区域制度变迁过程中的重要作用，以及地方制度因素尤其是地方政府发展能力在影响区域经济发展中的重要性。其次，该章进一步评述了地方政府行为理论的研究进展，指出当前的研究暗含假设政府发展能力的完备性与同质性，并强调本书为何需要以及如何拓宽这一重要的理论前提假设。最后，在此基础上，该章提出一种地方政府发展能力的分析视角，对该视角的相关理论创新进行评述，并简述了本书的理论贡献方向。

第三章是核心案例的历史发展事实呈现部分。该章以昆山作为核心案例，向读者介绍昆山自改革开放以来所取得的重要经济发展成就。该章采用一种长历史分析视角，通过发展阶段的划分，对"昆山经济奇迹"的历史过程进行描述和分析。在这个过程中，通过"苏州五虎"之间的横向案例进行比较，进一步分析"昆山经济奇迹"对于理解地区经济逆袭和"中国经济奇迹"现象的重要样本价值。进而，该章初步探讨了昆山经济奇迹背后的地方政府角色。

第四章主要分析和呈现地方政府发展能力在昆山经济奇迹过程中所扮演的角色及其背后的作用机制。在该章中，通过引入尺度重构的理论概念和分析视角，将尺度重构视为地方政府发展能力的施展舞台，并分别从权力和空间两个维度来深入剖析地方政府借助尺度重构推动辖区经济发展的核心作用机制。基于昆山案例研究，该章内容指出了尺度重构对于区域产业发展的影响本质上是一种制度变迁过程，并发现尺度重构分别通过发展场域扩增效应和发展权限扩增效应，推动区域产业的集聚发展。在这个过程中，地方政府扮演着"制度企业家"之角色，借助尺度重构自我赋能，借以发挥区位优势、集聚各类稀缺要素资源，以及塑造区域营商环境，进而降低生产和交易成本，促进空间集聚效应的发挥。换言之，恰是借助持续的尺度重构，地方政府得以将制度变迁的"势能"渐进式、有计划地转化为区域产业发展的

"动能"，进而推动区域产业发展。在该章的最后，笔者进一步围绕"地区逆袭究竟是机缘巧合，还是后天努力"的议题，详细讨论了若干个竞争性的理论解释。

第五章内容从地方政府的组织视角，考察地方政府发展能力的动态演变机制。在该章中，笔者提出一种"上下互动式扩权"的地方政府发展能力理论，来解释地方政府能力究竟是如何在地方发展历史进程中形成、积累和强化的。该章内容进一步探讨了成功的"上下互动式扩权"所依赖的三项重要前提条件，分别是：借势型政策创新、跨层级央地互动、嵌入型政商互动。基于昆山案例分析，该章内容展现了昆山政府如何运用和借助这三项条件来强化地方政府发展能力，进而在持续的地方经济绩效反馈中实现地方政府发展能力的不断成长。

第六章内容则将地方官员的个体视角，作为第五章内容组织视角的重要补充，进一步考察地方政府发展能力的动态演变机制。在该章节中，笔者发展并提出了一种"自下而上式的政策企业家"理论，来考察地方官员如何在个体特质与地方结构因素的相互作用过程中，发挥其地方政策企业家精神、推动制度变迁过程和地方政府发展能力的成长。同样是基于昆山案例的长历史分析，该章内容对昆山地方官员的政策企业家特质、典型行动策略及其对地方政府发展能力的强化机制进行深入讨论。

第七章内容是讨论部分，进一步分析昆山案例的特殊性与一般性，以及昆山案例所蕴含的理论价值。在该章中，笔者详细考察了昆山在地方经济结构、区域经济发展模式、地方政策连续性等方面的案例特殊性。在此基础上，笔者进一步从发展型政府理论、央地关系理论、地方政府行为理论、政策企业家理论，以及空间尺度重构理论等研究领域，讨论了多学科视域下昆山案例所蕴含的丰富理论价值与研究启示。

第八章是本书结语部分。首先，对本书的主要研究结论进行归纳总结，并提出应重视区域发展中的地方政府发展能力维度，将其引入地方政府行为研究当中。其次，该章分析了如何基于本书的研究，来重新理解"中国经济奇迹"命题，并对该领域的研究进展进行简要评述。最后，该章提出如何迈向具有中国特色的区域政治经济学，简要讨论了这一学科所具备的几项核心特征，并提出应从地方层级来考察区域政治经济子系统在区域间的共性与差异之处，为构建和发展区域政治经济学学科体系提供丰富的中国实践经验。

第二章

视角：地方政府发展能力缘何重要

第二章 视角：地方政府发展能力缘何重要

一、区域经济发展的三种经典解释及缺憾

区域经济发展的核心特征是产业的空间集聚。而探索产业集聚发展的成因，是经济学和地理学等学科的一项重要研究议题。产业发展因其空间集聚特性而表现为一个区域现象，亦即由新古典经济学创始人马歇尔提出的"产业地方化"命题。1760年，经济地理学作为地理学的一个分支被创立，率先将经济活动的地理分布作为主要研究对象之一①。1890年，新古典经济学创始人马歇尔提出了产业集聚理论，首次将该议题纳入经济学的研究范畴。此后，学术界不断涌现出诸如区位论（区位经济学）、区域经济学、"新"的经济地理学、新经济地理学（地理经济学/空间经济学）、新新经济地理学、新结构经济学等一系列学科分支，致力于探究产业的空间分布、集聚和发展的决定或驱动因素，同时也伴随着持续性的学术论战。

时至今日，学术界对于产业发展的空间规律已经形成比较清晰的认识。按照清华大学殷存毅教授的划分方式，具有经济含义的空间受到三方面因素的约束，分别是：位置、资源禀赋以及制度②。这些因素使得各区域在经济结构、经济规模和经济增长能力上呈现差异。在由金煜、陈钊和陆铭开展的一项实证研究中，这三项解释因素均被证

---

① 1760年，俄国科学家罗蒙诺索夫（M. F. Lomonosov）在其《地理考察》笔记中首次提出经济地理学一词。但经济地理学的研究可往前追溯至17世纪开始在欧洲兴起的商业地理学研究。详见：李小建. 经济地理学 [M]. 北京：高等教育出版社，1999.

② 殷存毅. 区域发展与政策 [M]. 北京：社会科学文献出版社，2011：46.

实有助于推动中国的区域产业集聚发展①。与此相对应，本书将已有的诸多理论解释归为如下三种假说，分别是：区位优势论、要素禀赋论、国家政策论。本节内容重点考察这三种经典理论能否解释以昆山案例为代表的地区经济逆袭现象。

（一）区位优势假说

区位优势假说，指的是区位条件越佳的地区越有利于形成产业集聚和发展，或越有利于相应产业的布局。在经济地理学的发展过程中，研究区位因素如何影响资源配置和产业布局的代表性理论是（产业）区位论，又称区位经济学。其中，涌现出如农业区位论、工业区位论、城市区位论等理论创新。这些理论的共同特征在于，均假定空间匀质分布，因而区位差异的核心在于距离差异，并认为经济活动将在具有最佳区位条件（亦即最短距离和最低成本）的地方集聚。

当然，不同的区位理论对于何为最佳区位条件的理解和分析侧重有所不同。例如，德国学者杜能提出的农业区位论，主要研究距离对农业生产的空间分布规律的影响②。杜能假设影响农业生产空间布局的首要因素在于农作物生产地与城市消费中心的运输费用，因此与消费市场的距离是最重要的区位因素。与此不同，另一位德国学者韦伯提出工业区位论，根据工业生产与农业生产的差异，将区位因素扩展

---

① 金煜，陈钊，陆铭. 中国的地区工业集聚：经济地理，新经济地理与经济政策 [J]. 经济研究，2006（4）：79-89.
② 杜能. 孤立国同农业和国民经济的关系 [M]. 吴衡康，译. 北京：商务印书馆，1986.

为生产地同时与产品销售市场和原材料要素市场之间的距离①。由此，影响工业生产活动空间分布的因素可以简化为工业生产的劳动费用，以及由工业区位所引致的运输费用（包含原料运输费用）。随着西方城市化的发展，德国学者克里斯塔勒进一步提出了中心地理论（Central place theory）。所谓"中心地"即是城市，因此该理论又被称为城市区位论②。该理论认为，城市存在着等级序列，不同等级序列的城市形成一种蜂窝状，这便是城市分布的空间结构。其中，不同等级城市之间的（经济）距离及其相应的（消费者的）交通成本，便构成了不同中心地空间分布的区位条件。

上述理论的共同特征在于，均将距离及其所引致的运输费用作为核心变量，并分析其对农业生产、工业生产以及城市空间分布的影响。不难发现，这些理论的逻辑演绎呈现出典型的新古典经济学的静态布局均衡范式特征③，例如假定市场中心周边的空间匀质分布，从而将空间的区位差异转换为成本差异（距离—运输成本），进而推导出最优的空间分布。换言之，空间对于经济活动的约束等同于基于成本函数的约束④。

20世纪80年代以来，新经济地理学开始兴起和发展，该理论通过将运输成本引入传统的国际贸易理论，来分析区位因素对于空间集

---

① 阿尔弗雷德·韦伯. 工业区位论 [M]. 李刚剑，等译. 北京：商务印书馆，2011.
② 克里斯塔勒. 南部德国的中心地原理 [M]. 常正文，王兴中，译. 北京：商务印书馆，1998.
③ 贺灿飞，郭琪，马妍，等. 西方经济地理学研究进展 [J]. 地理学报，2014，69（8）：1207-1223.
④ 殷存毅. 区域发展与政策 [M]. 北京：社会科学文献出版社，2011.

聚的影响。该理论认为，在一定的阈值范围内，运输成本的降低有助于形成产业集聚，并在规模报酬递增和不完全竞争机制的作用下，形成空间集聚的路径依赖效应①。相较于古典区位论，新经济地理学不仅将距离作为空间因素引入经济学理论，同时通过引入规模经济等核心假设进一步阐释了空间集聚的动力机制，诸如滚雪球效应（Snowball effect）等②。上述四个经典理论之间的比较，如表2-1所示。

总体而言，区位优势论假定了距离因素及其引致的运输成本构成了区位差异的核心内容，并对产业发展的空间集聚或布局产生影响。结合中国改革开放以来的实践，这较好地解释了为何东部沿海地区能够率先得到发展。其成因不仅在于沿海地区得到了诸多国家政策优惠因而在对外开放和产业发展上"先行一步"③，更是因为其接近国际市场的区位优势，推动了出口导向型产业的集聚发展。改革开放之初，珠三角地区率先引入港澳资本发展出口加工贸易便是一例明证。

表2-1 不同区位理论之间的比较

区位理论	区位因素	变量	代表人物
农业区位论	（与消费市场的）距离	运输费用	杜能（J. H. von Thünen）
工业区位论	（与消费和原料市场的）距离	运输费用 劳动费用	韦伯（Alfred Weber）

---

① FUJITA M, KRUGMAN P R, VENABLES A. The spatial economy: Cities, regions, and international trade [M]. MIT press, 1999. KRUGMAN P R. Geography and trade [M]. MIT Press, 1991.
② FUJITA M, THISSE J F. Economics of agglomeration [J]. Journal of the Japanese and International Economies, 1996, 10 (4): 339-378.
③ 傅高义. 先行一步：改革中的广东 [M]. 凌可丰，等译. 广州：广东人民出版社，2008.

续表

区位理论	区位因素	变量	代表人物
城市区位论 中心地理论	（各城市/中心地之间的）距离	交通费用	克里斯塔勒（Walter Christaller） 廖什（August Losch）
新经济地理学 地理经济学	（核心与外围区域之间的）距离	运输费用	克鲁格曼（Paul Krugman） 藤田昌久（Fujita Masahisa）

资料来源：作者整理。

然而，如果将考察的空间尺度缩小至县市层级，区位优势论的解释力则大大减弱。例如，改革开放之初，广东省有东莞、宝安、斗门和番禺等4个县市都因靠近香港的区位优势，通过出口加工贸易而得到迅速发展。但相较而言，宝安（即今深圳）和东莞的产业发展成效显著高出一筹，且与斗门和番禺逐渐拉开距离。由此可见，所谓的区位优势并非如此显而易见地发挥作用。

再以长三角地区为例，昆山在改革开放前后一直都紧邻上海，拥有"江苏东大门"的区位优势，似乎经济崛起是个不言而喻的过程。但实际上，在1984年自费创建开发区之前，昆山在工业集聚上却一直位列苏州下辖8县之末位。如果区位优势重要，为何昆山的区位优势并未在计划经济时期和改革开放初期（1984年之前）发挥作用？况且，上海市的郊区县相较于苏南各县市而言，无疑具备更佳的区位条件——距离上海城市中心更近。然而，为何太仓、吴江、嘉善等同样紧邻上海的江浙县市，乃至于上海下辖的嘉定、青浦等郊区县，均无法像昆山那样在改革开放的过程中发挥其区位优势而纷纷被昆山所赶超？

区位优势论的一个重要缺陷在于，如新经济地理学那样假设要素自由流动。仅有的"冰山成本"（Iceberg cost）假定也不过是运输成

逆袭的技艺：地方政府与中国经济奇迹

本，或包含关税成本的贸易成本（Trade costs），而非制度运行的交易成本①。而这一前提假设不仅在计划经济时期不成立，区域行政壁垒和市场分割导致的要素流动受阻问题，即使步入改革开放阶段之后也经历了一个较为长期的统一市场建构过程②。即使到2022年，中央政府仍在大力推动"加快建设全国统一大市场"，便是一例明证。事实上，在计划经济时期，生产要素的流动面临区域行政壁垒的严格约束，原材料供应和产品销售均服从中央计划部门的调配，国有资本和技术要素的配置也由中央计划统一指挥，而劳动力要素流动则受制于众所周知的户籍制度。到改革开放初期，区域行政壁垒也并非在短期内能够完全消除。换言之，现实中的区位条件并非如区位理论所假设的空间均质分布的形态，而工业集聚也并非依照距离（中心地）远近的连续过程。否则昆山也只能挑上海郊区县"吃剩下的骨头"，又谈何地区经济逆袭。问题是，昆山政府究竟做对了什么？

区位优势论的另一个重要缺陷在于，未考虑地方政府在塑造区位优势中的主观能动性。义乌是一个典型案例：位于浙江省中部的丘陵地带，不靠海、不靠中心城市。改革开放之初，义乌的交通基础设施也十分匮乏。但为何义乌能够发展成为中国最大的商品交易中心和物流集散地？显然，区位劣势所导致的高昂运输成本是可以人为降低的，地方政府在其中可以扮演积极角色。在推动产业发展过程中，义乌政府推动了机场、铁路以及内陆海关的建设，极大地降低了内贸和外贸

---

① 张五常. 佃农理论：应用于亚洲的农业和台湾的土地改革 [M]. 易宪容, 译. 北京：商务印书馆, 2000.
② 白重恩, 杜颖娟, 陶志刚, 等. 地方保护主义及产业地区集中度的决定因素和变动趋势 [J]. 经济研究, 2004, 4 (11)：29-40.

的运输成本和交易成本,将区位劣势转化为了区位优势。由此可见,地方政府的角色至关重要,并参与动态形塑各地区的区位条件。

(二) 要素禀赋假说

要素禀赋假说源于要素禀赋理论,指的是要素禀赋结构决定了产业结构及其转型升级过程。经济学中关于要素禀赋的研究源于国际贸易理论,并将要素禀赋结构简化为资本和劳动两要素。例如,经典的赫克歇尔—俄林理论(Heckscher–Ohiln theory),便是利用一国的生产要素的丰裕程度来解释该国国际贸易的产生和进出口贸易类型[①]。一般而言,劳动要素丰裕的国家倾向于出口劳动密集型产品,而资本要素丰裕的国家则出口资本密集型产品。简言之,要素禀赋理论通过引入要素禀赋结构这一变量,用以解释国际贸易的发生机制,但并未将其直接应用于经济活动空间集聚现象的解释。

要素禀赋假说,得益于新结构经济学对传统贸易理论的拓展,进而将其应用于产业发展的一般规律研究。新结构经济学认为,产业的选择和发展有赖于某一时点上某一国家的要素禀赋结构。换言之,产业发展内生于要素禀赋结构,而要素禀赋结构的变化也将引致产业结构的持续升级[②]。一般而言,劳动要素充裕的要素禀赋结构,更适合

[①] DEARDORFF A V. The general validity of the Heckscher–Ohlin theorem [J]. The American Economic Review, 1982, 72 (4): 683–694.

[②] 林毅夫. 新结构经济学: 重构发展经济学的框架 [J]. 经济学(季刊), 2011, 10 (1): 1–32. 林毅夫. 新结构经济学, 反思经济发展与政策的理论框架 [M]. 北京: 北京大学出版社, 2012.

发展劳动密集型产业，而当要素禀赋结构趋向于更低的资本要素相对价格时，则更适合发展资本密集型产业。在理论演绎上，新结构经济学遵循了新古典经济学范式，亦即将要素禀赋结构与产业结构的匹配转化为降低要素投入成本的问题。由此而得的要素禀赋假说，是指要素禀赋结构通过决定产业结构，进而影响产业的集聚发展和转型升级。

总体而言，要素禀赋假说更适合揭示发达经济体与落后经济体之间的产业结构差异，但却难以有效解释一些经济体内部的结构差异，尤其是解释中国改革开放过程中的落后者逆袭现象。改革开放之初，对于昆山等经济相对落后地区而言，在一个劳动要素密集的初始要素禀赋结构下，却在短期内集聚和发展出高新技术产业（如电子信息制造业），并超越了周边更适合发展资本和技术密集型的地区。而按照要素禀赋假说，不具备丰裕的资本和技术要素的地区，并不具备发展相应要素密集型的产业类别。

本质上，要素禀赋假说的成立依赖于一个严格的前提假设——要素自由流动。换言之，要素禀赋的相对价格作为一种经济信号，只有在市场机制较为完善的前提下才能发挥其作用。然而，与区位优势论一样，这一前提假设对于处于体制转型时期的中国而言并不成立：要素跨地区流动，即使在改革开放时期有所改善，但也并非一蹴而就的过程。事实上，区域行政壁垒和市场分割一直到 2001 年中国加入 WTO 之后才得以显著改善[1]。在此背景下，令人困惑的问题是，不

---

[1] 白重恩，杜颖娟，陶志刚，等. 地方保护主义及产业地区集中度的决定因素和变动趋势 [J]. 经济研究, 2004, 4 (11): 29-40.

具备要素禀赋结构优势的落后地区究竟是如何在短期内迅速改善要素禀赋结构的？显然，要素禀赋结构不仅内生于产业结构的转型升级，同时也受制于外生因素。其中，地方政府的角色同样值得充分关注。总之，促使要素禀赋发挥作用的制度环境应当被纳入理论考察范围。

（三）国家政策假说

与前两类假说不同，第三类假说尝试将理论解释由市场机制转向政府作用，亦即引入政府在产业发展中的角色因素。对于处于体制转型期的国家而言，改善制度条件的核心内容便在于国家的外生政策干预。因此，国家政策假说，指的是国家借助外生政策干预来克服市场失灵，进而促进产业集聚发展和转型升级。就政策类型而言，已有的理论创新集中于产业政策和区域政策两方面。

第一，其中的一类研究假设，产业政策能够帮助克服市场失灵进而促进产业发展。自第二次世界大战以后，产业政策逐渐成为后发国家实现经济追赶过程中所惯用的一类政策工具，用以推动本国的产业发展。相关的理论创新主要以发展型国家理论和新结构经济学为代表，均将产业政策视为一项帮助克服市场失灵的重要政策工具。事实上，该分析路径可追溯至德国重商主义和后发国家理论（Late development theory）。这些理论均强调后发国家政府应当借助产业政策来发挥落后优势（Advantages of economic backwardness），进而实现对领先国家的经济追赶。就产业政策工具而言，著名德国经济学家弗里德里希·李斯特（Friedrich List）

提出建立关税制度来保护国内的幼稚产业[1]，著名经济史学家亚历山大·格申克龙（Alexander Gerschenkron）基于德国和俄国等国的经济追赶经验，进一步扩大了政策工具范围，并认为除财税政策工具外，还包括建立政策性银行来加速资本积累过程等[2]。这些讨论便形成了产业政策理论的雏形。

发展型国家理论则主要基于东亚发展经验来提炼和检验产业政策假说。作为开创者，约翰逊在对日本的计划导向型市场经济（Plan-oriented market economy）模式的政策特征进行描述时，突出强调了产业政策的重要作用[3]，这被认为是发展型国家理论的开端。自此以后，产业政策特征及其执行方式，成为学者们研究韩国、新加坡、中国台湾地区等东亚发展型国家或地区的起源与演变的重要内容之一[4]。发展型国家理论提出了产业政策得以有效执行的制度基础。其核心要义在于，产业政策的有效执行有赖于一套激励与惩罚机制，亦即向特定产

---

[1] 弗里德里希·李斯特. 政治经济学的国民体系 [M]. 万煦，译. 北京：商务印书馆，2009.

[2] GERSCHENKRON A. Economic backwardness in historical perspective [M]. The Belknap Press of Harvard University Press，1962.

[3] JOHNSON C. MITI and the Japanese miracle：The growth of industrial policy：1925 - 1975 [M]. Stanford University Press，1982.

[4] AMSDEN A H. Asia's Next Giant [M]. Oxford University Press，1989. EVANS P B. Embedded autonomy：States and industrial transformation [M]. Princeton University Press，1995. WADE R. Governing the market [M]. Princeton University Press，1990. 瞿宛文、安士敦. 超越后进发展：台湾的产业升级策略 [M]. 台湾：联经出版社，2003. 瞿宛文. 台湾战后经济发展的源起：后劲发展的为何与如何 [M]. 台湾：联经出版社，2017. 陈玮，耿曙. 发展型国家的兴与衰：国家能力、产业政策与发展阶段 [J]. 经济社会体制比较，2017（2）：7 - 19.

业提供政策租金的同时,也提出清晰的绩效考核标准①。例如,阿姆斯登（Amsden A. H.）在分析韩国的产业发展时,论证了政府以绩效考核来促进出口企业发展的有效性,即帮助政府挑选赢家（Picking winners）②。韦德（Wade R.）在对中国台湾地区的案例研究中,也发现鼓励中小企业出口导向和进口替代的产业和贸易政策执行机制③。在此基础上,由著名经济学家青木昌彦（Aoki M.）领衔的研究团队以日本为研究对象,提出了相机性租金（Contingent rents）概念,用以说明"基于业绩的奖赏"政策能够帮助消除私人部门协调失灵问题④。上述理论均认为,在一定条件下,产业政策能够发挥推动经济发展的积极作用。

但与发展型国家理论有所不同,新结构经济学提出了产业政策假说得以成立的不同前提。尽管新结构经济学也认为,政府应制定与实施产业政策,但不同之处在于,其认为产业政策的作用在于甄选具有潜在比较优势的产业,并致力于克服信息外部性和协调外部性等市场

---

① 瞿宛文、安士敦. 超越后进发展：台湾的产业升级策略 [M]. 台湾：联经出版社, 2003.
② AMSDEN A H. Asia's Next Giant [M]. Oxford University Press, 1989.
③ WADE R. Governing the market [M]. Princeton University Press, 1990.
④ AOKI M., KIM H K. The role of government in East Asian economic development: Comparative institutional analysis [J]. The Journal of Asian Studies, 1999, 58 (2)：651 – 653. AOKI M, KIM H K, FUJIWARA. The role of government in East Asian economic development [M]. Clarendon Press, 1997. 青木昌彦, 等. 政府在东亚经济发展中的作用：比较制度分析 [M]. 张春霖, 等译. 北京：中国经济出版社, 1998. 青木昌彦, 等. 市场的作用, 国家的作用 [M]. 林家彬, 等译. 北京：中国发展出版社, 2002.

失灵问题①。换言之，新结构经济学本身融合了要素禀赋假说和国家政策假说，亦即只有符合要素禀赋结构的产业政策，才是推动产业发展和产业转型升级的关键动力。

然而，产业政策假说及其相关的理论创新面临着诸多解释力困境。其一，从产业政策实践来看，经济逆袭地区的产业发展，甚至沿海地区的产业集聚发展都是在"产业政策缺失"下完成的。事实上，直到20世纪80年代末，产业政策作为一种政策工具才开始被引入中国，而且在20世纪90年代，产业政策目标并未侧重于推动产业发展和结构升级，而是侧重传统重工业的内部结构调整②。更何况，诸如昆山、东莞和义乌等经济逆袭地区，其在与周边地区竞争中的崛起也并非依靠国家产业政策的特殊帮扶。事实上，在20世纪80年代至90年代，中国的国家政策重心仍是国有企业③。其二，经济逆袭地区的产业发展俨然违背了比较优势原则。与新结构经济学的指导原则不同，如前所述，诸如昆山等地区经济逆袭者，其在产业转型升级过程中的成功并不依赖初始的要素禀赋结构，明显是违背了基于比较优势原则的产

---

① LIN J Y. New structural economics：A framework for rethinking development [J]. The World Bank Research Observer, 2011, 26 (2): 193 – 221. LIN J Y. Industrial policy revisited：A new structural economics perspective [J]. China Economic Journal, 2014, 7 (3): 382 – 396. 林毅夫. 新结构经济学，反思经济发展与政策的理论框架 [M]. 北京：北京大学出版社, 2012.

② 江飞涛, 李晓萍. 直接干预市场与限制竞争：中国产业政策的取向与根本缺陷 [J]. 中国工业经济, 2010 (9): 26 – 36. 江飞涛, 李晓萍. 当前中国产业政策转型的基本逻辑 [J]. 南京大学学报（哲学·人文科学·社会科学）, 2015, 52 (3): 17 – 24. 江飞涛, 李晓萍. 改革开放四十年中国产业政策演进与发展：兼论中国产业政策体系的转型 [J]. 管理世界, 2018 (10): 73 – 85.

③ 罗纳德·科斯, 王宁. 变革中国：市场经济的中国之路 [M]. 徐尧, 等译. 北京：中信出版社, 2013.

业发展战略。这与剑桥大学张夏准教授基于韩国的发展经验所得出的结论类似，亦即在劳动要素充裕的要素禀赋结构下"提前"发展造船业等资本与技术密集型产业，并获得成功①。

第二，假设区域政策能够帮助克服市场失灵推动产业的空间集聚。所谓区域政策，是指在国家层面上旨在处理"经济发展在什么地方"问题的政策②。区域政策一般具有促进区域经济发展和区域协调发展两个基本目标③，并且具有空间排他性的特征④。因此，区域政策也常被称为区位导向型政策（Place-based policy）⑤，或特殊经济区政策（Special economic zones，SEZs）。

区域政策假说的理论渊源之一是区域经济学，政策目标旨在缩小地区差距。区域经济学对于区域政策的研究，旨在借助政府干预来解决地区差距扩大的问题⑥。早在20世纪30年代，以美国田纳西河流域开发为标志，英美国家开始采用区域政策来开发落后地区的

---

① CHANG H J. Kicking away the ladder: Development strategy in historical perspective [M]. Anthem Press, 2002.

② FRIEDMANN J. Regional development policy [M]. Cambridge, MA: MIT Press, 1966.

③ 张可云. 区域经济政策：理论基础与欧盟国家实践 [M]. 北京：中国轻工业出版社, 2001. 孙久文, 原倩. 京津冀协同发展战略的比较和演进重点 [J]. 经济社会体制比较, 2014 (5)：1-11.

④ 殷存毅. 区域发展与政策 [M]. 北京：社会科学文献出版社, 2011.

⑤ Barca等人将区域政策划分为区位中性政策（Spatial Neutral Policy）和区位导向型政策，两者的区别在于政策内容是否具有空间排他性。详见：BARCA F, MCCANN P, RODRÍGUEZ-POSE A. The case for regional development intervention: Place-based versus place-neutral approaches [J]. Journal of Regional Science, 2012, 52 (1): 134-152.

⑥ 张可云. 区域科学的兴衰，新经济地理学争论与区域经济学的未来方向 [J]. 经济学动态, 2013 (3): 9-22.

经济发展[1]，其典型的政策工具包含基础设施建设、财税政策优惠等，并制定各类区域规划。不难发现，区域经济学采纳的是凯恩斯主义和福利国家的政策理念[2]。这与中国改革开放以来的区域发展战略调整相对应。例如，中国分别于2000年、2003年和2006年实施了西部大开发战略、振兴东北战略和中部崛起战略，这些区域发展战略均通过基础设施投资、税率优惠等政策工具促进该地区的产业发展。总体上，这些区域政策均显著促进了中西部地区的工业集聚程度和经济增长[3]，尽管也有一些研究持有不同意见[4]。

然而，旨在缩小地区差距的区域政策更适合解释中国中西部落后地区的开发，而非东部沿海地区的产业集聚发展。依据该理论，区域政策的作用对象是"标准区域"而非"行政区域"[5]。除去四大区域板块的划分之外，这并不符合中国"行政区经济"制度背景下的区域划分模式。这意味着，区域经济学视角下的区域政策假说，在应用于中国制度情境

---

[1] 张可云. 区域经济政策：理论基础与欧盟国家实践 [M]. 北京：中国轻工业出版社，2001.

[2] NEWMAN P. Changing patterns of regional governance in the EU [J]. Urban Studies, 2000, 37 (5/6): 895 – 908.

[3] 洪俊杰，刘志强，黄薇. 区域振兴战略与中国工业空间结构变动：对中国工业企业调查数据的实证分析 [J]. 经济研究，2014 (8)：28 – 40. 刘生龙，王亚华，胡鞍钢. 西部大开发成效与中国区域经济收敛 [J]. 经济研究，2009 (9)：94 – 105. CHUNG J H, LAI H, JOO J H. Assessing the "Revive the Northeast" (zhenxing dongbei) programme: origins, policies and implementation [J]. The China Quarterly, 2009, 197: 108 – 125.

[4] 刘瑞明，赵仁杰. 西部大开发：增长驱动还是政策陷阱：基于PSM - DID方法的研究 [J]. 中国工业经济，2015 (6)：32 – 43. 董香书，肖翔. "振兴东北老工业基地"有利于产值还是利润？来自中国工业企业数据的证据 [J]. 管理世界，2017 (7)：24 – 34.

[5] 蔡之兵，张可云. 区域政策叠罗汉现象的成因、后果及建议 [J]. 甘肃行政学院学报，2014 (1)：94 – 104.

下需要转变区域政策的作用目标和政策工具。更何况，诸如昆山、东莞等地区经济逆袭案例，与周边地区相比并不存在国家政策的特殊"厚待"。

区域政策假说的理论渊源之二是发展经济学，政策目标旨在塑造区域经济增长极。发展经济学在20世纪50年代至60年代快速发展，其核心要义同样暗合着凯恩斯主义的理论思潮。以布德维尔（Boudville J R.）提出的计划增长极理论为代表[1]，发展经济学提倡通过外生的政府干预来塑造区域经济增长极，以推动区域产业发展。中国在改革开放初期实施的非平衡区域发展战略，在一定程度上验证了区域政策在推动产业发展中的有效性。最为典型的便是沿海开放战略、经济特区的设立，以及14个沿海开放城市的设立等，这些区域政策旨在塑造区域经济增长极，并且也取得了众所周知的积极成效。

自20世纪70年代以来，区域政策不断被东亚和拉美国家广泛用于推动工业化进程。在全球范围内，中国被认为是实施园区政策经验最为丰富、成果最为丰硕的国家。以园区政策为例，其能够在诸多方面促进产业发展。例如，短期内有助于吸引国际直接投资（FDI）、创造就业，以及促进出口等，而长期可以进一步促进软硬基础设施建设、本地企业家精神培育，以及提升经济开放度等[2]。在实证上，区域政策在推动产业发展中的作用也被不断证实，尽管也存在着不少争论。

---

[1] BOUDVILLE J R. Problems of regional economic plan [M]. Edinburgh University Press, 1966.

[2] FAROLE T. Second best? Investment climate and performance in Africa's special economic zones [R]. World Bank Policy Research Working Paper, 2010. ZENG D Z. How do special economic zones and industrial clusters drive China's rapid development? [M]. Washington, DC: World Bank, 2011. 曾智华. 经济特区的全球经验：聚焦中国和非洲 [J]. 国际经济评论, 2016, (5): 123-148.

以中国为例，大量文献实证检验了园区政策的一系列微观作用机制，例如集聚效应、溢出效应、挤出效应、选择效应、位移效应/转移效应（Firm relocation）等。一方面，大量文献发现，中国的园区政策能够显著促进地区产业发展和经济增长[1]，促进园区内企业出口[2]，提升园区内企业生产率[3]，促进企业创新活动[4]，以及推动产业结构转型升级[5]。但另一方面，一些文献发现园区政策并未起到积极作用，甚至是收到了负面成效。例如，Zheng等学者发现，开发区并未促进当地的单位工业用地的产值[6]。再如，吴一平和李鲁发现，开发区的优

---

[1] ALDER S, SHAO L, ZILIBOTTI F. Economic reforms and industrial policy in a panel of Chinese cities [J]. Journal of Economic Growth, 2016, 21 (4): 1-45. WANG J. The economic impact of special economic zones: Evidence from Chinese municipalities [J]. Journal of Development Economics, 2013, 101 (1): 133-147. LU Y, WANG J, ZHU L. Do place-based policies work? Micro-level evidence from China's economic zone program [R]. SSRN Working paper, 2015, https://ssrn.com/abstract=2635851.

[2] 陈钊, 熊瑞祥. 比较优势与产业政策效果: 来自出口加工区准实验的证据 [J]. 管理世界, 2015 (8): 67-80. CHEN Z, PONCET S, XIONG R. Inter-industry relatedness and industrial-policy efficiency: Evidence from China's export processing zones [J]. Journal of Comparative Economics, 2017, 45 (4): 809-826.

[3] 王永进, 张国峰. 开发区生产率优势的来源: 集聚效应还是选择效应? [J]. 经济研究, 2016 (7): 58-71. 林毅夫, 向为, 余淼杰. 区域型产业政策与企业生产率 [J]. 经济学（季刊）, 2018 (2): 781-800.

[4] 李贲, 吴利华. 开发区设立与企业成长: 异质性与机制研究 [J]. 中国工业经济, 2018 (4): 79-97.

[5] 李力行, 申广军. 经济开发区、地区比较优势与产业结构调整 [J]. 经济学（季刊）, 2015 (2): 885-910. 袁航, 朱承亮. 国家高新区推动了中国产业结构转型升级吗 [J]. 中国工业经济, 2018 (8): 60-77. 周茂, 陆毅, 杜艳, 等. 开发区设立与地区制造业升级 [J]. 中国工业经济, 2018 (3): 62-79.

[6] ZHENG G, BARBIERI E, DI TOMMASO M R, et al. Development zones and local economic growth: zooming in on the Chinese case [J]. China Economic Review, 2016, (38): 238-249.

惠政策抑制了企业创新能力，使得企业从事创新活动的概率比平均水平降低了7.14％①。

总体而言，虽然国家政策假说——无论是产业政策还是区域政策——引入了政府在促进产业发展中的积极角色，但其更为侧重国家层级，亦即假定中央政府是唯一的政策制定者。由此导致既有的研究过分关注中央政府的外生性政策干预，而忽视了地方政府自身的政策努力，以及地方政府在争取国家政策过程中的能力异质性。正如Alder等人所指出的："在园区中，地方领导人被赋予较高的自主性，且能够形塑产业政策的关键要素。"② 而既有的大量关于园区的实证评估文献，更多的将园区视为一个同质性的观察样本置入回归方程，既未区分不同的园区类型及其背后的府际互动过程，也未剖析地方政府依托园区施展的多元作用。

实际上，在缺乏国家区域政策支持的情况下，地方政府也有能力塑造区域经济的"计划增长极"，并推动辖区内的产业集聚发展，典型如昆山、义乌等地。因此，更为关键的问题在于，诸如昆山、义乌等逆袭地区在缺乏这些"前提条件"的情况下，是如何在区域竞争中脱颖而出的？引入中央政府的角色无疑是一项重要的研究进展，但如果不从理论上将地方政府的重要角色引入，仍将难以有效解释这些案例在落后困境下的崛起过程。

由此可见，三个经典理论学说既无法解释在要素自由流动受阻的

---

① 吴一平，李鲁．中国开发区政策绩效评估：基于企业创新能力的视角［J］．金融研究，2017（6）：126-141．

② ALDER S, SHAO L, ZILIBOTTI F. Economic reforms and industrial policy in a panel of Chinese cities [J]. Journal of Economic Growth, 2016, 21 (4): 306.

制度背景下产业集聚的动力机制，亦无法帮助理解在国家政策缺失条件下地方政府在产业发展过程中的积极作用。究其根本在于，既有理论忽视了地方制度差异对于产业集聚发展的重要影响，尤其是地方政府在推动产业发展过程中的重要角色[①]。因此，也唯有引入地方政府，才能更好地理解区位条件、要素禀赋以及国家政策发挥其作用的前提，也有助于理解地方制度因素在推动地区逆袭背后所扮演的关键角色。

二、从激励到能力：补地方政府行为缺环

由上文可知，既有的三种经典理论解释均忽视了推动中国产业发展的一个重要主体——地方政府。而在关于地方政府行为的研究文献中，尤其是在揭示中国的政治经济运行规律方面，已经形成了许多具有代表性的理论文献。本节将地方政府行为理论研究划分为行为激励视角和发展能力视角，进而评述既有文献是否能够提供关于后发地区如何实现经济追赶的有力解释。

（一）地方政府行为激励视角：忽视地方政府发展能力

绝大部分的地方政府行为研究均聚焦其行为激励视角。这一视角扎根于中国经济改革的实践经验，充分认识到中国地方政府在经济发展中的重要作用，并认为央地之间的财政和行政分权所形成的地区间

---

① 李世杰，胡国柳，高健. 转轨期中国的产业集聚演化：理论回顾、研究进展及探索性思考 [J]. 管理世界，2014（4）：165–170.

第二章 视角：地方政府发展能力缘何重要

横向竞争压力，是塑造地方政府行为及其与区域产业发展之关系的重要制度基础。在该视角下，本文将重点评述维护市场的财政联邦主义、县际竞争理论、官员晋升理论、"官场＋市场"理论，以及特惠模式理论等。

维护市场的财政联邦主义，又被称为第二代财政联邦主义。此前，第一代财政联邦主义基于西方欧美国家的制度情境，重点讨论联邦政府与地方政府之间的财政分权与地方公共品提供之间的关系[1]。与此不同，第二代财政联邦主义论证了中国中央与地方政府之间的财政分权对于地方政府维护地区经济发展的促进作用[2]。该理论认为，中国的中央与地方的财政分权形成了典型的 M 型（Multidivisional form）结构，这一制度特征为官员的绩效考核和地区间竞争提供了绩效可衡量的组织比较基础。更重要的是，央地之间的财政分权政策和税收分成合约，形塑了中国地方官员群体的亲市场化（Pro－market）激励，进而促使地方政府积极发展辖区经济。然而，该理论在后续的实证检验中引发

---

[1] TIEBOUT C M. A pure theory of local expenditures [J]. Journal of Political Economy，1956，64 (5)：416-424. OATES W E. Fiscal federalism [M]. New York：Harcourt Brace Jovanovich，1972. MUSGRAVE R A. Theory of public finance：a study in public economy [M]. McGraw Hill，1959.

[2] MONTINOLA G，QIAN Y，WEINGAST B. Federalism，Chinese style：the political basis for economic success in China [J]. World Politics，1995，(48)：50-81. QIAN Y，XU C. Why China's economic reforms differ：the M-form hierarchy and entry/expansion of the non-state sector [J]. Economics of Transition，1993，1 (2)：135-170. QIAN Y，WEINGAST B. Federalism as a commitment to preserving market incentives [J]. Journal of Economic Perspectives，1997，(11)：83-92. QIAN Y，ROLAND G. Federalism and the soft budget constraint [J]. American Economic Review，1998，88 (5)：1143-1162.

了广泛的争论①。此外,从地方政府财政激励角度来解释中国的地区竞争和经济增长,不仅未能解释为何财政分权一定能导致良性竞争而非恶性竞争②,更没有厘清财政激励与产业发展之间的作用机制。例如,苏州各县市政府均具有类似的财政激励并面临着激烈的区域竞争,但为何昆山能够实现逆袭并与周边县市拉开可观的发展差距呢?

张五常提出的县际竞争理论,本质上延续了财政激励的解释框架③。不同之处在于,该理论将研究单元聚焦县级政府,并认为1994年的分税制改革赋予了县级政府一定的剩余索取权,即地方增值税的比例留成。因此,县级政府利用土地配置权进行招商引资和县级竞争,积极把地方蛋糕做大,从而推动了当地的经济发展和宏观层面的"中国经济奇迹"。然而,该理论有两个缺陷:一是忽视中央与地方之间复杂的政策互动。例如,中央与地方的合约不仅是税收分成,中央仍然

---

① ZHANG T, ZOU H. Fiscal decentralization, public spending, and economic growth in China [J]. Journal of Public Economics, 1998, 67 (2): 221-240. HAN L, KUNG J K S. Fiscal incentives and policy choices of local governments: Evidence from China [J]. Journal of Development Economics, 2015, 116: 89-104. JIN H, QIAN Y, WEINGAST B R. Regional decentralization and fiscal incentives: Federalism, Chinese style [J]. Journal of Public Economics, 2005, 89 (9-10): 1719-1742. 陈抗, Arye L. Hillman, 顾清扬. 财政集权与地方政府行为变化:从援助之手到攫取之手 [J]. 经济学(季刊), 2002, 2 (4): 111-130. 范子英, 张军. 财政分权与中国经济增长的效率:基于非期望产出模型的分析 [J]. 管理世界, 2009 (7): 15-25. 林毅夫, 刘志强. 中国的财政分权与经济增长 [J]. 北京大学学报(哲学社会科学版), 2000, 37 (4): 5-17. 张晏, 龚六堂. 分税制改革、财政分权与中国经济增长 [J]. 经济学(季刊), 2005 (4): 75-108. 陶然, 陆曦, 苏福兵, 等. 地区竞争格局演变下的中国转轨:财政激励和发展模式反思 [J]. 经济研究, 2009, 44 (7): 21-33.

② CAI H, TREISMAN D. Did government decentralization cause China's economic miracle? [J]. World Politics, 2006, 58 (4): 505-535. 张军, 周黎安. 为增长而竞争:中国增长的政治经济学 [M]. 上海:上海人民出版社, 2008.

③ 张五常. 中国的经济制度 [M]. 北京:中信出版社, 2009.

控制着土地指标分配、税收优惠，以及通过产业园区审批来约束地方政府，而这些纵向的资源分配对于区域产业发展的作用都被忽视了。二是该理论难以解释1994年分税制改革前的财政分包制下的经济增长。理论上，缴纳固定租金的合约，地方积极性最高，亦即完全的剩余控制权和索取权。但事实上，财政包干制下出现了区域恶性竞争和贸易壁垒，中央政府难以发挥有效协调作用，导致到1993年底中央财政占比极低，削弱国家能力①。总体而言，财政分权理论只解释了地方政府行为的激励来源之一，但这是否是最重要的激励来源则是一个存疑的问题②。

进入2000年后，官员晋升理论的提出和发展，则试图剖析中央与地方制度分权中的另一项关键内容，即官员晋升锦标赛制度。实际上，先前已有学者注意到中国政府利用人事控制来刺激经济发展，亦即基于地方经济绩效来奖励和惩罚地方官员，以此来激励他们发展地方经济③。而这套政治晋升制度之所以可行，在于如前所述的中国经济制度的M型结构，进而促使地方官员之间展开"标尺竞争"（Yardstick competition/benchmarking）④。与此同时，大量实证研究均证实了官

---

① 王绍光，胡鞍钢.中国国家能力报告[M].沈阳：辽宁人民出版社，1993.
② 周黎安.转型中的地方政府：官员激励与治理[M].上海：格致出版社，2017.
③ BLANCHARD O, SHLEIFER A. Federalism with and without political centralization: China versus Russia [J]. IMF Staff Papers, 2001, 48 (1): 171-179.
④ QIAN Y, XU C. Why China's economic reforms differ: the M-form hierarchy and entry/expansion of the non-state sector [J]. Economics of Transition, 1993, 1 (2): 135-170. MASKIN E, QIAN Y, AND XU C. Incentives, information, and organizational form [J]. The Review of Economic Studies, 2000, 67 (2): 359-378. XU C. The fundamental institutions of China's reforms and development [J]. Journal of Economic Literature, 2011, 49 (4): 1076-1151.

员晋升制度的有效性。例如，一省的政治地位与该省的经济排名相关①，中国的干部评价与其经济绩效相关②，以及20世纪80年代中国国有企业领导的晋升与其企业绩效有关③，等等。在此基础上，李宏彬和周黎安进一步通过实证证实了中国省级官员的职业流动（Career mobility）与其经济绩效相关④，而后续的一系列研究，归纳提炼了颇具中国特色的官员晋升理论⑤。

至2018年，周黎安进一步提出了"官场＋市场"理论，这是行为激励视角中，为数不多触及地区经济发展差异议题的一项理论创新⑥。该理论进一步整合了他在早前提出的行政发包制⑦和官员晋升理论。该理论综合讨论了两类地区竞争关系，一是地区间地方政府行为的竞争，二是地区间企业行为的竞争。该理论按照官场竞争的强弱和市场竞争的强弱，划分为四个组合，亦即四类地区，并认为，以经济增长为中心的政治锦标赛必然带来地区间的市场竞争，进而促使地方政府保护非国有资本的产权，否则投资者就会"用脚投票"来惩罚失信的

---

① MASKIN E, QIAN Y, AND XU C. Incentives, information, and organizational form [J]. The Review of Economic Studies, 2000, 67 (2): 359-378.

② WHITING S. Power and wealth in rural China: The political economy of institutional change [M]. Cambridge University Press, 2001.

③ GROVES T, HONG Y, MCMILLAN J, et al. China's evolving managerial labor market [J]. Journal of Political Economy, 1995, 103 (4): 873-892.

④ LI H, ZHOU L A. Political turnover and economic performance: The incentive role of personnel control in China [J]. Journal of Public Economics, 2005, 89 (9-10): 1743-1762.

⑤ 周黎安. 转型中的地方政府：官员激励与治理 [M]. 上海：格致出版社, 2017.

⑥ 周黎安. "官场＋市场"与中国增长故事 [J]. 社会, 2018, 38 (2): 1-45.

⑦ 周黎安. 行政发包制 [J]. 社会, 2014, 34 (6): 1-38.

地方政府。按照该理论,只有兼具较强的官场竞争和市场竞争的地区,即政治企业家与市场企业家相互积极配合的地区,才能获得较快的经济发展。

"官场＋市场"理论很好地说明了为何地方政府具有保护本地企业的努力,将其核心机制归结为地区间"官场"和"市场"的竞争,为中国经济快速增长提供了"最优"的制度基础。然而,该理论也存在着如下缺陷:其一,该理论高估了地方政府的自主性,假定其是唯一的政府行为主体。这一假设也同样存在于财政联邦理论中,而没有注意到中央政府通过区域政策对各地区要素禀赋结构的外生性干预。尽管该理论也指出了中央政府的重要职能,亦即"为官场＋市场模式制定了官场竞争和市场竞争的有效规则,创造了使该模式运行的良好条件"[①],但这一重要制度元素却并未进入理论框架。其二,更重要的是,将地方的政治经济系统差异作为一个给定的外生变量,这似乎已经判定了各个地区的"命运",而未对这一差异的形成进行解释。因此,该理论仍然存在着一个"机制真空"的问题,落入了"经济发达地区都是地区竞争中的优胜者"的事后解释型叙事。按照这一逻辑,似乎没有任何地区能够逃脱"命运"得以逆袭。因此,"官场＋市场"的动态互动过程,仍需要带入关键行动者的角色。

特惠模式/"特事特办"理论更进一步地讨论了地方政治经济系统的异质性和内生性问题。近年来,白重恩等人提出和发展了特惠模式(Special deals)理论,用以说明在中国宏观制度质量,尤其是营商环

---

① 周黎安. "官场＋市场"与中国增长故事[J]. 社会,2018,38(2):18.

境长期不佳的条件下,地方政府如何帮助地方企业发展①。所谓特惠模式,是指地方政府为其辖区内的关联企业减少行政审批环节,各类选择性产业政策,以及解决营商中所面临的特殊问题等。而所谓关联企业,是指与地方政府政治与财政激励息息相关的企业,如创造规模以上产值和地方税收的企业。与政治晋升理论相比,特惠模式理论同样需要将地区竞争作为制度前提,不同之处在于该理论将辖区内企业区分为"关联企业"和"非关联企业"。总体而言,特惠模式理论尝试将地方政府在产业发展中的角色与宏观制度变迁相关联,并富有洞见地提出地方政府有激励和能力塑造区域制度环境,进而促进辖区内的产业发展。问题在于,特惠模式理论虽然触及地方政府能力问题,但却仍然假设地方政府能力是外生性的,而忽视了中央政府的作用。更为重要的是,该理论也同样忽视了地方政府能力的内生性变化及其区域差异。

总体而言,上述诸多理论创新从不同的视角揭示了中国地方政府行为激励的来源,财政激励和政治激励构成了中国地区竞争分析视角。这一分析视角的理论创新大多聚焦于产业发展的宏观结果——"中国经济奇迹"②,或是对地方政府投资、基础设施建设以及税收政策等行

---

① BAI C E, HSIEH C T, SONG Z. Special deals with Chinese characteristics [R]. NBER Working Paper (No. 25839), 2019. 白重恩, 谢长泰, 宋铮, 等."特事特办":中国经济增长的非正式制度基础 [J]. 比较, 2021, 112: 138-156.

② SONG Z, STORESLETTEN K, ZILIBOTTI F. Growing like China [J]. American Economic Review, 2011, 101 (1): 196-233. QIAN Y. How reform worked in China: The transition from plan to market [M]. MIT Press, 2017. 张五常. 中国的经济制度 [M]. 北京: 中信出版社, 2009.

为的分析①。其核心范式是"为增长而竞争"②,而非"如何促进产业发展而竞争"。正因如此,该视角在解释中国地区产业发展的空间异质性问题上具有以下两个基本缺陷。

其一,注重地方政府行为激励,忽视地方政府推动产业发展的能力。不难发现,已有的理论创新均致力于解释地方政府的行为激励来源,亦即为何地方政府具有发展产业的动力和意愿。例如,长期以来,关于地区竞争如何影响地方政府在地区产业发展中所扮演的角色,存在着一个关键性争论,即地方政府究竟是扮演"攫取之手"的角色,还是"援助之手"的角色③。在经验观察上,大多数研究均支持中国地方政府的"援助之手"假说,亦即中国快速的产业发展和经济增长来自地方政府的积极推动。问题在于,即使"援助之手"假说成立,地方政府如何推动产业发展,以及是否有充足能力推动等问题均被忽略了。无论是财政收入激励,抑或政治晋升激励,均只回答了为何地方政府有激励政策来推动产业发展。但在地方政府的"援助之手"与产业发展之间,还需要一个中间过程,即地方政府如何塑造有助于地方产业发展的政策与制度环境。换言之,上述理论均假定地方政府能力是相同的,只考虑了地方政府行为的激励来源。

---

① 方红生,张军. 中国地方政府竞争,预算软约束与扩张偏向的财政行为 [J]. 经济研究,2009,12 (4):16. 范子英,田彬彬. 税收竞争,税收执法与企业避税 [J]. 经济研究,2013 (9):99-111. 张军,高远,傅勇,等. 中国为什么拥有了良好的基础设施?[J]. 经济研究,2007,42 (3):4-19. 张军,范子英,方红生. 登顶比赛:理解中国经济发展的机制 [M]. 北京:北京大学出版社,2015.

② 张军,周黎安. 为增长而竞争:中国增长的政治经济学 [M]. 上海:上海人民出版社,2008.

③ 陈抗,Arye L. Hillman,顾清扬. 财政集权与地方政府行为变化:从援助之手到攫取之手 [J]. 经济学(季刊),2002,2 (4):111-130.

其二，注重央地之间的分权制度结构，忽视央地之间的政策互动关系。尽管不同理论对于地方政府激励来源的侧重有所不同，但其共同点在于，强调地方政府行为激励是中央与地方在财政制度和人事制度上分权的结果。然而，中国的中央与地方之间的动态互动关系并非这两项制度分权所能概括。例如，中央与地方的行政分权还典型地表现为垂直管理改革，亦即"软集权"[1]，以及以"强县扩权"等为代表的系列行政区划与发展权限的动态调整[2]，而这些权与利的分配和调整均会影响区域产业发展。再如，中央与地方之间的金融分权，无疑也将影响地方政府行为激励及其促进地区产业发展的能力[3]。此外，即使在既定的央地分权制度架构下，仍然存在着一系列复杂的政策互动关系，如园区政策的调整，以及国家政策假说所强调的产业政策和区域政策等，而这些政策互动内容无疑也将影响地方政府的发展能力。

（二）地方政府发展能力视角：假定政府发展能力同质

区别于行为激励的分析视角，地方政府行为理论中的少部分文献尝试从发展能力视角来考察地方政府在推动产业发展中的作用。其中，最具有代表性的是地方发展型政府理论和"有为地方政府"理论。

地方发展型政府理论，源于对经典发展型国家理论的拓展。如前

---

[1] MERTHA A C. China's "soft" centralization: Shifting tiao/kuai authority relations [J]. China Quarterly, 2005, 184: 791-810.

[2] 刘冲, 乔坤元, 周黎安. 行政分权与财政分权的不同效应: 来自中国县域的经验证据 [J]. 世界经济, 2014 (10): 123-144.

[3] 傅勇. 中国的金融分权与经济波动 [M]. 北京: 中国金融出版社, 2016. 洪正, 胡勇锋. 中国式金融分权 [J]. 经济学（季刊），2017 (2): 545-576.

第二章 视角：地方政府发展能力缘何重要

所述，由于发展型国家理论并未包含地方政府角色，由此导致其难以直接应用于中国案例。正如瞿宛文教授所指出的，中国有两点区别于东亚模式：一是"条块"组织的制度复杂性，如中央与地方关系、政府与企业关系等；二是经济体制转型的制度遗产。这两个特征促使中国形成了"中央—地方—产业"的多层级产业政策执行模式[1]。在该模式下，由于中央与地方存在一定目标差异，将削弱中央政府在产业发展中的嵌入自主性。鉴于中国地方政府角色的特殊性，一些学者提出地方发展型政府理论，从而将理论的适应性降至地方层级[2]。这些文献往往通过个案研究，来归纳和提炼某个地区的政府如何推动产业发展。本质上，地方发展型政府理论意在提炼一种地方政府的行为模式，例如与企业家型政府等相对应，而非考察地方政府发展能力对区域产业发展的影响机制。

与之类似，有为地方政府理论通过拓展新结构经济学，尝试将地方政府的发展能力维度纳入考察。该理论认为，地方政府将根据本地的要素禀赋结构，甄别最优的主导产业和产业转型升级路径[3]。换言之，该理论假定地区要素禀赋结构决定了地区潜在比较优势，进而决

---

[1] 瞿宛文. 超赶共识监督下的中国产业政策模式——以汽车产业为例 [J]. 经济学（季刊），2009，8（2）：501-532. CHU W. Industry policy with Chinese characteristics: a multi-layered model [J]. China Economic Journal, 2017, 10 (3): 305-318.

[2] BLECHER M J, SHUE V. Tethered deer: Government and economy in a Chinese county [M]. Stanford University Press, 1996. 郁建兴，高翔. 地方发展型政府的行为逻辑及制度基础 [J]. 中国社会科学，2012，(5)：95-112. 张振华. 我国地方发展型政府建构的制度基础与形态演变 [J]. 比较政治学研究，2018，8 (2)：126-147.

[3] 鞠建东，刘政文. 产业结构调整中的有为地方政府 [J]. 经济学报，2017 (4)：61-76.

定了该地区的最优产业结构,而地方政府的角色则在于克服信息外部性与协调外部性。然而,在中国幅员辽阔的地区样本中,具有类似要素禀赋结构的地区并不罕见,但由于地区竞争的激励,各地区的主导产业和产业转型升级路径往往并不一致。更为关键的问题在于,有为地方政府理论过于强调地方政府的行为激励(官员晋升激励)和地方信息优势,却忽视了地方政府对地区比较优势的塑造能力。实际上,这也是新结构经济学理论框架的重要缺陷——将政府角色进行外生化处理,即预设了一个具备完全信息、全知全能的政府角色,其能够在每个时点甄别具备潜在比较优势的产业,并有激励政策克服市场失灵问题。但实际上,地方政府不仅能够塑造本地的比较优势,而且这种能力又会受到中央政府的影响。

总体而言,已有理论虽尝试将政府发展能力维度纳入考察,但却忽视了地方政府发展能力的区域差异及其内生性特征。地方发展型政府理论在将研究层级降至地方层级的同时,却忽视了中央政府的重要作用,因而难以提供理解多层级政府共同促进产业发展的全貌。而有为地方政府理论,试图分析中国地方政府在产业发展中的行为激励和信息优势,但却忽视了地方政府对地区比较优势的外生塑造能力,因而也难以对中国的区域产业发展成效差异作出有力的解释。实际上,中国地方政府塑造地区比较优势的能力,很大程度上取决于其与中央政府进行政策互动的结果。由此观之,有为地方政府理论只考察了地方政府在产业发展中的外生角色,而没有真正将地方政府的角色引入——将地方政府置于中央与地方政策互动的结构之中考察其对产业发展的影响。

近年来,在中国的区域经济学界也涌现出一些强调地方政府发展能力的代表性文献,尝试将"能力"带入区域经济研究之中。例如,由国务院发展研究中心研究团队发表的研究论文指出,区域发展能力的差异是导致区域不平衡发展的一项制度性成因①。在该文中,区域发展能力被划分为信息能力、创新能力、财政/融资能力、政策制定能力、地方政府治理能力,以及发展目标与定位选择能力等。然而,该文并未给出上述维度划分的理论依据,而这种划分方式还面临着概念界定与实证测度上的难题。蔡之兵与张可云教授更早地提出了区域发展能力概念,并认为区域自发能力是其中最重要的一项能力②。而要提升区域自发能力,一是推动行政分权,二是提升地方政府的工作能力和效率。该项研究为理解地方政府能力异质性奠定了良好基础,但缺乏后续的理论和实证分析的研究进展。

(三) 已有理论进展之不足

既有的地方政府行为理论分别从行为激励和发展能力的视角,尝试将地方政府这一重要的经济发展助推角色纳入理论考察。毋庸置疑,这些理论创新极大地深化了我们对于中国政府与市场关系的理解,同时也揭示了"中国经济奇迹"背后的制度基础。但也正因为这些理论所指向的研究问题过于宏观,导致其因果链条过长,且单一化。"区域竞争的制度激励→地方政府的行为激励和发展能力→中国经济奇迹。"这类解释框架在讨论中国产业发展及其地区差异问题时,面临着如下

---

① 孙志燕,侯永志,张永生,等.对我国区域不平衡发展的多视角观察和政策应对 [J].管理世界,2019,35 (8):1-8.

② 蔡之兵,张可云.区域发展的逻辑及启示 [J].教学与研究,2015,49 (11):40-47.

若干重要不足。

其一，假定地方政府发展能力是完备且同质的。已有理论假定具备充足激励的地方政府，必然能够推动"中国经济奇迹"，而未考虑地方政府是否有充足的能力来推动地区产业发展。换言之，已有理论假定中国的政策制定与执行是一个韦伯式科层执行模式，给定科层命令后便会自动得到执行。然而，这种假定难以解释为何在区域发展的实践中，各地方政府推动地区产业发展所使用的政策工具各异，政策执行效果有别。更关键的是，地方政府热衷于向中央政府获取各类具有空间排他性的发展权限与区域政策，以增强自身在推动区域产业发展中的能力，这意味着地方政府发展能力在区域间是异质且动态变化的。

其二，假定中央与地方政府之间的政策互动是外生的。已有理论均预设了一个外生或既定的中央与地方的制度分配框架。例如，财政联邦主义和县际竞争理论预设了一个既定的央地财政分权制度，而官员晋升理论和特惠制度模式预设了一个既定的以GDP为核心考核指标的地方人事管理制度。然而，中央与地方政府之间的政策互动是多元、动态的，而不止于当前的财政或人事分权制度框架。实际上，中央与地方之间的一系列政策互动关系，均会影响地方政府推动地区产业发展过程中的政策资源和发展能力。在中国的政府体制背景下，地方政府具备足够的激励来获取稀缺的行政资源，因而典型地呈现出政策企业家才能[1]。在现实中也不难观察到，地方政府具有向上级政府争取各类区域政策的动力，典型如财税优惠政策或园区发展政策，而这些

---

[1] MEI, C, CHEN K, WU X. Local government entrepreneurship in China: A public policy perspective [J]. China: An International Journal, 2016, 14 (3): 3-15.

区域政策无疑将影响地方政府推动其辖区产业集聚发展的政策资源和能力。总而言之，由于已有研究未从政府发展能力异质性视角进行考察，导致其忽视了地方政府能力在中央与地方政策互动中的动态变化，及其对区域产业发展的影响。

其三，缺乏对产业发展中的政府能力异质性的理论与实证研究。既有的一些探索性研究将政府能力异质性带入了主流学界的研究议题之中[1]，但在概念的测度与操作化，及其与产业发展之间的理论研究仍然有待进一步深化。此外，在实证研究方面，韩永辉等学者已尝试将地方政府能力作为产业政策，影响产业结构升级的调节变量，并用政府效率指标（如政府公共服务、公共物品、政府规模、居民经济福利等）进行测度[2]。然而，这些指标较为综合地反映了地方政府职能（尤其是公共服务供给职能），却难以真正反映地方政府在产业发展中的作用。尽管如此，政府能力的异质性已经成为学界的一个新兴和前沿议题。在下一步的研究工作中，理论建构和实证研究同等重要，但这也并非易事。其中的主要研究难点在于，如何锚定一个研究对象（而非泛指区域发展的所有事务），如产业发展，并以此作为探究政府能力异质性的一个切入口。对于地方政府行为研究而言，若要引入政府发展能力视角，首要的任务便是拓展政府能力同质性假设，并在政府发展能力与区域产业发展之间建立一个有效的理论解释框架。

---

[1] 蔡之兵，张可云．区域发展的逻辑及启示［J］．教学与研究，2015，49(11)：40-47．孙志燕，侯永志，张永生，等．对我国区域不平衡发展的多视角观察和政策应对［J］．管理世界，2019，35(8)：1-8．

[2] 韩永辉，黄亮雄，王贤彬．产业政策推动地方产业结构升级了吗？——基于发展型地方政府的理论解释与实证检验［J］．经济研究．2017(8)：33-48．

表2-2归纳总结了前文评述的若干代表性理论，及其在解释中国产业发展的区域差异上的不足之处。

表2-2 地方政府行为研究的代表性理论及其不足

理论视角	代表性理论	理论解释不足	
		考察政府发展能力维度	假定政府发展能力异质性
行为激励视角	中国特色财政联邦主义	×	×
	县际竞争理论	×	×
	官员晋升理论	×	×
	"官场＋市场"理论	×	×
	"特事特办"理论	√	×
发展能力视角	地方发展型政府理论	√	×
	有为地方政府理论	√	×

三、引入地方政府发展能力的异质性视角

本章前两节内容已经说明了，有必要引入地方政府发展能力的异质性视角，来考察地方政府在推动地区经济逆袭和塑造"中国经济奇迹"过程中的重要角色。对于区域发展研究而言，地方政府发展能力异质性的引入同样具有重要意义，这是由中国的"大国"特征所决定的。在传统的发展研究领域，地方政府的角色并未受到足够的重视，而地方政府在发展中的重要角色及其理论演进，主要与中国作为一个重要的发展研究对象而逐渐受到理论界的关注。正如Evans和Stallings所指出的，"国家在经济发展中所扮演的角色一直是人们的兴趣所

在……在 2005 年至 2015 年间，中国成为 Studies in Comparative International Development（SCID）杂志关注最多的国家。SCID 的文章已经显示了试图指出中国模式与中国制度运行动力的普遍兴趣，特别是地方层次"[1]。地方政府的重要发展角色，在经典的发展型国家理论中受到忽视，而这主要源于日本、韩国特殊的制度背景——地方政府未被赋予发展地方产业的行政职能。但中国无疑是一个特殊的发展型国家模式[2]。这种特殊性首要表现为庞大的国家规模和国家治理的复杂性，合乎逻辑的结果便是经济发展职能由中央向地方层级的下放。正如哈佛大学 Rithmire 教授所倡导的，"我们不能再将规模和内部差异极大的中国解读为单一的中国模式"[3]。紧接着的核心理论问题是，我们如何来分析地方政府发展能力的异质性？本书引入尺度重构理论视角来处理这一问题。

（一）以尺度重构解析政府发展能力异质性

引入地方政府发展能力异质性的关键，在于理解地方政府如何塑造地方产业集聚发展的区域制度环境。换言之，需要将地方政府作为研究对象，将区域作为研究单元，才能深入考察地方政府发展能力的构成及其来源。事实上，改革开放 40 多年来，地方政府推动产业发展的能力差异，不仅来自国家层面的产业和区域政策，也源于其在本辖

---

[1] EVANS P B, STALLINGS B. Development studies: Enduring debates and possible trajectories [J]. Studies in Comparative International Development, 2016, 51(1): 28.

[2] 为便于研究，文中的"中国"特指除港澳台地区之外的中国大陆地区。

[3] RITHMIRE M E. China's "new regionalism": Subnational analysis in Chinese political economy [J]. World Politics, 2014, 66 (1): 348-194.

区内创设的各类地方性政策与推动的区域制度变迁,如推动产业园区的创建,村镇产业集群的构建,各类商品交易市场组织平台的构建,以及推动行政区划调整等。而上述这些由地方政府推动、与产业发展相关的政策创新努力,恰对应于经济地理学中近来对于空间尺度重构的讨论。

为此,本书尝试以尺度重构来解析地方政府发展能力的异质性及其作用机制。尺度重构(Rescaling)是经济地理学将空间尺度纳入研究的理论创新成果,而空间尺度(Spatial scale)是地理学中的核心概念。空间尺度是指对特定地域的等级化划分(如全球、国家、区域、地方等空间尺度),而尺度重构则是对既有空间尺度的社会再建构(如设立产业园区)。尺度重构研究可划分为政治经济研究路径(Political economic approach)和社会建构研究路径(Poststructural approach),两者具有不同的研究范式和问题意识[1]。其中,后者侧重于话语尺度(Discursive scale)研究,不将尺度视作客观物质实体,故在本书中不做深入讨论。而政治经济路径的尺度重构,侧重于实体的空间尺度及其政治经济机制研究,十分契合本书的研究主题。就此而言,尺度在本书中特指空间尺度(而非话语尺度),因此在本书中常将两者进行互换使用。

政治经济研究路径下的尺度重构,被认为是全球化时代下促进资本跨国流动和区域经济发展的重要途径。例如,在最具代表性的国家尺度重构理论(State rescaling theory)中,尺度重构是指"国家这个

---

[1] MACKINNON D. Reconstructing scale: Towards a new scalar politics [J]. Progress in human geography, 2011, 35 (1): 21-36.

地域组织对经济干预和调节的权力变动的过程"①。而国家尺度之所以重构,主要是因为20世纪70年代的全球经济危机以来,北美和西欧早期工业化经济体的国家尺度难以为继,转而在次国家（Subnational）和超国家（Supernational）的空间尺度上为跨国资本流动创造更多地域空间与公共产品②。因此,国家和城市的尺度重构,均是应对资本主义危机和经济全球化的制度自适应产物③。也正因如此,国家和城市被视为空间尺度重构的两个基本研究对象。

改革开放以来,中国同样发生了深刻而持续的国家尺度重构进程,并典型地表现为中央政府向地方政府的放权行为④。与欧美国家的空间尺度重构有所不同,中国的中央政府在推动国家尺度重构的过程中并未失去其控制力,而是仍然在区域发展的尺度重构过程中扮演着重要角色。由此可以观察到,自改革开放以来,尺度重构成为中国国家空间战略中的重要改革手段⑤。

鉴于中央和地方政府在尺度重构过程中的重要作用,在中国地方

---

① BRENNER N. Globalisation as reterritorialisation: the re-scaling of urban governance in the European Union [J]. Urban studies, 1999, 36 (3): 431–451. BRENNER N. Open questions on state rescaling [J]. Cambridge Journal of Regions, Economy, and Society, 2009, 2 (1): 123–139.

② CERNY P G. Restructuring the state in a globalizing world: capital accumulation, tangled hierarchies and the search for a new spatio - temporal fix [J]. Review of International Political Economy, 2006, 13 (4): 679–695.

③ BRENNER N. Open questions on state rescaling [J]. Cambridge Journal of Regions, Economy, and Society, 2009, 2 (1): 123–139.

④ 殷存毅,夏能礼."放权"或"分权":我国央—地关系初论[J]. 公共管理评论, 2012, 12 (1): 23–42.

⑤ 夏添,孙久文,宋准. 新时代国内外区域经济学研究热点评述[J]. 经济学家, 2019 (9): 15–24.

发展过程中存在着两种不同的尺度重构动力机制。一是自上而下式尺度重构（Top‐down rescaling），亦即中央政府主导推动的尺度重构；二是自下而上式尺度重构（Bottom‐up rescaling），亦即由地方政府主导的尺度重构。在基于欧美国家制度情境的英文文献中，尺度重构常被划分为国家和城市两个层级，但却将其划分为两个研究分支。与此不同，中国的尺度重构，无论是自上而下或是自下而上，均存在着中央与地方政府之间密切的政策互动。以园区尺度重构为例，自上而下式尺度重构典型表现为改革初期设立的四大经济特区，以及14个沿海开放城市等，但其在推动产业发展中的作用仍然需要地方政府来执行。而自下而上式尺度重构，如昆山在1984年自费建设开发区的尝试，也同样需要得到国家的认可与支持，如昆山自费开发区于1992年获批成为国家级经开区。

具体到本书的地方研究层级上，尺度重构可被理解为在县市行政区域内的特定空间的地域重组与权力配置调整，是地方政府推动区域经济发展的重要策略。改革开放以来，在以渐进式改革主导的制度变迁模式下，县市区域内的制度环境不仅受到国家层面渐进式制度变迁的影响，更重要的是地方政府所做的优化区域制度环境的努力，以适应正在中国如火如荼展开的工业化与经济全球化进程。产业的集聚与发展无疑是趋向企业生产成本与交易成本更低的地区，而尺度重构恰是地方政府借以创设产业集聚的空间地域载体，用以注入和强化自身的行政资源，以此来更好地帮助克服市场失灵问题。例如，昆山在工业化起步阶段所依靠的便是地方政府推动的开发区尺度重构，得以在短期内集聚乡镇企业的横向联营项目。而几乎在所有的地区逆袭案例中，尺度重构都是一个重要的推动因素，即使是在常被认为"无为而治"的温州，地方政府也并非袖手旁观，而是尽力调和中央政策以保护民营企业发展，并促成村镇产业集群的尺度重构建构。

尺度重构与地方政府发展能力异质性之间呈现出一体两面的特征。一方面，地方政府的发展能力异质性充分体现在地方政府推动尺度重构的能力上。不同地区在尺度重构上的差异十分明显，典型如昆山、义乌和东莞等逆袭地区，其在尺度重构上不仅动作频繁，而且也开启了各具特色的尺度重构类型，这些都体现了地方政府的发展能力。而另一方面，地方政府的发展能力也深刻地受到尺度重构的影响。例如，通过创设产业园区以及推动行政区划调整，均有助于增强地方政府的行政与发展权限。

总而言之，尺度重构成为改革开放以来中国地方政府发展能力之强弱的重要折射面，是刻画政府发展能力异质性及其形成与强化机制的重要视角。正因如此，尺度重构理论的引入，不仅可以拓展政府发展能力异质性假设，也有助于增进对区域产业发展之成效差异的解释。从对逆袭地区的案例剖析中可以形成初步判断：频繁的尺度重构为这些逆袭地区的产业集聚发展创设了空间平台，也提供了各类政策支持，以帮助克服产业发展中的市场失灵问题。与此形成对照，逆袭地区的周边县市在区位、要素禀赋以及国家政策，甚至区域文化上都具有一定的相似性，但却在尺度重构的能力上呈现出显著差异（下一章内容对此进行分析），这也从另一个侧面说明，尺度重构是解释区域产业发展成效的一个关键解释变量。

(二) 尺度重构的内涵及其四种主要类型

对于公共管理学和经济学界而言，尺度重构概念及理论是个新鲜事物，因而有必要对其概念内涵、本质特征及呈现类型稍作介绍和分析。如前文所述，尺度和尺度重构，是地理学尤其是经济地理学中的核心概念。但需要特别指出的是，在中文学术文献中，Rescaling 同时存在着两种翻译方式，一种是尺度重构，另一种是尺度重组，两者并没有本质区别。本书遵照尺度重构理论中文文献中比较常见的翻译方式[①]，采用尺度重构的翻译方式。

由于空间尺度是人为划分和社会建构的产物，因而尺度重构是对空间尺度的再建构和再生产。而尺度重构背后的主体是人或机构，因而尺度重构的过程也往往是博弈的过程。针对尺度重构的这一特征，在人文地理学中兴起了一个尺度政治的研究分支。所谓尺度政治（Politics of scale），是指基于尺度重构的政治博弈和权力争夺，如通过吸纳或排斥某些主体改变权力对比态势、通过调整主体在尺度结构中的位置影响其权力关系，以及通过对尺度内涵再界定改变政治活动的合法性[②]。

在尺度政治的研究路径下，学者们对尺度重构的本质和内涵进行

---

① 张京祥，吴缚龙. 从行政区兼并到区域管治：长江三角洲的实证与思考[J]. 城市规划，2004，28（5）：25-30. 王丰龙，刘云刚. 尺度概念的演化与尺度的本质：基于二次抽象的尺度认识论[J]. 人文地理，2015，30（1）：9-15. 贺灿飞. 区域产业发展演化：路径依赖还是路径创造？[J]. 地理研究，2018，37（7）：1253-1267. 孙久文，夏添，胡安俊. 粤港澳大湾区产业集聚的空间尺度研究[J]. 中山大学学报（社会科学版），2019，59（2）：178-186.

② 王丰龙，刘云刚. 尺度政治理论框架[J]. 地理科学进展，2017，36（12）：1500-1509.

第二章 视角：地方政府发展能力缘何重要

了重新界定。例如，Shen认为，尺度重构是指权力和控制力在不同尺度之间的变动①。殷洁和罗小龙认为，尺度重构本质上是指特定地域组织对全球资本的控制力在不同尺度上的转移②。在英文文献中，最为经典的是国家尺度重构理论，其领军人物布鲁纳教授将尺度重构划分为国家尺度重构和城市尺度重构③。其中，国家尺度重构，是指国家这个地域组织对经济干预和调节的权力变动的过程——权力从国家尺度分化到多种空间尺度，包括将权力上移（Scaling up）至区域性组织（如欧盟），或下移（Scaling down）至地方政府，以及与私人部门和市民社会合作来干预和调控经济社会发展。而城市尺度重构，是指城市这个地域组织对全球经济和资本的控制力的变化，包含了世界城市体系的发展，以及城市空间结构的转移等。

本书将地方政府作为研究对象，将区域（地方行政辖区）作为研究单元。由于尺度重构伴随着权力在不同空间尺度上的转移，而中国地方政府的行政权限在很大程度上受到中央与地方关系的影响。因此，尺度重构的过程，也是行政权限在不同空间尺度上的再配置过程。通俗地说，尺度重构是在特定的空间尺度内赋予特定的发展权限。这意味着，当我们在讨论尺度重构时，往往涉及府际关系的调整，也意味着考察地方政府发展能力的形成与演变需要置入央地关系的理论视角。

---

① SHEN J. Scale, state and the city: Urban transformation in post-reform China [J]. Habitat International, 2007, 31 (3-4): 303-316.
② 殷洁，罗小龙. 尺度重组与地域重构：城市与区域重构的政治经济学分析 [J]. 人文地理, 2013, 28 (2): 67-73.
③ BRENNER N. Open questions on state rescaling [J]. Cambridge Journal of Regions, Economy, and Society, 2009, 2 (1): 123-139.

回到尺度重构的概念内涵问题，具体到区域产业发展层面，尺度重构具有两个主要构成要素：一是创设产业发展的空间载体，二是行政资源的空间配置。按照上述两个标准，可以刻画在中国区域发展中常见的尺度重构类型，分别是园区尺度重构、村镇产业集群建构、行政区划调整，以及交易市场组织创新等。这四种尺度重构类型的简要特征如表 2-3 所示。

表 2-3 尺度重构的四种主要类型

尺度重构类型	A 产业发展的空间载体	B 行政资源的空间配置
园区尺度重构	创设产业园区这一地域范围	向产业园区下放发展权限
村镇产业集群建构	村镇集体土地转换为建设用地	向村镇政府下放发展权限
行政区划调整	全域范围的工业用地指标变动	全域范围内的行政权限变化
交易市场组织创新	交易市场的建构	向交易市场下放发展权限

需要特别指出的是，上述常见的四种尺度重构类型均发生于特定的行政区划范围之内。在中国的"行政区经济"[1]制度背景下，跨越行政区划的空间尺度重构类型虽不鲜见，囿于区域化的要素集聚动力不足而并未在促进产业发展中扮演重要角色[2]。近年来，随着城市群发展在区域经济发展中的作用不断上升，并在政策实践上受到越来越高的重视，诸如京津冀协同发展、粤港澳大湾区，以及长三角区域一

---

[1] 刘君德，舒庆. 中国区域经济的新视角：行政区经济 [J]. 改革与战略，1996 (5)：1-4.

[2] 夏添，孙久文. 基于区域经济理论的新时代空间尺度重构研究 [J]. 城市发展研究，2019，26 (6)：13-20.

体化等跨区域的空间尺度重构的出现引发学界关注①。当然，这类跨行政区划的尺度重构类型在产业发展中到底发挥着怎样的作用还有待观察。鉴于本书侧重于改革开放前30年的产业发展实践，因此暂不将"第五种"尺度重构类型纳入研究。

（三）一个简要的理论分析框架

基于上述讨论，本书通过引入地方政府发展能力的异质性视角，并以尺度重构理论对政府发展能力的强弱水平、形成机制与演变机制的解析，为本研究提供了一个坚实的理论基础。据此，本节内容进一步提出一个简要的理论分析框架，用以帮助理解地方政府发展能力与尺度重构的关系及其运作机制。需要指出的是，本书提供的理论分析框架并非有待检验的理论假说，因而并不存在正确与否，其主要功能在于提供理论分析思路，为后文的案例研究提供基本的理论元素。

本书的理论分析框架如图2-1所示。其中的核心理论要素包括空间尺度重构、地方政府发展能力、空间集聚机制，以及区域产业发展等。依据理论分析框架图，可以进一步将本书拆分为三个研究问题：一是地方政府如何借助空间尺度重构来促进空间集聚机制的发挥，进而推动区域产业发展？二是地方政府如何成功地推动空间尺度重构？在这过程中如何施展地方政府发展能力？三是地方政府如何借助空间

---

① 张京祥. 国家—区域治理的尺度重构：基于"国家战略区域规划"视角的剖析［J］. 城市发展研究, 2013, 20（5）：45-50. 夏添, 孙久文. 基于区域经济理论的新时代空间尺度重构研究［J］. 城市发展研究, 2019, 26（6）：13-20. 孙久文, 夏添, 胡安俊. 粤港澳大湾区产业集聚的空间尺度研究［J］. 中山大学学报（社会科学版）, 2019, 59（2）：178-186.

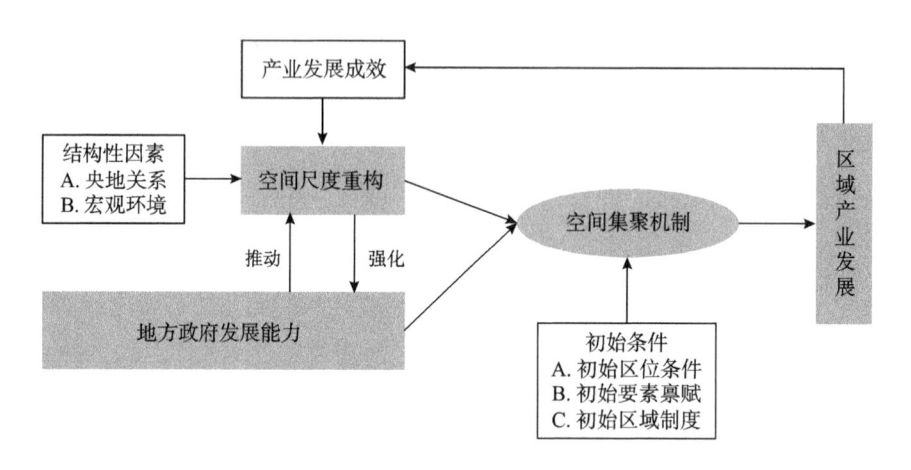

图 2-1 本书的理论分析框架

尺度重构来不断强化其发展能力？

第一，空间尺度重构与区域产业发展。再次回顾，本书的核心研究问题在于，为何经济落后地区能够在激烈的区域竞争中实现经济逆袭。尺度重构是前文通过理论分析之后得出的一种可能解释，但究竟尺度重构如何推动区域产业发展，既有的尺度政治理论尚未提供理论分析思路。为此，本书基于既有的尺度重构理论，抽象出尺度重构促进区域产业发展的相关理论元素。首先，需要明确的一点是，产业发展的核心是产业的空间集聚及其规模扩张。因此，可以将理论命题转化为尺度重构如何影响空间集聚机制。按照经济学的一般理论，降低生产成本和交易成本，是促进空间集聚机制发挥作用的重要影响因素。因此，尺度重构如何促进区域产业发展的关键，在于理解尺度重构是如何帮助在特定空间内的产业集聚发展降低生产和交易成本的。其次，尺度重构对于区域产业发展的影响并非在真空中发生的，同时也受到该地区的区位条件和要素禀赋结构的影响,此外,部分地区还可能获得国家的特殊政策扶持。因此,另一个关键的理论问题是,尺度重构如何与其他解释变量共同发生作用,进而促进区域产业发展。最后,尺度重构本身包含了两个核心要素,同时对产业集聚的生产和交易成本产生影响:一是地理意义上的产业发展的空间载体供给,二是政治经济意义上的行政资源的空间配置。因此,理论上需要进一步探讨尺度重构的两方面核心内涵如何对区域产业发展产生影响,这就涉及因果机制的讨论。在第四章中,本书将基于昆山案例,进一步揭示地方政府如何借助尺度重构施展其发展能力,并在与区位、要素禀赋等各项初始条件的互动中,同时借助空间与权力两个维度促进空间集聚机制的发挥,进而推动区域产业发展和地区经济逆袭。

第二,地方政府发展能力与空间尺度重构。前文已指出,地方政府发展能力与空间尺度重构是一体两面的过程,两者之间相互作用、相互影响。用实证主义的话语体系来讲,两者具有双向因果关系。为了简化分析,可以分阶段、分方向地探讨其理论关系。首先将空间尺度重构视为地方政府施展其发展能力的重要产物。据此引出本书的第二个有待探究的研究问题,即地方政府在推动和利用尺度重构过程中,其发展能力中的哪些构成要素,将对尺度重构的作用成效产生影响?换言之,尺度重构推动区域产业发展成效,受到地方政府发展能力的何种影响?如果说空间尺度重构能够帮助相对落后地区完成经济逆袭,那么落后地区政府又是如何推动尺度重构的?这一问题本质上涉及尺度重构的动力机制问题。回溯既有的尺度政治理论,尺度重构被理解为地方政府扩张其政治与经济资源的手段和工具①。但问题在于,地方政府的这一行为激励并无地区异质性,这意味着单一的行为激励视角无法解释尺度重构在地方层面是如何发生的,因此地方政府的发展能力是至关重要的。

当然,地方政府发展能力也并非推动尺度重构的唯一动力因素,在这过程中,仍然需要重视一系列结构性因素的影响,例如,改革开放与经济全球化等宏观环境的影响,以及中央与地方关系的动态调适,都将影响地方政府推动尺度重构的过程与机制。具体而言,可以从尺度重构的供给侧和需求侧来理解尺度重构是如何形成的,以及地方政府发展能力在其中所扮演的角色。一方面,从尺度重构的需求端来看,经济全球化无疑是最为重要的驱动因素②。20世纪80年代以来,新一轮的经济全球化浪潮,尤其是伴随着全球产业链分工体系和全球生产网络的形成③,大量的制造业环节产能开始向东亚地区转移,而空间尺度重构则是东亚的后发国家承接产业转移的前提条件。然而,经济全球化提出的尺度重构需求并无显著的区域差异,尤其是在中国的东部沿海地区,均面临着类似的尺度重构需求。另一个尺度重构的需求因素,来自各地区的产业发展成效。不难理解,产业集聚发展越快的地区将越早产生新一轮的尺度重构需求(如昆山率先产生出口加工区尺度重构需求)。因此,每一轮的园区尺度重构均从东南沿海地区开

---

① NGO T W, YIN C, TANG Z. Scalar restructuring of the Chinese state: The subnational politics of development zones [J]. Environment & Planning C: Politics and Space, 2017, 35 (1): 57-75.

② BRENNER N. Open questions on state rescaling [J]. Cambridge Journal of Regions, Economy, and Society, 2009, 2 (1): 123-139.

③ HENDERSON J, DICKEN P, HESS M, et al. Global production networks and the analysis of economic development [J]. Review of International Political Economy, 2002, 9 (3): 436-464.

第二章 视角：地方政府发展能力缘何重要

始。这意味着，引入产业发展成效的变量，体现了理论分析框架的动态性，以及地方政府尺度重构的路径依赖特征。

另一方面，从尺度重构的供给端来看，国家发展战略的调整"自上而下"地推动各地区的尺度重构，其核心机制在于两点：其一，中央政府直接推动自上而下式尺度重构；其二，当某地区的自下而上式尺度重构方案恰好满足国家发展战略时，则该尺度重构方案便更容易得到中央政府的肯定与支持。其典型案例便是昆山开发区于1992年获批为国家级开发区，其中的关键节点在于1992年国家重启对外开放的重大战略。除此之外，更重要的是各地区迥异的政府发展能力，这一驱动因素能够更有力地解释为何有些地区能够率先推动尺度重构。典型如昆山在1984年自费创建开发区，这一开苏南地区之先河的尺度重构无疑体现了昆山政府的发展能力。上述问题也将在本书第四章内容中予以揭示，以昆山长历史发展中的空间尺度重构演变为线索，剖析其地方政府发展能力的施展与运用。

第三，空间尺度重构与地方政府发展能力的强化。本书的第三个研究关切是，将视角由空间尺度重构的形成，转向地方政府发展能力的动态演变，以此来解释地方政府"逆袭的技艺"是如何获得、积累与强化的。换言之，需要进一步将地方政府发展能力本身视作"被解释变量"，探究其复杂的决定机制。在这过程中，本书综合采用两种分析视角开展研究，一是地方政府的组织视角，二是地方官员的政策企业家视角。

一方面，从地方政府的组织层级进行剖析，是将地方政府整体作为一个决策主体，探讨其行动逻辑。如前文评述部分所揭示的，在中国的央地关系制度背景下，地方政府的能力获得往往以中央政府的选择性授权为依托，这意味着，地方政府的发展能力成长，往往以成功索取上级政府授予或下放的发展权限为前提。对此，本书第五章将以昆山案例的长历史分析为观察窗口，深入考察地方政府实现成功的地方扩权所依赖成立的诸多条件，以及地方政府究竟采取了哪些行之有效的行动策略，来推进成功且持续的地方扩权过程。

另一方面，从地方官员的个体层级来剖析，则是进一步将"地方政府"打开，聚焦于地方主政官员及核心经济部门的地方领导干部，细致考察其个体激励、个体特质以及行动策略。为此，本书在第六章中引入经典的政策企业家理论，观察这一群体究竟是如何有效发挥政策企业家精神，进而实现持续的地方扩权进程的。具体的分析将包含政策企业家具有怎样的个体特质（及其与一般政策企业家特质有何不同）？实施了哪些行动策略及其结构性限制是什么？地方官员的关键决策是如何影响地方发展路径与地方经济结构的长期锁定（Lock-in）或路径依赖（Path dependence）的？继而这些跨历史的地方经济结构与制度情境的延续，又是如何作用并赋能于政策企业家的？通过上述分析可知，本书虽然将地方政府发展能力之演变的考察划分为组织与个体视角，但实际上，个体决策与组织情境亦是相互影响与形塑的双向动态过程，（地方主政官员）个体与（地方政府组织）结构的动态互动，最终形塑了地方政府发展能力的形成与演变。

四、本章小结

本章首先评述了既有文献中关于区域产业发展的三种经典理论解

释，并发现其对于地区逆袭现象之解释力不足的原因在于未考察中国地方政府在产业发展中的积极有为角色。随后，本章评述了既有的地方政府行为理论研究，并将其划分为行为激励视角和发展能力两视角，发现由于假设政府发展能力的同质性，两类视角的研究均难以对区域产业发展的成效差异作出有力解释。进而，本章提出应在理论上引入地方政府发展能力的异质性假设，并通过引入和评述尺度重构理论，提出了本书的理论思路和简要的理论分析框架。其核心要旨在于，本书将地方政府在推动和利用尺度重构上的能力差异视为解释区域产业发展成效的关键变量，同时也是解释为何落后者能够实现成功逆袭的关键因素。基于上述分析框架，本书进一步提出三个研究问题：地方政府如何借助空间尺度重构助推区域产业发展？地方政府如何施展其发展能力来持续推动空间尺度重构？以及空间尺度重构在地方政府发展能力的动态演变过程中扮演怎样的角色？本章提出的理论分析框架并非用于实证检验，但可为后文的案例研究提供分析思路。

第三章

昆山经济奇迹：地区经济逆袭的典型样本[①]

---

① 本章部分内容出自叶志鹏：《城市产业治理能力与区域产业发展——基于江苏昆山的案例分析》，《城市与环境研究》2020年第3期。编入本书时有修订。

第三章　昆山经济奇迹：地区经济逆袭的典型样本

一、昆山经济奇迹的样本价值

昆山无疑是"中国经济奇迹"下的一个缩影。改革开放以来，昆山从苏州下辖8县中的"小八子"①，摇身一变成为大陆台资企业和电子信息产业的集聚高地，从农业县转变为工业强市和现代化城市。昆山的GDP规模从1978年的2.42亿元增长至2017年的3520.35亿元，年均增长20.5%，常住人口城镇化率达到72.78%，缔造了中国工业化进程中的"昆山经济奇迹"。自2005年起，昆山至今已经连续18年稳居全国百强县市之首。2022年，昆山市GDP规模超过5000亿元，一个县级市的GDP规模甚至超过了三个西部省份。昆山因其参与经济全球化而取得的突出经济成效，被编入哈佛大学商学院教学案例②。

昆山案例在成功实现经济逆袭的地区中的代表性，不仅在于其所取得的显著经济发展成效，还在于一系列支持"昆山经济奇迹"的配套构件。试举一例，昆山的地区营商环境在全国范围内也是首屈一指的。在外界看来，昆山经济成功的背后离不开当地优良的招商引资环境。依据多个颇具影响力的营商环境评估报告，昆山常年位居大陆县市营商环境榜首。例如，台湾区电机电子工业同业公会（简称"电电公会"）发布年度报告《中国大陆地区投资环境与产业发展调查》显

---

① 1983年江苏省实行市管县体制之前，苏州地区下辖江阴、无锡、吴县、吴江、昆山、太仓、沙洲、常熟8县。实行市管县体制之后，苏州由原来的地区行政公署改为地级市，昆山仍属苏州市管辖。

② 详见：https://www.hbs.edu/faculty/Pages/item.aspx?num=43732.

示,截至 2018 年①,昆山已 7 年蝉联中国大陆城市榜首。再如,由赛迪顾问县域经济研究中心发布的营商环境百强县,昆山至 2022 年已连续 3 年稳居榜首。

那么,"昆山经济奇迹"的成因是什么?昆山政府究竟是如何在短短的二十余年间实现经济赶超与逆袭的?在进入正式的理论分析之前,本章内容先采用一种长历史视角,回溯昆山在改革开放之初的初始经济状况及地方政府对发展路径的选择,进而着重分析昆山政府如何在每个发展阶段上紧抓外部机遇,借助园区尺度重构促进主导产业的集聚和发展。一言以蔽之,昆山政府在每个历史发展阶段都充分发挥了"有为政府"(Facilitating local state)的角色,而非西方古典经济学中所宣称的"守夜人"角色。

二、昆山经济奇迹的历史素描

(一)改革开放之初的昆山

昆山隶属苏州,紧邻上海,故又被称为江苏的"东大门"。昆山历来是江南的鱼米之乡。到 1978 年,昆山仍是一个农业县,从经济数据来看,昆山县的 GDP 为 2.42 亿元,排在苏州市各县末尾,农业人口占比达 89.6%②,上交的商品粮达 2 亿公斤左右。正因如此,昆山农民的人均收入在苏州地区名列前茅,常以"供应天堂(苏州)的半碗饭"引以为豪。然而,由于工业基础薄弱,昆山长期以来都是苏州下

---

① 注:因故于 2019 年暂停发布。
② 张树成. 城乡一体化发展的昆山之道[D]. 昆山日报,2018-10-25。

第三章 昆山经济奇迹：地区经济逆袭的典型样本

辖 8 县中最贫穷的地区，故又被称作"小八子"①。据说当时苏州地区还流传着"昆山的街，一桶水就可以从头浇到尾"的说法，从另一个侧面反映出当时昆山居于落后地位的窘迫之境。

虽然具备紧邻上海的区位条件，但昆山的区位优势在计划经济时期并未得到发挥。受限于区域行政壁垒与市场分割，上海的工业发展难以外溢至昆山地区。据昆山退休官员回忆，"那个年代，领导作报告时，大部分都讲农业……1980 年代初的昆山，没有外来企业，最大的厂就是化工化肥厂，级别很高，党委级别"②。这里所提及的寥寥工业基础便是国有和乡镇企业。

昆山仅有的少量工厂，得益于江苏的乡镇工业发展基础，可追溯至中华人民共和国成立之初。据哈佛大学傅高义教授的考证，相较于国企而言，江苏省内的乡镇工业并未受到改革开放前多次重大历史事件的冲击③。因此，进入改革开放时期后，原有的乡镇工业基础成了江苏启动工业化进程的重要依托。为了鼓励乡镇企业的快速发展，江苏省允许乡镇政府建立正式的财政体系，乡镇企业管理者被赋予更大的财政权，连同绩效制度，激发了乡镇企业的经营管理活力④。

但昆山却因其相较薄弱的工业基础，在苏南地区乡镇工业的崛起中落伍了。改革开放初期，诸如无锡、江阴、常熟等传统工业强县，

---

① 1983 年江苏省实行市管县体制之前，苏州地区下辖江阴、无锡、吴县、吴江、昆山、太仓、沙洲、常熟 8 县。实行市管县体制之后，苏州由原来的地区行政公署改为地级市，昆山仍属苏州市管辖。

② 昆山市前副市长访谈，2017 年 8 月 29 日。

③ 傅高义. 先行一步：改革中的广东 [M]. 凌可丰，等译. 广州：广东人民出版社，2008.

④ 郑永年. 中国的"行为联邦制"：中央—地方关系的变革与动力 [M]. 邱道隆，译. 北京：东方出版社，2013.

迅速成为全国乡镇工业发展的标兵。经济的落后转变成了昆山的改革动力，正如时任县长吴克铨谈到的，"苏南经济的崛起，周围兄弟县的赶超，使昆山的干部、群众开始觉醒"①。1984年5月，昆山县政府换届，吴克铨当选县长②。摆在新一届领导班子面前的问题是，如何在相较薄弱的工业基础上实现快速的经济追赶。

大体而言，可以将改革开放以来的昆山经济发展过程划分为三个阶段，分别为工业化起步阶段（1978—1988年）、产业规模扩张阶段（1989—2005年）、产业创新发展阶段（2006年至今）。事实上，还未步入产业创新发展阶段之前，昆山已经成功实现对周边所有"先进"县市的逆袭与赶超。

（二）工业化起步阶段（1978—1988年）

改革开放初期，昆山县政府将推动工业化的重任寄托在了乡镇企业上。然而，存在几个关键性因素制约着乡镇工业的发展：资本从哪里来？原材料供应和产品销售渠道从哪里来？一方面，资本来源的问题可以通过地方性银行的贷款予以解决；另一方面，原材料供应和产品销售的问题则受限于既有体制。由于全国性统一市场尚未建立起来，原材料和产品的流通在各省份之间仍然处于分割状态。为此，昆山政

---

① 吴克铨，等. 唯实、扬长、奋斗："昆山之路"的发展历程及现实意义[M]. 苏州：古吴轩出版社，2005：自序.
② 吴克铨是昆山工业化起步阶段的关键人物。1981年任副县长，1983年底任代县长，1984年5月任县长，1989年昆山撤县建市，任昆山首任市长，同年11月任市委书记，1993年参加了苏州工业园区的创建工作，先后任苏州工业园区筹备委员会副主任、苏州工业园区党工委副书记等职。吴克铨任县长期间，县委书记毛阳青充分授权经济管理事务，吴克铨成了昆山工业化的实际掌舵人（见吴克铨，2005；代序）。吴克铨亲历和主导了昆山工业化的起步阶段，被认为是"昆山之路"的创始者。

府积极通过建立各种形式的横向经济合作，盘活本地区的乡镇企业发展，以此来快速推动工业化进程。

其一，昆山县政府帮助地方乡镇企业寻求跨地区合作对象。上海是昆山（也是长三角地区）对外横向经济合作中最为密切的合作方，这部分得益于昆山邻近上海的区位优势。1986 年，昆山建立了 303 个经济合作项目，其中通过与上海的经济组织建立的合作项目达 187 个，占到总数的 61.7%①。但在计划经济时期的区域行政壁垒与市场分割格局下，与上海的合作并非一个自然而然的选择。时任县长吴克铨在国家计委待过，认为要依靠上海②。昆山的退休老领导回忆，"吴克铨帮忙找了上海，建立了联系和走动，有些项目来昆山"③。与此同时，昆山还积极寻求与中西部"大三线"地区国营厂的横向联营，这体现了地方政府的主观能动性。例如，重庆的红岩汽车厂是个改制企业，生产了很多产品却积压在仓库，其党委书记陈世生是昆山人，计划到上海开辟汽车销售市场，最后也与昆山政府一拍即合，开展横向联营——重汽提供汽车底盘，昆山分厂负责改装。此后，重庆、四川、贵州、江西的许多国有王牌厂，纷纷在昆山建立分厂，与昆山进行联营合作。产业项目的从无到有，为昆山工业化起步阶段的产业集聚奠定了重要基础。

其二，昆山县政府帮助地方乡镇企业的横向联营发展解决了人才

---

① 郑永年. 中国的"行为联邦制"：中央—地方关系的变革与动力 [M]. 邱道隆，译. 北京：东方出版社，2013.

② 昆山市前副市长访谈，2017 年 8 月 29 日。注：1984 年，吴克铨当选为昆山县县长。

③ 昆山市前副市长访谈，2017 年 8 月 29 日。

资源问题。例如,在与上海的横向联营过程中,上海的国营厂也面临着技术改造的任务,"有些工程要迁移,一些老技术人员退休,昆山是最好的点"①。昆山与上海形成了这种紧密的技术人员合作联系,被称为"星期天工程师"现象。在当时,昆山县领导具有非常开放的人才理念。昆山退休老领导也谈道,"昆山真正的改革开放,是1985年以后,比较注重吸引外面的人才。1982年我到昆山后,在工厂待了2年,1984年到经委去。当时中央提出'干部四化',昆山也需要大量年轻干部。我在四川是副科长,来昆山当副厂长,没过几个月就到另一个工厂当厂长,再后来是当经委副主任"②。这也可以看出昆山对外部人才的重视和重用。据统计,在吴克铨任县长的6年时间里,昆山先后引进了1300多位人才,加上分配的大学生,共达3000余人③。这些外部人才对于昆山的工业化过程,尤其是后来在苏南地区率先发展电子信息产业起到了至关重要的作用④。

其三,昆山县政府开始尝试探索园区经济发展模式,率先在苏南地区开启先河。早在1982年,与上海合办纺织联营厂后,昆山县领导就开始筹划,要建立一个能够吸引大型项目落户的经济开发区。一个直接原因在于,这一年吴克铨到广东蛇口考察参观,内心受到了强烈的冲击,"我们就是要建像蛇口一样的开发区"⑤。由此开启了昆山自

---

① 昆山市前副市长访谈,2017年8月29日。
② 昆山市前副市长访谈,2017年8月29日。
③ 何建明. 我的天堂:苏州改革开放30年全纪录[M]. 北京:新世界出版社,2018:323.
④ 昆山市委办前主任访谈,2019年9月19日。
⑤ 何建明. 我的天堂:苏州改革开放30年全纪录[M]. 北京:新世界出版社,2018:255.

费办园区的探索之路。1984年8月,昆山县领导从县城东边的老工业区划出一块3.17平方千米的土地作为工业区。自费筹建开发区,意味着没有国家的优惠政策,开发区的经营发展完全得依靠昆山自己的力量,同时还将面临一定的政治风险(注:地方政府无权开办开发区,其审批权一开始收于中央)。开发区的首期经营面积达到3.75平方千米,并且很快达到了"通车、通电、通信、通给水、通排水"的"五通"要求。到1986年,园区面积又扩增至6.18平方千米。由此可见,昆山县政府极早地意识到创办开发区对于推动工业化和城镇化的重要意义。事后证明,昆山的开发区之路为其吸引大型外资企业和发展外向型经济,起到了关键性的助推作用。

总体而言,昆山县政府通过抓住上海国有企业向外拓展等的机遇,积极开展横向经济联合,开启了工业化的起步阶段。1978年,昆山的工业产值仅为2.82亿元,到1985年已达16.21亿元①。昆山的乡镇企业发展,迅速提高了非农就业比例,也促进了城镇化进程。1986年,国务院同意民政部《关于调整设市标准和市领导县条件的报告》,为取得工业化发展成效的农业县设市创造了政策条件。1989年,昆山县"撤县建市",升格为一个以工业发展为主的县级市。

(三)产业规模扩张阶段(1989—2005年)

昆山在启动工业化基础之上,进一步借力外向型经济的发展大幅提升了地方产业集聚规模的能级,从根本上帮助昆山实现了地区经济逆袭。如前所述,尽管昆山县政府自费创办开发区,为其

---

① 数据来源:昆山市历年统计年鉴。

乡镇企业横向联营的项目落户提供了产业发展空间。但昆山也并没有因发展乡镇工业，而放弃对外（海外）开放。随着强大的乡镇集体经济顺利推动江苏的工业化进程，也促使江苏不得不加快对外开放的步伐。这主要是因为，在港澳资企业的技术支持下，广东和福建的出口加工贸易发展使得其产品在市场上的竞争力迅速提高，并冲击了江苏和上海的国有与乡镇工业产品的市场份额。这在客观上倒逼江苏迅速启动出口导向政策[1]。通过对广东和福建的经济考察，江苏省政府也意识到，必须要为外资企业营造良好的投资环境和优惠政策，才能顺利发展出口加工贸易。为此，从1986年开始，江苏省政府制定了若干经济条例，让外资企业享有各种特殊优惠政策。例如，在分配原材料和资金资源时，省政府给予外资企业高度的优先权，地方政府部门被要求不要给外资企业分派和其他企业一样重的负担[2]。总体而言，在产业规模扩张阶段，昆山市政府充分借力外向型经济的发展机遇和园区尺度重构的空间优势，在激烈的区域经济竞争中拔得头筹。

其一，昆山市政府大力引进并服务于"三资企业"项目。昆山自费筹建的开发区，成为其发展外向型经济和落实"走向世界"战略的重要平台。当地干部称，"'走向世界'是昆山的一位老干部提出的，他曾经当过周恩来总理的秘书。回到家乡时提的"[3]。1988年，昆山引进的日本苏旺你手套有限公司，成为江苏省第一家引进的外商独资

---

[1] 郑永年. 中国的"行为联邦制"：中央—地方关系的变革与动力 [M]. 邱道隆，译. 北京：东方出版社，2013.

[2] 同[1]。

[3] 昆山市前副市长访谈，2017年8月29日。

企业。干部回忆，"当时，工行的一个副行长在苏州开会，听到日本老板要办一个高档的手套厂。向吴（克铨）市长汇报，马上去看。所以，机遇很难得。这个企业一落地之后，苏旺你公司的朋友，一个带一个，都过来了"①。在此过程中，昆山领导通过其高效的服务赢得了这一项目。干部李开荣回忆，"昆山仅用了三个月的时间就办妥了全部手续，苏旺你公司在昆山顺利开业"②。牧田、禧玛诺、捷安特等，这些早期来昆山投资的企业大多受到苏旺你成功落户的带动③。"此后，台湾企业也过来，通过香港的关系。出让土地也成功了，台湾企业也知道了，不断来昆山集聚，因为他们到其他地方投资失败的多，所以很多愿意过来，一个接一个。加工型企业、制造业企业、大企业、高新技术企业，逐渐发展起来④。"这种"以商引商"的招商思路，一直贯穿于昆山的外向型经济发展中⑤，同时也是昆山市政府发展外向型经济的制胜法宝。

  需要特别指出的是，在出口加工贸易模式上，昆山并未选择东莞"三来一补"模式，而是大力引进"三资企业"⑥，尤其是外商独资企业。这在当时遇到了不小的观念阻力，时任昆山县经贸委员会的干部回忆，"昆山县领导决定引进外商独资企业的决定在当时是非常'大胆'的，省市领导提出疑问，担心怎么能把一家公司的控制权全部交给了外

---

① 昆山市人大前副主任访谈，2017年8月29日。
② 金晶．敢为人先才能创造"第一"[D]．昆山日报，2018-10-22。
③ 金晶．敢为人先才能创造"第一"[D]．昆山日报，2018-10-22。
④ 昆山市人大前副主任访谈，2017年8月29日。
⑤ 昆山市经开区管委会访谈，2019年9月19日。
⑥ "三资企业"是指：中外合资经营企业（Equity Joint Venture），中外合作经营企业（Contractual Joint Venture），以及外商独资企业（Wholly Foreign‑owned Enterprise）。

方。昆山领导跑苏州、南京和北京，不断游说劝说，'成立外商独资企业，不占用中方资金，可以创汇，还能解决劳动力问题，又有税收……'最后才得到批准"①。事实上，在引进外资阶段，昆山便开始与周边县市拉开差距，而这恰与昆山市政府的发展能力施展密不可分。

其二，昆山市政府在苏南地区率先探索国有土地有偿出让来盘活土地资源。与东莞的土地出租模式不同，昆山采取的是土地出让模式，以此来稳定外资在本地的落地生根和集聚发展。昆山前政府官员回忆，由于苏旺你等外资企业往往是"两头在外"的出口加工模式，加工环节的利润很薄，不仅昆山本地企业不够去合资，而且即使合资所得的利润分配结构也不合理。因此，昆山领导鼓励外商投资，并采取出让土地的政策。在20世纪90年代初，昆山的"土地有偿出让"模式，走在了全国前列②。这一模式在昆山吸引台资企业集聚方面起到了重要作用。据昆山干部的说法，"台资企业首先去广东，第一波'登陆'，大多数企业是'三来一补'，广东经验是造好厂房，每年收租。这些台资企业想到内陆来，我们昆山的模式不是租厂房，而是批土地，企业自己造厂房。这说明，他们要在大陆站住脚跟，要有土地出让。昆山的'三来一补'比较少，都是台资企业自己进口原材料，自己出口。昆山的政策稳定，台资企业在昆山才开始"③。国有土地的开发与盘活，体现了昆山市政府的政策创新和资源集聚能力，同时也促进了外商独资企业，尤其是外资企业的快速集聚发展。

其三，昆山市政府积极为自费工业园区"正名"，谋求更大的发展

---

① 金晶. 敢为人先才能创造"第一"[D]. 昆山日报，2018-10-22。
② 昆山市前副市长访谈，2017年8月29日。
③ 昆山市人大前副主任访谈，2017年8月29日。

第三章　昆山经济奇迹：地区经济逆袭的典型样本

空间与权限。经过若干年的发展，脱离国家序列之外的昆山自费开发区迅速取得了突出成绩。到1990年底，其经济实力已经跻身于全国14个"国批"开发区的第3位，仅次于广州和上海闵行开发区①。然而，由于"名不正言不顺"，无法享受国家相关的财税优惠政策。于是，昆山市领导干部决定"为开发区正名"。1987年11月，"总书记视察昆山，提到了我们一个新区（注：当时不敢叫开发区），他说：'你们那个是自费开发区嘛。回去以后，凡是中心城市搞自费开发区，你们研究一下，给个什么政策'"②。有了国家领导人的支持和背书，加上苏州籍时任全国人大常委会副委员长费孝通先生的重要支持③，昆山开发区加快了"正名之路"。在1992年邓小平"南方谈话"之后，昆山开发区正式列入国家级经济技术开发区序列。获得国家正名后的昆山开发区，伴随着1992年后的新一轮改革春风，进一步展现了更为强劲的吸引外资和产业集聚能力。当年昆山在北京、上海、香港等地举办的招商洽谈会取得了丰硕成果，昆山干部回忆，"此后台资企业的龙头企业开始进入昆山，例如，台玻玻璃、统一、捷安特，等等"④。

总体而言，在20世纪90年代至2000年初的产业规模扩张阶段，昆山市政府紧紧抓住经济全球化的重大外部机遇，发挥其较强的产业治理能力⑤，推动了地区工业化进程。昆山逐渐成为港澳台商投资，

---

① 吴克铨，"初创阶段的昆山经济技术开发区"，该文件收录于吴克铨，等. 唯实、扬长、奋斗："昆山之路"的发展历程及现实意义[M]. 苏州：古吴轩出版社，2005：135-143。
② 昆山市前副市长访谈，2017年8月29日。
③ 昆山市委办前主任访谈，2019年9月19日。
④ 昆山市前副市长访谈，2017年8月29日。
⑤ 叶志鹏. 城市产业治理能力与区域产业发展：基于江苏昆山的案例分析[J]. 城市与环境研究，2020（3）：29-49.

尤其是台资企业集聚重镇。尤其是1992年获批的国家级经开区，以及2000年获批的国家级出口加工区，吸引了行业龙头企业的入驻，促进了电子信息制造业的集聚发展和快速的出口贸易增长。到1999年，昆山市电子信息制造业的工业产值占比达到14.9%，成为主导产业。2000年以后，昆山的出口总额迅速增长。到2004年，昆山全市的出口总额超过100亿美元大关；2006年，又超过300亿美元大关；到2005年，昆山便成功问鼎全国百强县之首，实现对周边县市的经济逆袭。

（四）产业创新发展阶段（2006年至今）

2006年国家提出自主创新战略以后，昆山市政府加快推进产业转型升级，推动台资企业转变其代工模式。然而，昆山在诸多方面均受到其县级行政级别的掣肘。尽管昆山享有省直管县试点权限，但在经济社会发展权限方面的自主性仍然较弱。例如，中国建设银行昆山分行领导谈道："与苏州分行相比，昆山分行是一家二级分行，因此在授信权限和授信金额上都更低一些"[1]。昆山市政府在区域政策供给、稀缺资源集聚和高端项目引进上均面临着难题。但在新的发展阶段，昆山市政府仍然展现了较强的经济发展能力。

其一，昆山市政府持续推动园区政策创新，不断推动园区尺度重构。2006年以来，昆山一直致力于如何通过区域政策创新来突破自身行政级别不足的限制，其核心策略是借助中央政府的区域政策来给自身赋能。一方面，昆山通过创建国家高新区来打造城市创新空间。2006年，在国家颁布《国家中长期科学和技术发展规划纲要（2006—

---

[1] 中国建设银行昆山分行访谈，2016年6月21日。

2020年)》同年，以技术密集区为基础的昆山高新区被批准为省级高新区。此后，昆山高新区在吸引外资企业入驻方面进入了快车道。到了2010年，由于受到国际金融危机的冲击，中央批复了26家国家级高新区，昆山高新区位列其中，同时也是第一家获批国家级高新区的县级市。2010年以来，昆山国家级高新区获得了更为迅速的发展。到2015年，高新区实现GDP达638亿元。截至2015年底，昆山高新区已经在机器人、智能制造、装备制造、精密机械、小核酸、生物医药等新兴产业形成集聚，并培育高新技术企业200多家[1]。

另一方面，昆山市政府以辖区内的台资经济集聚为重要依托，不断争取中央优惠政策直通道。对于昆山市政府而言，台资经济无疑是昆山经济的主心骨，如当地干部所说，"产业转型升级，还是以台资企业为主。未来10年，台资还是会占主导。要想办法让台资企业在昆山落地生根"[2]。为此，昆山市政府希望通过打好"台商牌"来"戴帽子"，进而为台资企业争取更好的政策待遇。2011年，昆山是苏州市唯一一家被纳入江苏省省直管县（市）试点的3个县（市）之一。借助该政策，昆山享有更大的地方财政自主权和经济社会发展权限。而绕开地级市的部分限制，也为昆山接下来向中央争取区域政策奠定了重要基础，这便是2013年设立的昆山深化两岸产业合作试验区（以下简称"昆山试验区"）。昆山试验区可视为对昆山既有产业发展与创新平台的空间重构。在政策规划范围上，昆山试验区几乎覆盖了昆山的大部分地区，这极大地克服了昆山县级行政级别的限制。在领导机制

---

[1] 昆山市高新区管委会访谈，2016年6月19日。
[2] 昆山市经信委访谈，2017年8月28日。

上，昆山专门成立"试验区推进办"，直属于市政府。昆山干部介绍说，"一开始，该办公室设在发改委（发改委牵头，临时办公），后来进一步实体化，抽调各个部门的工作人员，十几个人，常态化负责该项事务。推进办组长是两个副市长"①。管理机构的实体化，体现了昆山市政府对试验区及其政策供给能力的高度重视。

昆山试验区的一项核心政策创新是"部省际联席会议"。根据该制度，每年由国家发改委牵头联合各相关中央部委，并联合江苏省和苏州市，共同为昆山"定向"解决政策创新问题。在昆山试验区的"政策帽子"下，昆山市政府向上索取并推动了一系列的区域政策，以推动辖区内台资企业转型升级和培育本土民营企业及其自主创新能力。例如，借助获批的"台资企业集团内部双向借贷"政策，台资企业可以通过台湾岛内的集团公司内部之间进行借贷。同时，该政策还可以帮助回流在岛内的人民币，且让昆山成为两岸人民币流动的金融节点②。再如，昆山综保区开展增值税一般纳税人资格试点，解决了台资企业出口转内销的重复征税问题，进而帮助台资企业更好地开辟大陆市场并建立自有品牌。

其二，昆山市政府持续创新产业政策和创新政策，用以集聚各类创新资源。步入产业转型升级阶段，人才政策及相配套的公共服务政策成了重中之重。这主要是因为，创新型企业对地方营商环境的关注点已经发生了变化，昆山干部谈道："企业非常关注地方政府对招商引资的项目是否重视、有研究（是否说内行话），若重视，则可预期当地

---

① 昆山市发改委访谈，2016年6月18日。
② 昆山市发改委访谈，2016年6月18日。

第三章 昆山经济奇迹：地区经济逆袭的典型样本

政府对这个产业重视，这涉及万变不离其宗，这个宗还是在土地价格、能否前期费用支持（如补贴支持设立研发中心）、人才的个人所得税减免、人才公寓等优惠政策支持"①。具体到人才政策，"2008年，昆山推出《关于加快优秀人才引进与培养的若干政策》等政策文件，政府每年拿出财政收入的1%用于人才引进，财政力度很大。昆山的做法引起了跟风效应"②。此外，为了促进台湾地区的人才引进，昆山也做了相应的政策创新。"一是引进力度大，'一路绿灯'；二是对接两岸人才资质认定，承认台湾的人才资质；三是鼓励台湾人才到昆山创新创业，给予相应资助"③。再如，为克服区域政策的零散性和碎片化，昆山市政府于2015年制定了《昆山市"转型升级创新发展六年行动计划"实施意见（2015—2020年）》。该计划帮助构建了昆山的区域政策创新体系，如当地干部所指出的，"我们借助转型升级六年行动计划，把碎片化的政策，建构成一个奖励的政策体系（财政扶持政策），由财政局和转型办来定。根据往年的需求规模，（我们制定了）六年120个亿的财政奖励"④。

其三，昆山市政府开创产业链招商和培育思路，极大地促进了地区全产业链集聚。2005年以来，昆山市政府在昆山开发区内创设"园中园"，培育全国产业链最完整的光电产业集群，以打造"昆山自己的产业特色"⑤。产业集群建设的关键在于龙头企业的培育。其中，龙腾

---

① 昆山市经信委访谈，2016年6月17日。
② 昆山市人社局访谈，2017年8月28日。
③ 昆山市人社局访谈，2017年8月28日。
④ 昆山市发改委访谈，2017年8月29日。
⑤ 昆山经开区管委会访谈，2019年9月19日。

光电项目的设立，体现了昆山作为地方发展型政府构建光电产业链的能力。2005年7月，由昆山市国资办所属的国创投资集团有限公司控股51%，台湾宝成集团参股49%的方式，成立龙腾光电项目，注册资本30亿元人民币，致力于薄膜晶体管液晶显示器（TFT-LCD）的研发、生产与销售①。围绕龙腾光电项目，一批产业链上下游的配套企业相继入驻昆山光电产业园。例如，包括玻璃基板、彩膜、驱动IC、偏光片、背光源、整机、装备等上下游配套企业相继入驻园区，形成空间产业集聚。到2015年，光电产业园的工业产值达548亿元②，实现了打造全国产业链最完整的光电产业集群的政策目标。

总体而言，在产业创新发展阶段，昆山市政府借助一系列的区域政策创新来克服行政级别的政策资源限制，并取得了一定成效。首先，昆山的电子信息产业和装备制造业进一步实现集聚发展，产值规模不断上升。台湾电子信息行业巨头仁宝、纬创和富士康等均在昆山投资设厂或增资扩建。例如，"2015年，昆山市工业总产值达9000亿元，其中70%的产值是台资企业贡献的。昆山的主导产业是电子信息产业，（产值）占工业总量的60%，5400亿元"③。其次，昆山台企高新技术产业产值占规模以上工业比重也由2010年的37.8%提高至2016年的49.1%；到2017年，已有50余家台企在昆山设立了企业总部④。

---

① 资料来源：https://www.ivo.com.cn/.
② 李传玉. 光电产业版图崛起"昆山地标"[D]. 昆山日报，2016-11-28.
③ 昆山市经信委访谈，2016年6月17日.
④ 数据来源：国家战略 昆山使命——聚焦昆山深化两岸产业合作试验区[D]. 昆山日报，2017-6-23.

第三章　昆山经济奇迹：地区经济逆袭的典型样本

三、昆山经济奇迹中的试验区

如同后发国家为实现经济赶超而采用产业政策那样，后发地区实现经济赶超同样需要采取"非常规"的发展路径。显而易见，区位条件是个重要优势，但这却不是昆山区别于其周边地区的相对优势。此外，相对优势也同样未能在昆山的初始行政资源上体现。理论上，在中国的"行政区经济"体制下，县级行政单位并不具备集聚发展资源的相对优势，尤其在吸引高科技产业和集聚创新资源方面更是如此。更何况，在20世纪80年代，县级政府并无权限创办开发区。

事实上，真正使昆山区别于其周边地区的发展路径是园区尺度重构。从1984年冒着政治风险自费建设开发区开始，昆山开启了以园区尺度重构促进产业集聚的发展路径，此后一直延续和强化这一发展路径。事后看，恰是这些园区尺度重构极大地丰富了昆山的政策和发展资源，提升了吸引外资和产业培育能力，同时也形塑了昆山的产业发展模式。

在中国的改革开放历程中，园区尺度重构无疑是一项重要的政策试验平台。纵览全国，在县域经济中，昆山无疑是园区尺度重构的模范生。一则，昆山几乎抓住了所有类型的园区尺度重构机遇，甚至在尚未获得国批之前，便开始自费建设开发区，从而在与周边县市的竞争中抢占先机。二则，昆山在园区尺度重构上几乎创造了所有的县域"第一"，诸如第一家国家级经开区、国家级出口加工区、国家级高新区、昆山试验区等，此外还有一系列的全省"第一"。本文列出了昆山发展历程中的所有园区尺度重构，如表3-1所示。

"昆山就是开发区，开发区就是昆山"①。园区对于昆山经济发展的重要性在各部门的调研访谈中均被反复强调，而这种重要性同样反映在统计数据上。尤其是自1992年以来的产业规模扩张阶段，昆山经开区的GDP占比迅速上升，到2004年一度接近80%。此后，随着昆山高新区、花桥经开区的设立，三大园区的GDP占比总和也能维持在70%以上，如图3-1所示。由此可见，园区尺度重构在昆山政府实现经济赶超过程中扮演着重要的角色。

表3-1 昆山的园区尺度重构列表

园区尺度重构	设立时间	备注
昆山"工业小区"	1984	全国第一家自费建设开发区
国家级经济技术开发区	1992	全国县级市第一家国家级经开区
国家级出口加工区	2000	全国县级市第一家国家级出口加工区
昆山开发区光电产业园	2005	江苏省第一家光电产业园
昆山高新区小核酸产业基地	2008	全国第一家小核酸特色产业基地
国家级综合保税区	2009	全国县级市第一家国家级综保区
花桥国际商务城	2010	全国县级市第一家国际商务中心
国家级高新技术开发区	2010	全国县级市第一家国家级高新区
昆山深化两岸产业合作试验区	2013	全国首例

---

① "以开放打造中国百强之首"[D]. 人民日报，2008-10-16.

续表

园区尺度重构	设立时间	备注
扩大昆山深化两岸产业合作试验区范围	2020	全国首例
金融支持深化两岸产业合作改革创新试验区	2020	全国首例

资料来源：作者整理。

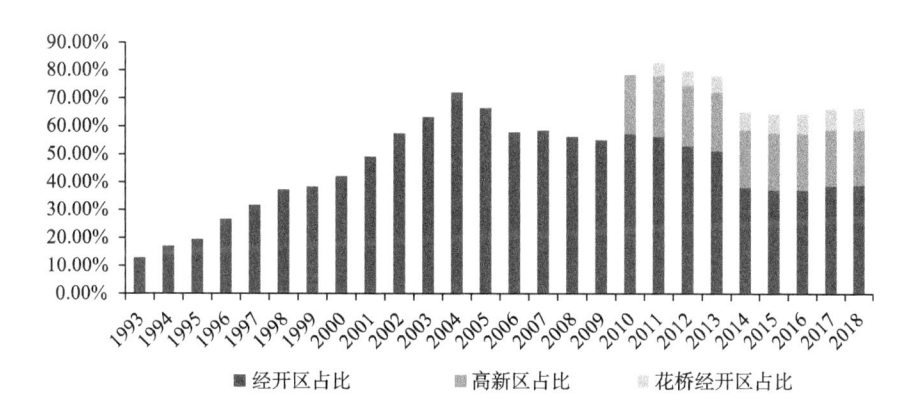

图 3-1　昆山三大园区的 GDP 规模占比（1993—2018 年）

资料来源：《历年昆山统计年鉴》。

注：统计指标为 GDP 占比。（1）2014 年，受昆山"8·2 工厂爆炸事故"影响，市政府对存在粉尘爆炸威胁的企业进行停业整顿，这些企业大多集中在昆山经开区内，导致该年度工业产值有一定程度下滑。（2）昆山高新区 2010 年数据为玉山镇数据（2010 昆山高新区获批国家级后，高新区与玉山镇"区镇合一"）。

四、比较视野下的昆山经济奇迹

"中国经济奇迹"无疑是由一个个"地方经济奇迹"所构成的。因此，在"昆山经济奇迹"形成的同时，自然也离不开周边地区的快速经济增长。但横向比较仍然是具有研究意义的，这是因为，昆山的地区经济发展从一个相对落后的位置，转变为地区经济的"领头羊"。即使是在"强县如云"的苏南地区，这一特征仍然成立。为此，我们可以观察昆山的经济奇迹在苏南地区的独特性，以此来刻画和捕捉昆山地方政府发展能力的独特性。反之，这也将佐证地方政府发展能力在助推地区经济逆袭中的重要价值。在横向比较分析中，空间尺度重构的频率和类型是个重要的观察对象，这有助于揭示尺度重构促进区域产业发展的一般性规律。在本节内容中，我们将以"苏州五虎"（昆山、张家港、常熟、太仓、吴江）为例，开展横向比较案例分析。

（一）园区尺度重构：昆山与张家港的弯道超车

无论是尺度重构的频次还是数量，江苏省的产业园区尺度重构均称冠全国，而江苏省内又数苏州地区为最。苏州地区的园区尺度重构为该地区的招商引资和发展外向型经济创造了重要条件。有趣的是，苏州地区的 5 个县级市（俗称"苏州五虎"）在园区尺度重构上虽优于中西部地区，但在其内部却呈现出显著的差异性。特别是昆山，所谓"昆山之路即是园区之路"凸显出其在园区尺度重构上的优势。这种内部的差异性，为案例间的横向比较提供了便利。表 3-2 列出了"苏州五虎"在园区尺度重构上的主要情况。

第三章 昆山经济奇迹：地区经济逆袭的典型样本

表3-2 "苏州五虎"的园区尺度重构比较

地区	园区尺度重构	备注
昆山	自费开发区（1984）；国家级经开区（1992）；国家级出口加工区（2000）；国家级综合保税区（2009）；国家级高新区（2010）；昆山试验区（2013）；昆山金改区（2020）	全国县域第一
	光电产业园（2005）；小核酸产业园（2008）	江苏省第一
张家港	国家级保税区（1992）；国家级保税港区（2008）	全国县域第一
	国家级经开区（2011）；省级高新区（2015）	
太仓	省级港口开发区（1993）；国家级经开区（2011）；省级高新区（2012）；国家级综保区（2013）	
常熟	国家级出口加工区（2005）；国家级经开区（2010）；省级高新区（2011）；国家级高新区（2015）	
吴江	国家级出口加工区（2005）；国家级经开区（2010）	

资料来源：作者整理。

无论是园区尺度重构的时间、数量，抑或行政资源的空间配置，昆山无疑均领跑于"苏州五虎"。首先，昆山始终引领着苏州地区的园区尺度重构。从1984年自费建设开发区，到1992年晋升为国家级开发区，到2000年获批国家级出口加工区，再到2010年获批国家级高新区，昆山均在"苏州五虎"中拔得头筹。其次，昆山几乎实现了各类国家级园区的"大满贯"，即昆山实现了几乎所有类型的国家级园区尺度重构。最后，即使各地最终都推动了国家级经开区的尺度重构，但在1990年至2010年，昆山的国家级经开区保持了将近20年的发展权限优势。也正因上述一系列优势，突出的园区尺度重构帮助昆山不断逆袭周边县市，并迅速领跑于"苏州五虎"。

张家港是"苏州五虎"中的另一个逆袭案例，同时亦在园区尺度重构上颇具特色。所谓逆袭，是指张家港市的GDP规模在1995年超过"老大哥"常熟市，并连续10年稳居"苏州五虎"之首，直到2005年才"让位"于昆山。而所谓在园区尺度重构上的特色，是指张家港依托其港口条件推动的一系列尺度重构。早在1982年，张家港的港口便获批为国家一类口岸，这意味着国家赋予张家港依托其港口开展对外经贸活动的发展权限。但缺乏空间尺度重构并不足以推动产业集聚发展。直到1992年，张家港市政府成功推动了全国县域第一家的国家级保税区尺度重构。在该园区内，基础设施的建设，以及鼓励发展保税仓储、加工出口等业务的一系列财税优惠政策，帮助张家港保税区迅速集聚了一大批外商企业，并逐渐形成以航运、钢铁等为主导产业的产业集群。到2006年，张家港成为全国县域口岸第一个亿吨大港。到2008年，张家港进一步获批国家级保税港区，从而在园区内叠加保税区和出口加工区的一系列政策优惠条件。到2017年，张家港的货物吞吐量达到2.67亿吨，长期以来均稳居全国县域第一（但此后被太仓港超越，后文将对此展开分析）。

相较于昆山和张家港而言，太仓、常熟和吴江在园区尺度重构上略逊一筹。例如，国家级经开区的尺度重构，后三个县级市均到2010年和2011年才完成。而国家级高新区也只有常熟市于2015年完成。再如，常熟和太仓到2005年才获批国家级出口加工区。

这里有一个值得讨论的问题，为何"苏州五虎"没有及早地完成各类园区尺度重构。例如，昆山的国家级经开区尺度重构，足足早于周边地区20年。主要原因在于，园区尺度重构，无论是自上而下或是自下而上，最终都需要国家层面的批准，这就涉及中央政府的行为逻辑。其一，维持地区间平衡的行为逻辑。若在苏州地区批复过多的国家级园区,则不利于中西部地区的区域政策平衡,尤其是在2000年开始实施区域平衡发展战略之后。其二,行政资源的层级配置逻辑。国家级园区所具备的行政资源一般优先配置给地级市。对于县级政府而言,昆山本身便是国家级园区尺度重构中的"特例",而在苏州地区显然不能存在过多的特例。况且,单从昆山为推动国家级经开区尺度重构所付诸的努力(详见第四章与第五章),也可获知在中国,县级政府推动园区尺度重构所存在的行政障碍之高。

从多案例研究的"控制—比较"思路来看,昆山与另"苏州四虎"之间在园区尺度重构上存在的时间差,也有助于观察园区尺度重构在推动产业集聚发展中的作用,亦即识别出更为干净的因果效应。

总而言之,"苏州五虎"在园区尺度重构上呈现出显著的内部差异,而这一差异很好地解释了尺度重构在推动产业集聚发展中的重要作用。昆山作为园区尺度重构的"优等生",在1992年获批国家级经开区之后便超过了吴江,而在2000年获批国家级出口加工区并在2004年建设光电产业园之后,分别于2004年和2005年超过了常熟和张家港,晋升为全国百强县之首。张家港作为"苏州五虎"中园区尺度重构的"亚军",其在1992年获批国家级保税区之后,仅过了三年便超过了"老大哥"常熟,并在2005年之前一直领跑"苏州五虎"。由此可见,园区尺度重构对于推动产业集聚发展和在地区经济竞争中的作用。

本书采用若干经济指标进行横向比较,以进一步展示园区尺度重构的作用。首先,以工业增加值为例,昆山1992年获批国家级经开区,促使其进一步拉开与太仓的差距,并在1999年赶超吴江市,如图3-2所示。而2000年昆山获批国家级出口加工区之后,进一步推动了区域产业集聚，图3-3显示昆山市工业增加值在2000年之后迅猛增长，并在2003年和2004年分别超越了常熟市和张家港市。对于张家港而言，2008年获批国家级保税港区之后，进一步促使其拉开与常熟市的差距。如图3-2所示，2008年之后张家港市与常熟市的工业增加值的缺口逐渐增大，而2015年张家港市获批国家级高新区，也促使其与常熟市在工业增加值上拉开距离，表现为曲线间的缺口增大。

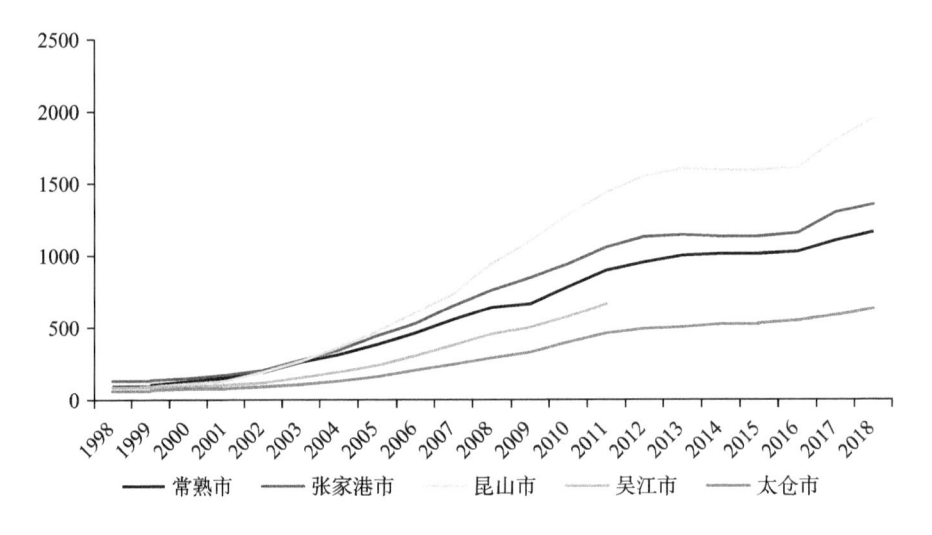

图3-2 "苏州五虎"工业增加值比较（1998—2018年）

资料来源：历年《苏州统计年鉴》。

注：工业增加值（亿元）。吴江市因2012年撤市划区，数据不全。

其次，以出口总额作为经济指标进行比较可以发现，国家级出口加工区的尺度重构有助于推动出口导向型产业集聚。如图3-3所示，昆山在2000年获批国家级出口加工区并在当年完成封关运作之后，其在出口总额指标上迅速与周边县市拉开巨大差距，由此也可见，出口加工区尺度重构对于出口导向型产业集聚的显著推动作用。2005年，

第三章 昆山经济奇迹：地区经济逆袭的典型样本

常熟市和吴江市均获批国家级出口加工区，此后两市在出口总额上均呈现出较快的增长趋势，如图3-3所示。而作为对照，尚未推动出口加工区尺度重构的太仓市，在出口总额指标上至今尚未有明显起色。

最后，以专利授权量作为经济指标进行比较，则可考察高新区尺度重构的产业集聚与科技创新效应。如图3-4所示，昆山在2010年获批国家级高新区之后，在专利授权量上呈现出显著的增长趋势，并高于周边县市。有趣的是，常熟市于2010年获批国家级经开区之后，专利授权量发生了明显的增长趋势，但在2015年获批国家级高新区后，专利授权量却未发生明显增幅。一种可能的解释是，常熟市在2011年获批省级高新区，因此在2010—2013年发生了显著的专利授

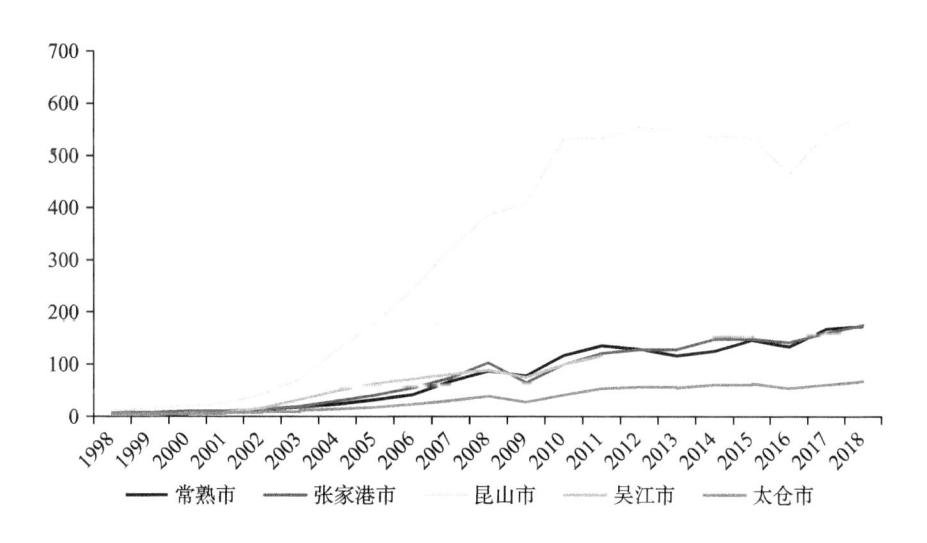

图3-3 "苏州五虎"出口总额比较（1998—2018年）

资料来源：历年《苏州统计年鉴》。

注：出口总额（亿美元）。吴江市因2012年撤市划区，数据不全。

权量的增幅。而在 2014 年，苏南地区获批"苏南国家自主创新示范区"①，其中昆山高新区被纳入，而常熟高新区未被纳入，因而常熟市的科技创新投入有可能受到该政策的"挤出效应"（Crowding out effect）影响。

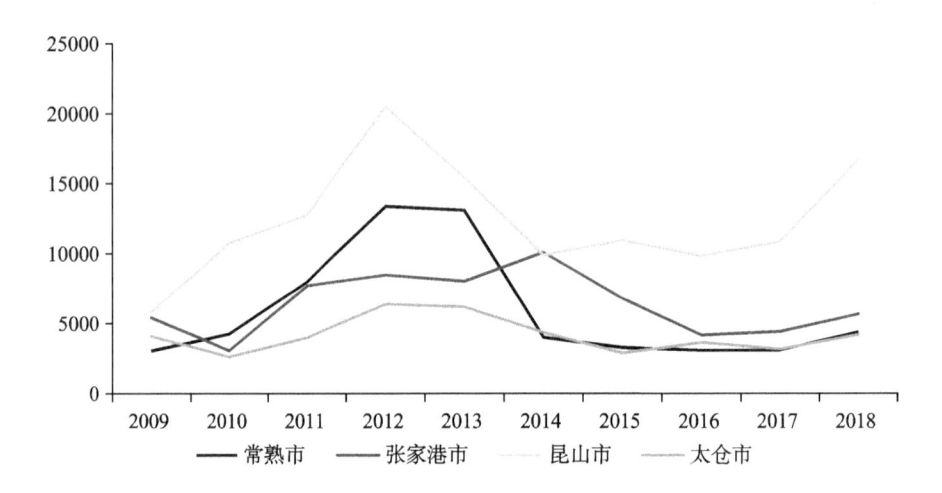

图 3-4 "苏州五虎"专利授权量比较（2009—2018 年）

资料来源：历年《苏州统计年鉴》。

注：专利授权量（件）。吴江市因 2012 年撤市划区，数据不全故舍去。

此外，需要指出的是，"苏南五虎"的尺度重构并不仅限于园区尺度重构。否则这便无法解释，在 20 世纪 80 年代至 2000 年初期，为何常熟和吴江在缺乏园区尺度重构的情况下仍然推动了不菲的区域产业集聚成效。一方面，常熟市和吴江市在 1992 年均模仿昆山成立了开发区，并同时于 1993 年获批省级经开区，因此在推动产业集聚上虽不及国家级经开区，但仍然有成效。另一方面，更重要的是，常熟市与吴

---

① 注：苏南国家自主创新示范区涵盖了南京、苏州、无锡、常州、昆山、江阴、武进、镇江等 8 个国家级高新区，以及苏州工业园区。

江市均推动了类似义乌小商品市场的市场组织创新尺度重构。实际上,自改革开放以来,常熟服装交易市场和吴江盛泽丝绸交易市场一直名满天下,两者仍然保持着同品类交易市场的全国之首。交易市场的尺度重构,促成相关批发、物流和零售商的平台集聚,并带动周边生产商的集聚发展,由此也推动了常熟和吴江的产业集聚发展。当然,虽然两地的交易市场是浙江各县市创办交易市场所模仿的对象,但诸如义乌小商品市场、绍兴柯桥纺织市场等,却在当地政府的组织下不断推动市场组织创新式尺度重构,并超过了"师傅"常熟[①]。

(二)港区尺度重构:张家港的逆袭与太仓的反超

在"苏州五虎"中,张家港、常熟和太仓三市县因紧邻长江而均具备(流域)港口的开发条件。从区位条件来看,太仓港最为邻近长江出海口,常熟港次之,张家港位居内陆。太仓港的区位优势无疑是最为明显的,明代郑和下西洋便从此出航,太仓港也被广誉为"江苏仅有、中国难得、世界少见的天然良港"。然而,令人困惑的是,自20世纪80年代至2000年初期,区位条件最差的张家港却成功地逆袭了常熟和太仓,进而带动张家港的整体产业集聚规模超越苏州各县市的"老大哥"常熟市,在2005年被昆山超越之前,位居"苏州五虎"之冠。

在推动港区尺度重构之前,张家港与"老大哥"常熟保持着明显差距。张家港原名沙洲县,在1986年撤县设市调整后改名为张家港市。再往前追溯,张家港市的前身沙洲县是于1962年从常熟分离而

---

① 何建明. 我的天堂:苏州改革开放30年全纪录[M]. 北京:新世界出版社,2018:364.

得。与昆山类似，在本地人看来，"在记忆中，沙洲是个穷地方，至少是我们苏州地区最穷的地方"①。事实上，直到20世纪90年代初期，张家港虽凭借其乡镇工业基础得以发展，并拉开了与昆山的差距，但与"老大哥"常熟相比，差距仍然较为明显。

港区尺度重构，是解释张家港为何成功逆袭的关键因素。与昆山的吴克铨所扮演的角色类似，秦振华在张家港的港区尺度重构中扮演着至关重要的角色。1992年初，秦振华被任命为张家港市委书记。当年，秦振华便提出："今年张家港的经济指标要高速！我们的方向是：工业超常熟，外贸超吴江，城建超昆山，项项工作争一流！"② 这一"三超一争"战略的核心，便是推动张家港的港区尺度重构。就在当年，秦振华紧紧抓住时任总理视察机会向其建言港区尺度重构方案，并在当年底获批国家级保税区。这成为苏南地区第一家国家级保税区，也是全国县域第一家国家级保税区。

张家港的国家级保税区尺度重构，快速推动了港区经济和外资企业的集聚发展。仅到1995年，张家港市的GDP规模便超过了常熟，位居"苏南五虎"之首，如图3-5所示。到2006年，张家港成为全国县域口岸的第一个亿吨大港。秦振华介绍张家港的"逆袭"成绩单："到2007年，张家港保税区的全口径财政收入22.7亿元，一般预算收入8.5亿元。保税区全年的营业额达1525亿元。现在保税区共有十几个码头，在这一块20平方公里的面积里，按专业分为4个区域，现有世界500强企业20家，化工企业3000多家，其中大多数都是跨国公

---

① 何建明. 我的天堂：苏州改革开放30年全纪录[M]. 北京：新世界出版社，2018：293.

② 同①：303.

第三章　昆山经济奇迹：地区经济逆袭的典型样本

司在这里设立的。1993年保税区建立以来，我们没有花国家一分钱，但在这块土地上，却产生了5000多亿元的经济贸易，吸引外资40亿美元的投资，为国家和地方获取税收超过200亿元。"①

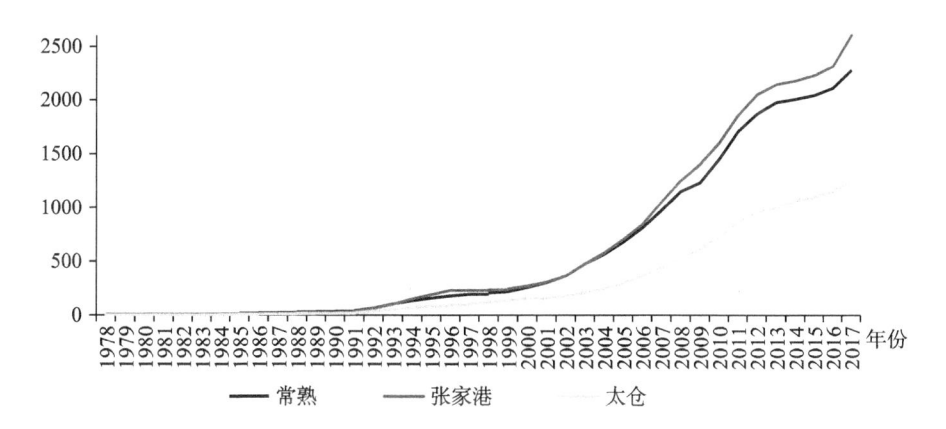

图3-5　张家港、常熟、太仓三市的GDP比较（1978—2017年）

资料来源：各县市历年统计年鉴。

注：单位（亿元）。

然而，论港口的区位条件而言，张家港并不如太仓港，关键是张家港市政府在港区尺度重构上抢占了先机。从港口货物吞吐量的数据比较可知，直到2009年之前，张家港与常熟港和太仓港的差距都在不断拉大。如图3-6所示。

从2005年开始，一系列的港区尺度重构帮助具备最佳区位条件的太仓港完成了反超。如前文所述，太仓港被誉为"江苏仅有、中国难得、世界少见的天然良港"。为推动江苏省的港口经济发展，2005年

---

① 何建明. 我的天堂：苏州改革开放30年全纪录 [M]. 北京：新世界出版社，2018：231.

· 103 ·

江苏省政府决定重点开发建设两个港口，一个是位于苏北的连云港，另一个就是位于苏南的太仓港。这一港区尺度重构的核心在于，为太仓港注入了大量的行政资源和发展权限。例如，江苏省授予了太仓港管委会以副厅级建制，同时给予一系列的行政管理权限。与张家港不同，太仓实施港区经济与开发区经济联动发展，并将开发区、港区以及乡镇政府进行"区镇合一"管理。到2010年，太仓港开发区晋升为国家级经开区，进一步推动了太仓港的产业集聚发展。到2013年，太仓港又被中央批准为沿海港口管理（原为内陆港口），这进一步向太仓港下放了一系列的行政管理权限。

在一系列自上而下式港区尺度重构的推动下，太仓港迅速完成了对张家港的反超。数据显示，2005—2008年的港口建设期之后，太仓港的货物吞吐量从2009年开始迅速攀升，并在2017年反超了张家港（如图3-6所示），后成为苏南地区的"第一大港"。

由此可见，以港区尺度重构为例，无论是自上而下式还是自下而上式尺度重构，均有助于推动区域产业集聚发展。在此过程中，区位优势仍然发挥着重要作用，而当具备区位优势的地区获得尺度重构之后，其产业集聚发展成效能够在短期内得以体现。典型如太仓港，在不到10年的时间内，成功实现了对张家港的经济反超。

（三）"苏州五虎"间的比较小结

"苏州五虎"是最适合进行横向案例比较的一组观察样本：区位条件相似、要素禀赋结构相近、行政级别相等、区域文化同根同源，而在地方政府能力上也不相上下。20世纪80年代初期，昆山率先开启了园区尺度重构引领的发展路径，成为横向案例比较的"实验组"。很

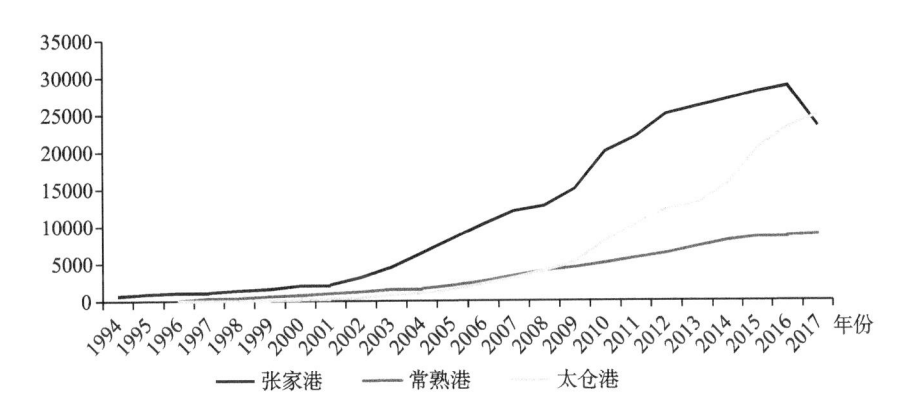

第三章 昆山经济奇迹：地区经济逆袭的典型样本

图3-6 张家港、常熟港、太仓港的货物吞吐量比较（1994—2017年）

资料来源：历年《张家港年鉴》、《常熟年鉴》和《太仓年鉴》。

注：单位（万吨）。

显然，尺度重构对于昆山的经济追赶起到了关键作用，而这种作用一直延续至昆山的产业规模扩张阶段。如果说昆山实现了从末尾到龙头的绝对逆袭，那么张家港则是相对逆袭的典范。依托港区尺度重构，张家港也成为与常熟和太仓港区竞争中的"实验组"，并在一个较短的时期内便证明了港区尺度重构的重要作用。最后，太仓实现了对张家港的港区经济赶超，更是完美地佐证了持续的、高能级尺度重构在推动产业发展过程中的显著作用。

五、昆山经济奇迹中的政府角色初探

前文通过追溯"昆山经济奇迹"的历程可知，昆山市政府在地区经济发展的各阶段均扮演着积极有为的角色。对政府角色的探讨，是理解与分析地方政府发展能力的前提。在中国，地方政府承担着推动区域经济发展的重要职能,是辖区内各类生产要素优化配置的促进者。正如科斯所指出的,"从本质上而言,地方政府所做的,是提供一种组织服务,即让所有的生产要素组织起来更好地为企业所用。马歇尔将组织视为一种独特的生产要素。在中国,组织真空被地方政府填补,它们在调动资源方面仍能发挥巨大的力量"①。

在区域经济发展实践中,一个地区的要素资源禀赋连同其区位条件,是影响该地区产业集聚发展的关键因素。但对于改革开放之初的昆山而言,不仅邻沪的区位条件长期未得到发挥,其要素资源禀赋也落后于周边县市。时任领导吴克铨对昆山的"底子"认识得非常清楚:"我县工业的发展,起步是较晚的,无锡、江阴、张家港、常熟早在20世纪70年代工业已具规模。我们分析,他们当时的发展条件是较好的,有下放工人的技术,有插队青年家长的支持,有优惠的税收政策,而我们已经失去了这些机遇。"②

理论上,要素资源禀赋决定了一个地区的产业选择与发展的成本结构,亦即新结构经济学所说的潜在比较优势③。但这并不能解释,为何不具备资本和技术要素禀赋的昆山,能够在短期内发展出具备高技术的电子信息制造业。为何昆山能够吸引高新技术企业集聚?为何能够迅速集聚技术、资本和科技人才等要素资源?回答这一悖论的核

---

① 科斯,王宁. 变革中国:市场经济的中国之路[M]. 徐尧,等译. 北京:中信出版社,2013:189.

② 吴克铨,应全国贫困地区干部培训中心邀约在无锡的讲稿,1988年9月24日。摘自:吴克铨,等. 唯实、扬长、奋斗:"昆山之路"的发展历程及现实意义[M]. 苏州:古吴轩出版社,2005:31.

③ 林毅夫. 新结构经济学:重构发展经济学的框架[J]. 经济学(季刊),2011,10(1):1-32.

心仍然在于理解积极有为的地方政府角色。具体而言,是地方政府借助空间尺度重构,对各类生产要素的吸引集聚与优化配置。

(一)创新人才的集聚与利用

如前所述,昆山在20世纪80年代通过与上海和三线地区的国营厂发展横向联营,促进了电子产业在开发区内的集聚,并为日后的高新技术产业发展奠定了基础。关键的问题在于,人才流动在80年代受制于各地区的户籍制度,那么昆山电子产业所需的技术人才是从何而来的呢?答案在园区尺度重构上。

首先,园区尺度重构可以通过开发区位优势和创造就业岗位,进而吸引创新人才。在20世纪80年代,昆山县政府通过自费建设开发区,发挥了邻近上海的区位优势,同时借助一系列的人才政策创新,吸引了一批技术骨干落户昆山。一位昆山退休干部谈道:"昆山的工业化起步,人才很重要。一批西部三线的技术员工要回上海,但是上海没户口(指标),昆山就争取把这些人才吸引到昆山来。昆山是鱼米之乡,靠这些优势来吸引人才,并且来了给分配房子。这些人才到昆山后,对于昆山的工业化具有重要推动作用。比如,吴馥(前副市长),就是这一批过来的。"[1] 依托开发区的横向联营,昆山不断积累人才、技术和管理经验,这为昆山日后吸引外资企业设厂投资,尤其是电子信息产业集聚上奠定了重要基础。吴克铨曾评论说,"尤其值得一提的是,通过联营,在对方派来的200多名厂长、技术人员中,多数年富力强,懂技术、会管理、善经营,他们在生产经营中发挥了极其重要

---

[1] 昆山市退休干部访谈,2019年9月19日。

的作用。"① 再如，昆山市委前书记张国华也曾在一次采访时说："我们昆山现在能够成为有世界影响的重要电子基地，就是靠当年'大三线'来昆山落户办分厂时那些国家著名电子企业打下的雄厚基础。"②

与此同时，上海国营厂的工程师资源，也为昆山充分利用。当然，部分原因也得益于上海的技术改造，"有些工程要迁移，一些老技术人员退休，昆山是最好的点"③。昆山与上海建立了这种紧密的技术人员合作联系，被称为"星期天工程师"现象，这种情况在当时的江苏省非常普遍。而昆山政府也十分注重创新人才的引进和培养。吴克铨谈道："在引进人才方面，除对户口、工资、'炉子'、孩子等给予优惠待遇外，还量才委以实权，发挥其特长，其中有不少同志已经走上我们各个部门的领导岗位。一些科技人员走后，总忘不了昆山，或提供信息，或牵线搭桥，或当'周末工程师'，下乡帮助企业技术攻关。"④

其次，园区尺度重构对于创新人才集聚的促进作用，还表现在人才政策创新上。1984年开始人才引进工作。1992年7月5日，昆山率先在国内县级市举办面向全国的人才市场。1999年，人才市场网开通。2001年6月，与省人事厅联合组建了全省第一家设在县级市的省级人才市场——江苏高新技术（昆山）人才市场。探索了人才市场发展模式，如

---

① 吴克铨，1988年2月4日，在省社科联召开的苏南县域经济问题讨论会上的发言。摘自：吴克铨，等. 唯实、扬长、奋斗："昆山之路"的发展历程及现实意义[M]. 苏州：古吴轩出版社，2005：23.
② 何建明. 我的天堂：苏州改革开放30年全纪录[M]. 江苏教育出版社，2009：273.
③ 昆山市前副市长访谈，2017年8月29日。
④ 吴克铨，应全国贫困地区干部培训中心邀约在无锡的讲稿，1988年9月24日。摘自：吴克铨，等. 唯实、扬长、奋斗："昆山之路"的发展历程及现实意义[M]. 苏州：古吴轩出版社，2005：38.

人才市场、劳动力市场、毕业生市场贯通一体的"昆山市人力资源市场"。昆山市的人才总量由1984年的5736人，增加到2007年的221846人，位居江苏各县市首位。2007年，全市引进各类大专以上人才29031人，其中博士16人，硕士397人，本科15144人，大专13474人，全国排名前20位的名牌大学毕业生387人[1]。2013年以来，昆山借助试验区下设的部省际联席会议制度，争取到一系列的人才政策，极大地便利了台湾地区创新人才流入大陆。"通过部省际联席会议，积极争取国台办、省人社厅给昆山的优惠政策。一是台湾人才引进方面，昆山的突破较大，'一路绿灯'。二是人才资质认定方面，两岸进行对接，即承认台湾的人才资质。大陆的职称评审改革难以推行，国外是用职业资格证书。三是鼓励台湾人才到昆山创新创业，给予相应资助[2]。"近年来，昆山市政府陆续助推两岸青创园、创业服务中心、启迪众创工社、萝卜社区等创业园区、创业空间的发展，吸引90多个两岸创新创业项目扎根落地。不仅如此，还建立了3个国家级博士生科研工作站，引进了国家"某人才计划"人才34名、省市"双创"人才（团队）近130个[3]。

（二）外商资本的集聚与利用

昆山的产业规模扩张阶段始于1992年，主要得益于外资项目的大规模引进。数据显示（如图3-7），1993年一年的新批三资项目（103

---

[1] 昆山市人才学会. 今日昆山：科学发展之路[M]. 上海：上海人民出版社，2008.

[2] 昆山人社局访谈，2017年8月28日。

[3] 资料来源：昆山高新区，"苏南国家自主创新示范区建设工作情况汇报"，2016-06-02.

个）和新增投资额（4.93 亿美元），均超过了此前 8 年的累计值。此后，外资经济规模迅速增长，并开始主导昆山的区域经济发展。然而，为什么昆山能够在短期内集聚如此大规模的外商资本？

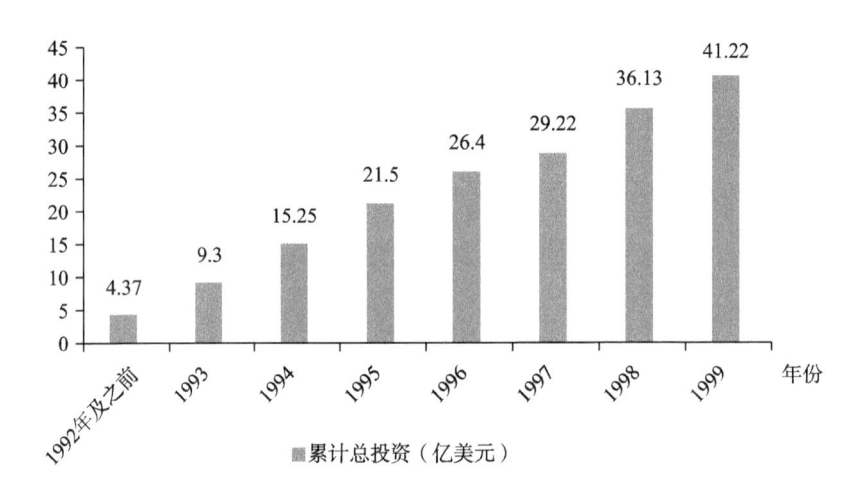

图 3-7　昆山开发区累计批准三资项目总投资额（1985—1999 年）

资料来源：历年《昆山统计年鉴》。

这主要得益于昆山市政府在开发区由发展中外合资项目转向引进外商独资企业。20 世纪 80 年代，在横向经济联合战略指导下，昆山开发区主要吸引中外合资项目。其缺陷在于，昆山市政府必须要在每个中外合资项目中占股 50% 以上。这意味着，中外合资项目的引进受限于昆山市政府的财政能力。1992 年之后，为扩大外资引进规模，昆山市开发区建议转向引进外商独资项目。宣炳龙回忆道："在昆山开发区发展历史上，还有一个重要的转折：引进那么多外资企业和大企业，我们资金短缺怎么办？昆山开发区当时只有四大国有银行，昆山固定资产贷款规模总额 2 亿元人民币，还包括乡镇企业。其实，化肥厂、化工厂早把这 2 亿元人民币的规模用掉了。要引进大企业怎么办？靠

第三章 昆山经济奇迹：地区经济逆袭的典型样本

自己的资金不行，只有引进外面的资金。1993 年，市里领导给我们的任务是每年引进 5 亿美元，按照国有资本为主的要求都要占 50% 以上，就要投入 2.5 亿美元即十几亿元人民币，当时昆山的国民生产总值也就 40 多亿元。另一个原因是，利用贷款搞合资，除政策不允许外，分红利息也不够，根本就没法偿还本金。当时我想来想去，就是办外商独资企业。于是，江苏外商第一家独资企业就在昆山诞生了。"[1] 昆山市政府采纳了宣炳龙的这个"冒险"的建议，通过发展独资企业，突破开发区资金瓶颈。实践证明，宣炳龙的判断是对的。仁宝、统一、六和、禧玛诺等一批中国台湾地区和日本的大型企业入驻昆山开发区。

昆山与东莞同为中国大陆外资经济的重要基地。但昆山的外商独资发展模式，与东莞的合资发展模式形成了鲜明对比。自 1993 年开始，昆山开发区每年的新增外商投资总额平均都在 4 亿～5 亿美元，远远超过了东莞（全域）的规模，后者甚至在 1995 年和 2000 年为负。由此可见，引进外商独资企业，极大地帮助了昆山集聚外商资本，推动产业规模快速扩张。1997 年亚洲金融危机后，昆山适时提出"主攻台资"的重大战略，当年 8 次组团到台湾地区招商引资，结果一炮打响[2]。大型电子信息代工型企业开始转移至昆山开发区，进一步推动了产业规模扩张。昆山开发区每年的新增外商投资额也随之扩张。

---

[1] 宣炳龙自述。摘自：钟永一，张树成．见证中国第一个自费开发区：宣炳龙印象 [M]．南京：江苏人民出版社，2009：53．

[2] 昆山市老区开发促进会．昆山市革命老区发展史 [M]．南京：江苏人民出版社，2019：116．

（三）先进技术的获取与集聚

昆山的园区尺度重构与东莞的镇街尺度重构，形成了完全不同的外资经济发展模式和技术获取模式。与东莞不同，昆山的园区尺度重构，意味着地方政府介入引资模式与技术获取模式的选择，而非东莞"放任自由"的"三来一补"外资模式。因此，昆山可以通过横向经济联合，来获取国营厂和外资企业的技术溢出效应。

通过与上海各企业的横向经济联合，获得了最先进的设备和技术，进而为电子信息产业的发展打下了坚实的基础。换言之，如果没有这些先进技术的获取与积累，将难以吸引到第一家IT台资企业，以及后来源源不断的IT台资企业集聚。对此，一些有影响的昆山经济研究者强调："昆山利用外资的历史，有两个东西要讲清楚：一是电子产业怎么来的？没有三线电子工厂落户不会引来仁宝电脑，没有仁宝电脑带头不会集聚那么多电子企业。二是怎么会形成台资企业集聚区？第一个台资企业怎么来的？偶然背后有必然性，很重要的是靠具体操作者的共同努力。"①

（四）工业用地的盘活、储备与更新

20世纪80年代的昆山，理论上拥有充裕的工业用地资源，但这并不意味着土地要素可与资本要素自由结合。产权因素是个重要壁垒。给定城镇土地国有的制度背景，昆山欲吸引外资企业落户投资，则必

---

① 钟永一，张树成．见证中国第一个自费开发区：宣炳龙印象[M]．南京：江苏人民出版社，2009：52．

然面临着如何将国有土地转让给外资企业的问题。

开发区在国有土地出让制度创新上扮演着重要角色，进而将昆山的土地资源优势发挥出来。为吸引外商投资，早在1988年，昆山便参照广东和福建的做法，开始探索国有土地有偿出让的制度创新。1989年4月，昆山完成了江苏省第一幅国有土地出让，期限50年。吴克铨总结道："为了增强开发区的吸引力，经上级批准，我们发布了国有土地使用权有偿出让和转让的暂行办法及招标投标的试行办法，并同时确定开发区B区第15号地共1公顷为第一期出让地。我们要加强部门配合，搞好招标投标工作，积累经验，以进一步开发土地资源，吸引更多的海外投资者。"[1]

基于国有土地出让制度创新的工业用地盘活，为昆山开发区获得国批之后的招商引资起到了重要的推动作用，帮助昆山迅速成为外商独资企业集聚地。但随着外资企业不断集聚，加之国土部对工业用地指标的控制，昆山也面临着工业用地资源稀缺的问题。昆山的策略是，利用开发区提前储备大量工业用地，以备未来之需。曾在昆山国土部门任职的退休官员谈道："昆山在20世纪90年代，2000年左右，就划拨了大量的工业用地给企业，当时工业用地不值钱，比如一家台资企业说要3公顷，政府就给6公顷。因此，昆山早期就已经征用了大量工业用地。到现在，大家都搞工业，工业用地非常紧缺，国家的土地政策限制，各地都缺地。但昆山好在早期积累了大量工业用地。这是昆山有些优势的地方。虽然这些工业用地被企业'占着'，但毕竟都

---

[1] 吴克铨，1989年3月22日所做的昆山县人民政府工作报告。摘自：吴克铨，等．唯实、扬长、奋斗："昆山之路"的发展历程及现实意义 [M]．苏州：古吴轩出版社，2005：101．

是工业用地，不需要再从农业耕地划拨，因此都在工业用地的大盘子里，方便盘活工业用地。"①

进入产业转型升级阶段之后，工业用地资源稀缺的问题进一步凸显。昆山开发区便尝试利用各类办法进行存量优化，提升亩产税收。在访谈中，相关部门介绍了昆山在工业用地优化与更新方面的做法："现在各区镇要成立资产公司，收购那些低效益的企业，让他们腾土地；趁现在企业不太景气，去收购这些低档企业，去发展招商高档装备制造业（这样就不想让这些低档企业自己倒腾转型）；乡镇财政出资公司，现在各乡镇可用财政会到10个亿（元），2015年8个镇3个区，可用财政284亿（元）。在国家税收方面没空间了，但在土地方面，当地政府还可以做些工作，如前期平整土地等基础设施建设，类似于之前的成本'抵扣'，有一定模糊性。"② "第一，我们叫'退二优二'，即转型升级，一些低端低效的企业退出来，我们再引进更好的项目来替代；第二，老企业转型升级，老树开新芽，在自主可控方面、机械化生产等方面着手推进；第三，土地呢，我们江苏省有一个'点供'土地。第四，昆山市在土地指标上，对开发区有一定的倾斜。土地集约、综合利用的概念。第五，开发区花了不少钱买了指标，江苏省内部的土地指标平台可以购买，土地置换。但这个成本蛮高的。"③

---

① 昆山退休干部访谈，2019年9月18日。
② 昆山市经信委访谈，2016年6月17日。
③ 昆山市经开区管委会访谈，2019年9月19日。

六、本章小结

本章以"昆山经济奇迹"的形成过程为例，简要剖析了在中国改革开发史中极具代表性的一个地区经济逆袭样本。案例研究揭示了在中国大国经济背景下，一个后发地区是如何在工业化、城市化与经济全球化相互交织的伟大历史进程中，从根本上改变了地区经济发展的面貌。更重要的是，这一地区的逆袭过程更多地体现为地方政府自力更生的结果，而非"天注定"的产物。在"昆山经济奇迹"的形成中，各类园区尺度重构扮演着重要角色，这一角色在地区间横向比较中得以进一步彰显。从根本上讲，园区尺度重构反映的是地方政府积极有为介入辖区经济发展的努力，是有为地方政府与有效市场相结合的典范。如同人生，逆袭不易。地区经济逆袭同样如此，需要机缘，更需技艺。因此，地方政府究竟如何施展其技艺并成功推动地区经济逆袭，是本书接下来要重点回答的议题。

第四章

地方政府发展能力的施展：以尺度重构为舞台[1]

---

[1] 本章部分内容出自叶志鹏：《城市产业治理能力与区域产业发展：基于江苏昆山的案例分析》，《城市与环境研究》2020年第3期。编入本书时有修订。

第四章 地方政府发展能力的施展：以尺度重构为舞台

一、尺度重构：政府发展能力的施展舞台

已有研究已经发现，地方政府具备推动尺度重构的行为激励以此来扩张地方自主权[①]。在此基础上，本书进一步指出，地方政府可以借助尺度重构过程来施展其发展能力。尺度重构对于地方政府施展其发展能力而言具有关键作用。甚至说，缺乏尺度重构作为发展能力施展之载体，地方政府将"巧妇难为无米之炊"。昆山自费建设开发区的案例，充分展现了开发区作为一个新创空间平台对于昆山推动横向经济联合、吸引中外合资项目落户的重要意义。此后，开发区帮助昆山在与周边地区的经济竞争中脱颖而出：在工业化起步阶段，吸引上海和"大三线"地区的国营厂前来联营落户；在产业规模扩张阶段，吸引台资企业，吸引外商独资企业，尤其是大型台资企业及其引领的上下游产业链在昆山开发区内迅速集聚发展。

更重要的是，尺度重构的意义不只在于表层次的发展场域扩增，更在于对区位优势的开发、各类稀缺要素资源的集聚，以及区域营商环境的创设和优化。改革开放 40 多年来，正是凭借着一系列的园区尺度重构，昆山才得以最大限度地发挥"邻沪对台"的区位优势，进而帮助昆山在短期内改善要素禀赋结构，从上海和台湾地区吸引和集聚资本、技术、人才等各类稀缺要素资源；帮助昆山地方政

[①] NGO T W，YIN C，TANG Z. Scalar restructuring of the Chinese state：The subnational politics of development zones [J]. Environment & Planning C：Politics and Space，2017，35（1）：57-75.

府在开发区内创新优化区域制度环境,推行了一系列的外商服务理念创新、行政管理体制创新以及外商服务政策创新,从而极大地优化了昆山在产业集聚发展中的软性基础设施,有效克服了市场失灵问题。

与此形成对照的是,尺度重构的缺乏限制了周边县市的地方政府能力施展。苏南地区历来以"强政府"著称,地方政府均具有推动乡镇企业发展的强烈意愿和能力[1]。相较于昆山,常熟和张家港等县市不仅具备相近的区位条件,具有更好的乡镇工业发展基础,而且在20世纪80年代至90年代发展水平略胜一筹;但进入2000年之后,昆山在电子信息制造业上的空间集聚帮助昆山最终完成了对这两位"老大哥"的逆袭。昆山与太仓的比较更具意义:两者区位条件相同(接壤上海嘉定),要素资源禀赋结构相近(乡镇工业基础较为薄弱),但频繁的尺度重构帮助昆山自80年代开始一路领先,并与太仓逐渐拉开差距。由此可见,昆山对周边县市的逆袭,与其说是拥有超越周边县市的超强地方政府能力,毋宁说是地方政府发展能力借助尺度重构得以充分发挥和施展。

质言之,可将空间尺度重构视作地方政府推动区域产业发展的"快进按钮"。一则,尺度重构创设了产业集聚(尤其是外商投资)的空间平台/场域;二则,尺度重构表现为行政资源的空间配置过程,帮助地方政府发挥区位优势、集聚要素资源,以及塑造区域制度环境,通过降低生产和交易成本进一步发挥集聚效应。由此可见,若缺乏尺度重构,即使在具有强政府特色的苏南地区,地方政府能力的施展空

---

[1] 吴敬琏. 当代中国经济改革教程[M]. 上海:上海远东出版社,2016.

间也将大打折扣。随之而来的关键理论问题是，地方政府如何借助尺度重构来施展其能力？亦即究竟施展了何种发展能力？其成效的获得又将取决于怎样的地方制度条件？对上述问题的回答，有助于解释为何相同的尺度重构在各地区呈现出截然不同的作用，也有助于甄别进一步促进地方政府借助尺度重构推动产业发展成效的关键因素。

二、权力与空间：尺度重构的两种作用机制

昆山的案例研究，揭示了地方政府借助尺度重构来推动制度变迁，进而增强其在促进产业集聚发展上的能力。产业发展的核心在于空间集聚效应的充分发挥。那么，地方政府推动的尺度重构又是通过何种作用机制来增强集聚经济（Economies of agglomeration）？基于案例研究，并结合尺度重构的两项核心内涵，本书将其中的作用机制凝练总结为发展场域扩增效应（空间机制）和发展权限扩增效应（权力机制）。

（一）发展场域扩增效应

所谓发展场域扩增效应，是指通过增加空间要素（产业发展的场所和地域）的供给来促进产业的空间集聚。尺度重构的核心内涵之一，即创设产业发展的新增空间载体，以促进产业项目的落地与空间集聚。空间生产理论提出，空间可视为一种生产要素①。生产要素的经济内

---

① LEFEBVRE H. The production of space [M]. Oxford: Blackwell Ltd, 1992.

涵在于稀缺性。空间要素不像空气那样能够无限供给，而是人为创设的结果。空间尺度重构的过程，是人为建构和创设空间尺度，亦即增加空间要素和发展场域的供给。

发展场域扩增效应与中国的国家主导型空间生产模式密切相关。正如中规院创新所所长朱力所言，"中国经验最为关键的一个方面就是：国家绝对主导的空间生产方式。正是凭借对各种有关空间的权利的掌控，国家一直掌控、且不断强化空间生产的主导权，包括：土地的国家所有、土地一级市场的国家控制、土地强制征用和收储、建设行为的国家审批"[1]。

一方面，城镇土地的国有属性，赋予了政府在发展场域供给中的垄断权。典型如1984年昆山县政府自费建设开发区，通过国有土地征用和开发，并在1989年推动国有土地有偿出让制度创新，创设了横向联营项目落地的发展场域。另一方面，规划引领的土地开发制度，进一步促使尺度重构成为地方政府增加空间供给的重要手段。尽管城镇土地国有，但并不意味着地方政府在工业用地开发上具有无限的权力。产业发展的空间供给，往往是借助城镇土地规划来引领的，而尺度重构，尤其是园区尺度重构，又恰是增加城镇土地开发面积的重要途径。例如，1992年昆山获批国家级经开区之后，其园区规划面积由初始的3.17平方千米迅速扩张至10平方千米，新增的空间供给为外资项目的引进创设了更为充足的空间条件。昆山各类园区尺度重构的空间供给情况，如表4-1所示。

---

[1] 朱力. "空间生产的中国经验与东莞样本"[N]. 城PLUS, 2017-11-17。

表4-1 昆山各类尺度重构的产业发展场域扩增比较

尺度重构类型	设立时间	规划面积
自费开发区	1984.08	3.17平方千米
国家级经开区	1992.08	10平方千米
国家级出口加工区	2000.04	2.86平方千米
省级高新区	2006.04	7.86平方千米
省级花桥经开区	2006.08	4.15平方千米
国家级综合保税区	2009.12	5.86平方千米
国家级高新区	2010.09	7.86平方千米
昆山试验区	2013.02	涵盖5个国家级和省级产业园区
昆山试验区扩容	2020.12	进一步扩展至昆山全市

资料来源：根据《中国开发区审核公告目录》（2006年版、2018年版），以及相关政策文本整理所得。

发展场域扩增效应对于产业集聚发展的促进作用，首要体现在空间集聚经济的发挥。2009年，世界银行在其著名的一份发展研究报告《重塑世界经济地理》中便提出，提升经济密度是促进经济集聚的重要途径之一[1]。而空间尺度重构无疑是提升经济密度的重要手段。例如，昆山自费建设开发区在其3.17平方千米的空间范围内，高度集聚着轻纺业、电子业和机械制造业，进而共享基础设施、劳动力和中间投入品等集聚外部性[2]。再如，昆山出口加工区内集聚着近1000家出口导向型外资企业，园区内完整的供应链体系极大地降低了电子信息制造业的供应链成本，并提升了国际代工企业的生产规模、弹性和时间[3]，

---

[1] 世界银行. 2009年世界发展报告：重塑世界经济地理 [M]. 北京：清华大学出版社，2009.

[2] 马歇尔. 经济学原理 [M]. 廉运杰，译. 北京：华夏出版社，2005.

[3] 阿尔弗雷德·王振寰. 追赶的极限：台湾的经济转型与创新 [M]. 台湾：巨流图书公司，2010.

以满足国际品牌商的生产代工需求。

此外,发展场域扩增效应还有助于促进生产要素的跨地区流动,通过降低交易成本来促进产业空间集聚,以及更好地发挥市场机制在空间资源配置中的作用。正如昆山案例所表明的,在其工业化起步阶段,若无自费建设的开发区,乡镇企业的横向联营项目将缺乏一个良好的生产与投资环境。而恰是由于园区尺度重构,帮助昆山克服生产要素跨地区流动的难题,有效发挥了邻近上海的区位优势,进而争取上海和中西部"大三线"地区的一批横向联营项目落户昆山。尺度重构的重要功能之一在于,在一个特定的空间范围内创设良好的营商环境,如共享硬件基础设施以及共享软性基础设施(如项目的行政审批服务),其本质在于降低交易成本,以促进空间集聚经济的发挥。

总而言之,发展场域扩增效应,本质上是为了更好地发挥市场机制的力量。市场机制运行的前提,是生产要素的跨地区流动,产业的空间集聚和生产效率的提升。而地方政府借助尺度重构增加发展场域,以促进市场机制更好地发挥其决定性作用,无疑是"有为政府"优化创设"有效市场"的体现[1]。在这一意义上,尺度重构的主体虽为政府,但并不一定是"反市场"的行为,而毋宁是一个在特定地域范围内创设和发育市场机制的过程。

(二)发展权限扩增效应

所谓发展权限扩增效应,是指通过增加地方政府在特定空间尺度内

---

[1] 林毅夫. 新结构经济学:重构发展经济学的框架 [J]. 经济学(季刊),2011,10 (1):1-32.

第四章　地方政府发展能力的施展：以尺度重构为舞台

的行政权限和行政资源来促进产业的空间集聚。除发展场域的创设之外，尺度重构的另一个核心内涵是行政资源的空间配置。在中国的渐进式改革过程中，行政资源的下放往往通过两种方式进行：一种是面向各地区普适性的权限下放；另一种则是特定区域范围内的权限下放。前者主要是指一般意义上的分权改革，如1994年的分税制改革即是全国范围内的财政（事权）权限下放。而特定区域范围内的行政权限下放，则须借助空间尺度重构。例如，县改市的行政区划调整，或如设立国家级园区等，均扩增了地方政府在其行政辖区内或产业园区内的行政权限。

昆山案例揭示了地方政府如何借助园区尺度重构来增强其在产业发展中的发展权限。例如，吴克铨谈道："1987年中央领导视察后，我们在中央特区办和财政部的帮助下，经过努力争取，终于把昆山财政包干减少500万元，换句话说，就是国家每年补助我们500万元（加上递增后，实际每年都在增加），对我们的开发建设给予了很大的支持。"[1]

1992年，昆山开发区获批国家级开发区，从而获得中央对开发区的一系列政策支持。具体如下：第一，国家开发区的企业所得税从24%降至15%。第二，享受"两免三减半"政策。第三，享受外汇留成优惠，创汇可以全留，而一般开放地区只有25%的留成率。第四，开发区前5年可以不上缴财政收入。第五，在开发区之外生产的加工品进入开发区之后增值20%，便可以视为开发区的产品并享有出口产

---

[1] 摘自：吴克铨，等. 唯实、扬长、奋斗："昆山之路"的发展历程及现实意义 [M]. 苏州：古吴轩出版社，2005：134.

品100%的外汇留成。第六，开发区享有一定的固定资产投资的配额①。2000年，昆山获批国家级出口加工区，区内企业开始享受境内关外的特殊税收优惠政策，如免税、出口退税、外汇留成等政策内容。

国家级园区尺度重构赋予昆山政府的一系列发展权限，帮助昆山形成了与周边地区的政策优势，并极大地促进了昆山电子信息制造业的集聚发展与规模扩张。经典的东亚发展型国家理论讨论了中央政府的产业政策对于产业发展的促进作用，亦即借助政策扭曲市场价格（Getting price wrong），增强主导产业的市场竞争优势。发展型国家理论假设政府主体具备自主性，亦即国家自主性假设，但这一假设并不适用于中国的地方政府。地方政府自然有一定的自主权限来制定地方性的产业政策，但这受限于该地区的行政级别和财政能力。更何况，论地区的行政级别与财政能力，昆山并不优于周边县市，更不及地级市。昆山的政策优势是内生的，是借助尺度重构获取的国家（当然也包含上级省市政府）政策支持与发展权限下放。在20世纪90年代至2000年初期，昆山的电子信息制造业发展与经济追赶，充分体现了借助园区尺度重构增强发展权限的重要推动作用。

2005年，昆山晋升为全国百强县之首，此后仍然热衷于推动发展权限的扩增。例如，2010年昆山获批国家级高新区，并于2014年加入苏南国家自主创新示范区，获得了一系列的创新政策优惠。例如，高新区内不仅可以进行创新政策的先行先试，同时在财税政策上也获得一系列优惠，如表4-2所示。再如，2014年昆山高新区加入苏南自创区之后，"省里也

---

① 上述政策优惠整理自：吴克铨向费老和张绪武副省长汇报工作时的谈话纪要，1989年10月20日。吴克铨，等. 唯实、扬长、奋斗："昆山之路"的发展历程及现实意义 [M]. 苏州：古吴轩出版社，2005：216-217.

有奖补资金，我们连续拿了3年，每年3个亿。其中，我们第一年拿1800多万（元），第二年（拿）2100万（元），第三年（拿）2350万（元）"①。

表4-2 高新技术企业的国家财税优惠政策

政策对象	政策内容	审批部门
国家级高新技术企业	企业所得税15%	科技部
国家级企业技术中心	设备进口享受免税政策	国家发改委
国家级"首台套"装备企业	奖励500万元	工信部

资料来源：根据昆山市经信委访谈整理。

2013年，国务院批复设立昆山深化两岸产业合作试验区②，进一步将政策优惠延伸至国家级产业园区之外。按照规划，昆山试验区包含国家级昆山经开区、昆山高新区、昆山综合保税区和省级花桥经济开发区，以及规划建设的海峡两岸（昆山）商贸示范区。在空间尺度上，昆山试验区几乎覆盖了昆山的大部分地区。这意味着，昆山试验区所能享受到的优惠政策几乎适用于昆山全境（于2020年正式扩容至全市），这在很大程度上克服了昆山县级行政级别的限制。

"部省际联席会议"制度，是昆山试验区尺度重构的核心政策内容，极大增强了昆山政府推动产业转型升级的发展权限。其运作框架如图4-1所示，借助该制度，每年召开一次由国家发改委牵头各相关中央部委以及江苏省和苏州市的部省际联席会议。正式会议前，昆山各职能部门通过内部研拟、企业座谈以及专家学者献策等途径，广泛搜集政策需求，向中央部委提交本年度的政策需求主题，最终在每年

---

① 昆山市高新区管委会访谈，2019年9月19日。
② 《国务院关于同意设立昆山深化两岸产业合作试验区的批复》（国函〔2013〕21号）。

逆袭的技艺：地方政府与中国经济奇迹

召开的联席会议上获得相关中央部委和上级省市政府的专项政策支持。从调研中得知，"每年由昆山台资企业提出诉求，或请专家提出一些政策建议，或参照上海自贸区等特殊功能区的政策创新，再运用到昆山"①，借助这项特殊制度，昆山得以获得持续性的"政策输血"。自2013年以来，借助部省际联席会议所获的发展权限如表4-3所示。

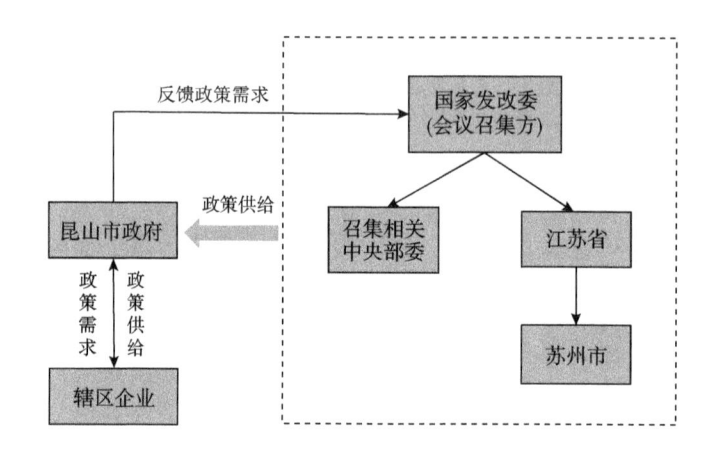

图 4-1　基于昆山试验区的"部省际联席会议"制度

表 4-3　昆山试验区部省际联席会议的政策产出

政策领域	代表性的发展权限下放
金融政策	允许新设1家两岸合资全牌照证券公司（2013）；允许台资企业向台湾银行机构借用人民币（2014）；支持符合条件的主体设立（升格）银行、证券、保险、金融租赁、财务公司等法人机构及分支机构等（2014）；支持将跨境人民币借款的主体由台资企业拓展到区内所有企业和项目（2015）；设立两岸产业合作基金（2016）；支持将昆山纳入新一批投贷联动试点范围（2016）；设立两岸金融创新合作综合改革试验区（2017）；支持昆山开展跨境人民币创新业务（2017）；支持设立两岸合作银行和两岸合作基金管理公司（2017）；开展合格境内投资企业（QDIE）试点（2018）

---

① 昆山市发改委访谈，2016年6月18日。

续表

政策领域	代表性的发展权限下放
贸易政策	推进昆山综保区进行全球检测维修业务试点（2013）；支持复制推广上海自贸区海关监管创新制度（2014）；在昆山综保区开展增值税一般纳税人资格试点（2015）；支持开展合格境外有限合伙人试点（2016）；保税服务贸易创新试点（2018）；进口贸易促进创新示范区（2019）；线上审核跨境人民币结算电子单证业务（2019）
科技政策	支持建设对台科技合作与交流基地（2016）
人才政策	设立两岸人才合作试验区（2013）；支持开展两岸职业资格互认试点（2013）；支持符合条件的台商投资的高职院校创建本科（2017）
社会政策	开展（台胞与本地居民）"同城待遇"试点（2018）
地方立法	支持昆山试验区立法（2018）

资料来源：整理自昆山发改委调研所获材料"昆山深化两岸产业合作试验区五年来建设情况汇报"，2018年5月17日。2018年和2019年资料整理自《昆山日报》。

部省际联席会议制度是基于传统部际联席会议制度基础之上的一种多层级治理创新，被中央政府用于支持特定国家级试验区的放权实践中。截至目前，全国仅有昆山试验区与浙江舟山群岛新区获批该制度（均为2013年设立），并以国办发文予以制度化确认，明确召集单位（发改委）、成员单位（相关中央部委和省政府）、设立联席会议办公室，明确运行规则。但与舟山新区不同，昆山试验区的部省际联席会议制度首次创设了从中央到县级行政层级的"政策直通车"，定向为昆山试验区提供政策支持，本质上是一次中央行政分权渠道的空间重构。这种纵跨三级的府际合作，截至目前全国仅此一例，不仅在当代中国的央县互动中具有着重要的标志性意义，同时在实践中帮助昆山极大地克服了县级行政权限的掣肘，开启了中国地方政府扩权的一种新模式①。

借助部省际联席会议制度，昆山政府获得了持续的区域政策创新与地方行政权限扩增。截至2022年3月，昆山试验区连续召开9次部省际联席会议，会议成员单位已增加至24个，累计获得中央部委和省政府下放的134项政策权限②。这在一定程度上克服了昆山行政级别不足的困境，助推台资企业转型升级与本土民营企业自主创新。例如，借助获批的"台资企业集团内部双向借贷"政策，台资企业可以通过台湾岛内的集团公司内部之间进行借贷。同时，该政策还可以帮助回流在岛内的人民币，且帮助昆山成为两岸人民币流动的金融节点③。据官方估算，该政策实施3年，共帮助台资企业融资近200亿元人民币，其中从岛内借款约130亿～140亿元④。再如，昆山综保区开展增值税一般纳税人资格试点，解决了台资企业出口转内销的重复征税问题，进而帮助台资企业更好地开辟大陆市场并建立和发展自有品牌，提升产业附加值。

总而言之，发展权限扩增效应，本质上是为了增强地方政府在推动产业发展中克服市场失灵的行政能力。区域产业的良好发展，离不开良

---

① 叶志鹏. 上下互动式扩权：内生型经济发展中的地方政府行为逻辑：对昆山经济发展的长时段考察［J］. 公共管理学报，2022，19（3）：84-95+171. YE, Z, WU W. Attracting the remote emperor's attention: local policy entrepreneurship in China's policy experimentation under hierarchy［J］. Journal of Asian Public Policy, 2022, 1-19. doi.org/10.1080/17516234.2022.2083930. 赵子龙，吴维旭，黄斯嫄. 部省际联席会议的运行机制及其制度化逻辑：基于昆山深化两岸产业合作试验区的案例分析［J］. 公共行政评论，2023，16（1）：70-87+198.

② 参见：昆山市发展和改革委员会."昆山深化两岸产业合作试验区政策举措宣讲会"，［2022-03-08］. http://www.ks.gov.cn/kss/bmdt/xwdt_dwdt.shtml.

③ 昆山市发改委访谈，2016年6月18日。

④ 昆山市经开区管委会访谈，2016年6月20日。

第四章 地方政府发展能力的施展：以尺度重构为舞台

好的区域制度环境，但地方政府在优化区域制度环境，克服产业发展中的市场失灵问题，均需要以一定的发展权限为前提。地方政府在中国的渐进式制度变迁过程中扮演着制度企业家的角色，而这一角色在产业发展领域中的体现恰是借助尺度重构来完成的。尺度重构是地方政府自我赋能（发展权限）的重要途径，尤其是对处于经济落后地位的地区而言更是如此。如果说发展场域扩增效应是为了更好地发挥市场机制的作用，那么发展权限扩增效应便是更好地发挥地方政府的"援助之手"。

当然，借助尺度重构获得的发展权限对于区域产业发展而言固然重要，但也并非没有限制。不同的空间尺度重构具有着不同的政策目标导向，也对不同的产业类型产生异质性影响。正如第三章案例研究所表明的，昆山的电子信息制造业作为主导产业的崛起及其规模急剧扩张，与两项国家级园区尺度重构及其发展权限扩增效应密切相关，并助推昆山实现对周边县市的经济赶超。然而，诸如国家级高新区对于高科技产业（如生物医药、机器人产业等）的推动效果如何？以及昆山试验区对于台资企业转型升级和本土民营企业自主创新能力的提升效果如何？均需要进行深入的考察和分析才能作判断。一个不难理解的情形是，即使昆山推动了各类园区尺度重构，其发展权限也无法与诸如南京、杭州这类具有副省级行政权限的省会城市相提并论，更遑论与享受国家政策倾斜支持的深圳特区与浦东新区进行比较。换言之，各类尺度重构的发展权限扩增效应有所不同，且在中国的行政资源纵向分配体制下面临着"玻璃天花板效应"（Glass ceiling effect）[1]。

---

[1] COTTER D A, HERMSEN J M, OVADIA S, et al. The glass ceiling effect [J]. Social forces, 2001, 80 (2): 655-681.

附着于尺度重构的发展权限对于区域产业发展的促进作用，还依赖于一系列的地方制度因素，本章的后续内容将对该议题作进一步的深入讨论。

三、依托尺度重构施展的政府发展能力要素

如前文所述，地方政府借助尺度重构来施展其发展能力，进而加快区域产业的集聚发展。然而，这种发展能力究竟由哪些要素构成？显然，尺度重构本身不是推动区域产业发展和实现经济追赶的"万能药"。再者，国家级经开区和高新区在全国均已超过200家，但其产业发展成效也是千差万别。基于昆山案例研究，本书将决定尺度重构有效性的政府发展能力归纳为如下两类：一是稀缺要素集聚能力；二是营商环境构建能力，两种能力共同构成了科斯所指出的"中国地方政府填补（生产要素）组织真空"的发展能力施展。

（一）稀缺要素集聚能力

在第三章第五节内容中，已经对"昆山经济奇迹"背后的地方政府角色进行初探，发现昆山地方政府能够充分地将地区潜在比较优势转化为实际比较优势，巧用"看得见的手"来组织协调各类生产要素资源在辖区内的优化配置。尤其是对于一些稀缺要素资源，难以通过市场机制自发地跨区域流动至昆山，地方政府可充分利用空间尺度重构，发挥其对于这些稀缺要素的集聚能力。

其一，昆山地方政府借助园区尺度重构来施展其对创新人才的集聚与利用的发展能力。如第三章的案例研究内容所述，昆山在20世纪80年代通过与上海和"大三线"地区的国营厂发展横向联营，促进了电子产业在开发区内的集聚，并为日后的高新技术产业发展奠定了基础。关键的问题在于，人才流动在80年代受制于各地区的户籍制度，那么昆山电子产业所需的技术人才是从何而来的呢？背后是昆山地方政府积极有为的努力，借助落户政策创新从中西部"大三线"地区吸引了大量技术骨干，这为日后昆山的产业结构从轻纺工业向电子信息制造业转型升级奠定了重要基础。

其二，昆山地方政府借助园区尺度重构，来施展其在获取与集聚先进技术上的发展能力。在工业化起步阶段，昆山选择了颇具特色的产业发展模式和技术获取模式。例如，与东莞的"三来一补"外资引进模式不同，昆山通过横向经济联合来获取国营厂和外资企业的技术溢出效应。通过与"大三线"地区的国营厂联营，昆山获得了当时国内最为先进的技术设备，超过了周边的经济先发县市。通过与上海、"大三线"地区国营厂的横向经济联合，获得了最先进的设备和技术，进而为电子信息产业的发展打下了坚实的基础。换言之，如果没有这些先进技术的获取与积累，将难以吸引到第一家IT台资企业，以及后来源源不断的IT台资企业集聚。对此，一些有影响的昆山经济研究者曾强调说："昆山利用外资的历史，有两个东西要讲清楚：一是电子产业怎么来的，没有'三线'电子工厂落户不会引来仁宝电脑，没有仁宝电脑带头不会集聚那么多电子企业。二是怎么会形成台资企业集聚区，第一个台资企业怎么来的，偶然背后有必然性，很重要的是靠具体操作者的共同努力。"①

其三，昆山地方政府借助园区尺度重构施展其在工业用地的盘活、储备与更新上的发展能力。20世纪80年代的昆山，理论上拥有充裕的工业用地资源，但这并不意味着土地要素可与资本要素自由结合。产权因素是个重要壁垒。给定城镇土地国有的制度背景，昆山欲吸引外资企业落户投资，则必然面临着如何获取工业用地指标，以及如何将国有土地转让给外资企业的问题。为吸引外商直接投资，昆山地方政府开江苏省内之先河，在昆山开发区内率先探索国有土地有偿出让制度。基于国有土地出让制度创新的工业用地盘活，助力昆山开发区获得国批之后迅速成为外商独资企业集聚地。但随着外资企业不断集聚，加之国土部对工业用地指标的控制与管理，昆山也面临着工业用地资源稀缺的问题。昆山的策略是，利用开发区提前储备大量工业用地，以备未来之需。进入产业转型升级阶段之后，工业用地资源稀缺的问题进一步凸显。昆山开发区便尝试利用各类办法进行存量优化，提升亩产税收。

其四，昆山地方政府借助园区尺度重构施展其在外商资本集聚上的发展能力。这主要得益于昆山政府在开发区由发展中外合资项目转向引进外商独资企业。20世纪80年代，在横向经济联合战略指导下，昆山开发区主要吸引中外合资项目。其缺陷在于，昆山地方政府必须要在每个中外合资项目中占股50%以上。这意味着，中外合资项目的引进受限于昆山地方政府的财政能力。1992年之后，为扩大外资引进

---

① 钟永一，张树成. 见证中国第一个自费开发区：宣炳龙印象[M]. 南京：江苏人民出版社，2009：52.

规模，昆山开发区尝试转而引进外商独资项目。实践证明，昆山地方政府的战略决策是富有远见的。此后，仁宝、统一、六和、禧玛诺等一批中国台湾地区和日本的大型企业向昆山开发区内集聚，解决了工业化进程中的资本不足问题。

总而言之，依托于各类园区尺度重构，昆山地方政府进一步施展了其在集聚人力资本、技术、工业用地，以及外商资本上的发展能力。在这过程中，昆山地方政府尝试了一系列的地方政策创新，亦即如前文所述的政策创新能力，进而为其园区内的企业发展创设更好的投资环境，降低生产和交易成本，进而促进产业空间集聚。

（二）营商环境构建能力

长期以来，昆山都是招商引资工作中的标兵和服务型地方政府的代名词。这种"昆山优势"由何而来？一方面，昆山的园区尺度重构，通过发展场域扩增效应和发展权限扩增效应，在园区尺度范围内塑造了良好的投资和营商环境，从而降低了入驻企业的生产与交易成本。另一方面，昆山地方政府在园区尺度范围内构建和优化营商环境的努力，也同样是昆山地方政府发展能力的重要体现。这也就解释了，为何全国大量地方政府纷纷从昆山"取经"，甚至在本辖区内成功推动了尺度重构，也难以真正学到昆山经验中的"精髓"。

昆山地方政府借助尺度重构施展其营商环境的构建能力，首要表现在对地方官僚体系的内部激励，以及凝聚地方发展共识上。发展型国家理论在对日本、韩国以及中国台湾地区的发展经验总结中，突出强调了凝聚发展共识的重要性①。在经济学中，这涉及激励一致性的问题，亦即发展共识有助于构筑一套激励兼容的制度体系。对于从农业经济转向工业经济的昆山而言，发展共识的凝聚尤其重要，也是昆山早期发展面临的重要障碍之一。吴克铨曾多次谈及这一问题："我们在老体制的汪洋大海包围之中，要走出自己的路来很不容易；而且我们自己也是从老体制中走出来的，或多或少会带上不少老的观念、老的办法，客观上还有不少人不理解。"②"（我们要）统一思想认识。针对横向联营中普遍存在的'怕吃亏上当''怕肥水外流'的思想，运用成功典型，进行教育疏导，正确处理眼前利益与长远利益、局部利益与整体利益、经济效益与社会效益的关系，增强自觉性，提高积极性。"③

昆山地方政府推动自费开发区尺度重构的首要难题之一，即如何尽快凝聚地方发展共识。吴克铨谈道："尽管搞工业区是经过县委县政府人大政协一致认同的，但是实际建设过程中仍然阻力重重。例如，一些人认为搞工业区，是好大喜功，耗巨资，是为某人升官，不顾群众疾苦；也有人认为这是自不量力，财政这么困难……也有人认为搞工业区的决策不会成功，是'癞蛤蟆想吃天鹅肉'……有些人则认为这是一条漫长的道路，因此，马路根本不需要那么宽……有的总认为这不是一条正道，特别是办外商独资企业更是不能接受，一有机会就

---

① AMSDEN A H, CHU W. Beyond late development: Taiwan's upgrading policies [M]. MIT Press, 2003. EVANS P B. Embedded autonomy: States and industrial transformation [M]. Princeton University Press, 1995. 瞿宛文. 台湾战后经济发展的源起：后进发展的为何与如何 [M]. 台湾：联经出版社, 2017.

② 吴克铨，"坚持实事求是，搞好园区建设"，1996 年在苏州工业园区全体干部学习学会上的发言。

③ 吴克铨，昆山县人民政府工作"不断更新观念，加快经济发展"的报告，1987 年 4 月 2 日。

第四章　地方政府发展能力的施展：以尺度重构为舞台

要横加指责，担心昆山成为外国和上海的'殖民地'……"①

激励机制设计，是凝聚地方发展共识的重要途径之一。例如，20世纪80年代中期，吴克铨在昆山开发区内制定了"两定三包一奖"责任制，以调动各级干部的积极性和加快推进项目落地建设。所谓"两定"，是指定筹建领导班子，确定项目竣工时间；"三包"是指包资金筹集，包物资供应，包供电及时；"一奖"是指对提前和按期完成项目的进行奖励。实际上，类似的激励机制设计一直贯穿整个昆山的发展过程中。例如，昆山开发区历来注重对招商引资工作的绩效奖励。事实证明，激励机制的设计是十分有效的。在1987年时任国家领导人视察昆山之后，1988年《人民日报》连发"三评"引介和解读"昆山模式"，标志着昆山的产业发展模式得到了国家层面的肯定。昆山自费建设开发区的精神受到鼓励，进而促使"昆山之路"闻名全国。地方发展共识正是在上述的激励机制设计、中央肯定，以及媒体宣传的途径下得以凝聚和巩固的。到了20世纪90年代，昆山地方政府进一步提出了"昆山就是开发区，开发区就是昆山"的发展理念并一直延续至今，成为昆山地方发展共识的最有力体现。

但"昆山经验"中更为核心的内容，在于地方政府借助一系列行政管理组织创新，提升政府效率和区域营商"软"环境。受限于昆山的地方财政能力，相较于其他国批开发区而言，昆山开发区在硬件设施上较为薄弱，这便促使昆山地方政府努力打造软性服务环境。20世纪90年代，昆山地方政府便提出"硬件不足软件补，政策不足服务补"的发展理念，并积极营造"零障碍、低成本、高效率"的投资创

---

① 吴克铨，"初创阶段的昆山经济技术开发区"，2002年9月22日。

业环境,而昆山"亲商,富商,安商"的理念也在外资企业中积累了一定声誉①。针对外资企业,昆山地方政府通过一系列政策创新来稳定其投资信心。例如,定期举办日本企业联谊会、韩国企业联谊会,随时了解企业的生产经营状况,及时为企业排忧解难,得到了日韩企业的一致好评②。在国家整体营商环境渐进提升的发展阶段,地方政府主导区域营商环境的优化显得尤为必要。吴克铨也曾谈及这一必要性,他将地方政府改善营商环境的努力概括为"微观搞活":"在与国内外客商的交往中,外国客商常常流露出对我国部门林立、办事拖拉以及建设进度缓慢不满……作为一个县来说,有许多因素是自己无法控制或者说无法改变的,但也不妨碍'微观搞活'。"③

自20世纪80年代开始,昆山便在开发区内尝试进行一系列的行政管理组织创新,以适应招商引资的需求。例如,1985年1月,昆山成立工业新区领导小组,吴克铨任组长,下设指挥部,明确工业新区的开发由指挥部统一规划、统一管理、统一办理土地征用、统一筹集资金、统一安排建筑物等。这一指挥部体制的建立,有助于各类行政事务的协调,提高了办事效率。此外,开发区内还设立外商投资服务中心,实行联合办公制度,采取立项、审批、发批准书、工商登记一条龙服务④。按照该制度,由分管县长定期召开会议,能解决的当场

---

① "昆山以开放打造中国百强之首"[N].人民日报,2008-10-16。
② "敢为人先才能创造'第一'"[N].昆山日报,2018-10-22。
③ 吴克铨,应全国贫困地区干部培训中心邀约在无锡的讲稿,1988年9月24日。
④ 吴克铨."昆山经济技术开发区的回顾与展望"[N].江苏通讯,1990.14.

第四章 地方政府发展能力的施展：以尺度重构为舞台

拍板，一般投资1000万元的项目一年就建成投产①。昆山第一家中外合资企业的落户，充分体现了昆山极高的政府运作效率。一位退休干部讲述了这个故事："当时第一家是日本企业，山浩先生，他搞一个苏旺你公司，要到苏州办厂。当初是苏州计划委员会的一个科长和一个银行副行长参加苏州的一个会议，听到消息说日本人要到苏州找地方办厂。得到消息后，吴克铨马上到苏州，苏州说昆山没条件啊，他们不愿意来。好说歹说，让他们来考察，苏州的计划委员会同意山浩先生也到昆山考察，没想到一考察，山浩先生说你们昆山好。后来我们保证，你的工厂我半年时间计划投产，他死也不相信怎么速度那么快，那么我们保证，马上搞，搞了以后，他第二次考察昆山，厂已经建起来了，他很震惊，决定拍板定下来，投资150万美金。这个厂成功了，当年投产，效益很好，他搞中高端的皮手套，都出口到美国，很好的，成功了。"②

2000年昆山开发区内成立的"马上办"，则是昆山建设软环境的极致体现。这一带有特殊使命的机构成立于2006年，时值台资经济已成为昆山的主导产业，因而为台资企业和台商提供更为便利的服务显得尤为必要。当时负责"马上办"成立且长期任其领导职务的一位地方干部介绍了该机构的运行机制和重要意义："曹书记（任职昆山）的时候，一定就叫我做出来。之前搞了一个投诉中心，台商觉得名字不好，容易造成误会，所以成立了一个'马上办'。第一年8月开始，处理100多件（台商服务）；第二年，300多件。我们（马上办）针对台

---

① 吴克铨，应全国贫困地区干部培训中心邀约在无锡的讲稿，1988年9月24日。

② 昆山市老促会领导访谈，2019年9月20日。

资，投诉中心针对所有企业；我们只有4个人（的人员配置），他们有七八个人。那时候千奇百怪，什么事情都有，包括酒驾事情，什么都有……包括往生，我们都去殡仪馆协调。例如，台湾媳妇怀孕了，明天要生了，台胞证没有，马上打电话去协调……精神家园建设也很重要。新的台商过来，对我们的服务和环境都不清楚，我们指点一下，他们都很开心。少走弯路。我那时候手机24小时开通，凌晨一两点接电话。"①

从理论上看，"马上办"不仅代表着昆山地方政府依托开发区优化区域营商软环境的努力，这一机构的历史变迁也折射出中国宏观制度变迁与区域制度环境之间的关系。随着中国整体营商环境的改善，地方政府在优化区域营商环境上的空间也在逐渐减小。到2014年，"马上办"被撤销。就改善区域营商环境而言，该机构的确已失去意义，如昆山台协会一位与谈人所言，"例如，我们服务企业，缺一份材料，（以前）可以补上去；现在不行，程序不行，环境没有以前宽松"②。"'马上办'，在制度和条例不明确时，能够解决企业很多问题。"③

昆山地方政府在优化区域营商"软环境"上的努力，还体现在推动一系列的营商服务理念创新。开发区作为昆山经济发展的政策试验田，自成立之初便开展了一系列的营商服务理念创新和政策创新，成为全国各县市学习和仿效的对象。笔者将40年来依托昆山园区所展开的、具有代表性的各类营商服务理念和政策进行梳理，如表4-4和表4-5所示。

---

① 昆山市高新区管委会访谈，2019年9月19日。
② 昆山市高新区管委会访谈，2019年9月19日。
③ 昆山市台协会访谈，2019年9月18日。

第四章　地方政府发展能力的施展：以尺度重构为舞台

表4-4　昆山的代表性区域营商服务理念列表

时间	区域营商服务理念
1985	人人都是投资环境；把招商寓于服务；外商投资我服务，外商发财我发展
1998	对外资企业服务不说"不"，只说"怎么做"
1999	诚信服务、规范行政、降本增效
2000	亲商富商安商
2003	零障碍、低成本、高效率
2004	全过程、专业化、高绩效，服务民企就是服务经济
2006	敢于为创新担风险、勇于为发展尽责任、甘于为基层做奉献
2008	敢于负责、敢于突破、敢于争取
2021	敢于争第一，勇于创唯一

资料来源：作者整理。

表4-5　昆山的区域营商服务政策列表

时间	区域营商服务政策
1985	建立"三个服务体系"（一是外商投资审批时的一条龙服务；二是项目建设过程中的全方位服务；三是企业开工投产后的经常性服务）
1996	建立外资企业服务中心
2000	开发区成立"马上办"，实行"首问负责制、两问终结制"，做到"件件有回复，事事有着落"
2008	出台"28条"［《关于推进台资企业转型升级的若干意见》（试行）］
2012	出台"新28条"（《关于进一步推进台资企业转型升级的若干意见》）
2019	出台昆山"68条"

资料来源：作者整理。

"硬件不足软件补"，从吴克铨开始，昆山的历任领导都将营造良好的营商软环境视为园区发展的"生命线"，这充分凸显出其在吸引外商投资、降低交易成本上的重要作用。尤其是在昆山开发区的早期发展阶段，投资环境是政府工作中的重中之重。吴克铨谈道："昆山县委、县政府广泛动员，要求做到'人人都是投资环境'，人人可以介绍投资项目，不怕十谈九空，就怕不谈全部落空。例如，当时昆山和航天部风华冰箱厂搞联营，就是有一名昆山职工在火车上和对方谈起，向有关部门做了汇报，县领导闻讯后就上门去谈成的；昆山创办的第一家中外合资企业——苏旺你，就是由计委一名干部和工行一名副行长在苏州开会时，偶然听到有位日本客商在苏州寻找合作伙伴，会后向县领导汇报，经过多次艰苦洽谈才成功的。"①

而良好的投资环境，帮助昆山树立了"口碑效应"。"到了昆山像到了家"的投资印象在企业家群体中口口相传，企业间网络迅速在开发区内形成产业集聚。例如，1985年5月，江西897厂与昆山联营创办了万平（昆山）电子实业有限公司，由于双方诚信合作，一个"万"字号企业，发展为8个"万"字号企业，其中内联企业4家，中外合资企业4家。1989年，第一家台资企业顺昌纺织有限公司首先落户开发区，接着就有顺隆、顺丰、顺发等一串"顺"字号台资企业先后诞生，"亲朋链"的巨大效应，引发了产业链集群效应。②

昆山地方政府优化区域营商环境的努力在延续中不断发展，并逐渐内嵌至昆山的整个官僚体系之中，由此形成的区域软实力并不易于其他地区仿效与移植。按照宣炳龙的说法，外商对昆山开发区的投资

---

① 吴克铨，等．唯实、扬长、奋斗："昆山之路"的发展历程及现实意义［M］．苏州：古吴轩出版社，2005：自序。

② 吴克铨，等．唯实、扬长、奋斗："昆山之路"的发展历程及现实意义［M］．苏州：古吴轩出版社，2005：自序。

第四章　地方政府发展能力的施展：以尺度重构为舞台

软环境的评价是"服务优质，办事高效"①，但即使是周边县市，也很难学到其中的"精髓"。一位退休老干部谈道："他们（周边县市）也来学的。他们因为土地批租便宜，来了，像某地，开始的土地基本上1万（元）一亩地，想把昆山的外商吸引过去。吸引不过去的啊。要配套，到你那里不配套去干什么。第二个，你的政策不符合，怕吃不消。企业家很理智的啊，不贪小利，（不是）便宜就去弄。要靠信用服务，服务周不周到？能不能解决问题？台商提出来，我们要用工问题，怎么办？看它（公司）死啊？郭台铭要几万员工啊。我们劳动局（人社局），专门做这事情，到外面去招工，湖南、四川啊，通过当地劳动局来组织，（需要）多少人，什么文化程度，他们劳动局去弄。企业有困难，真心帮助他解决问题，他（企业）有感觉的。郭台铭到这里很顺利，劳动力解决了，电解决了。缺人，到人才市场招。办企业，要方方面面去服务，这是很重要很重要的事情，要诚心服务，不是嘴上讲。人都一个样子的。你对我好，他也会对我好。"②

昆山的营商环境软实力，显著优于周边地区，而这正彰显出地方制度因素在促进区域产业发展中的重要作用。在对昆山经开区的访谈中得知，当初沪士电子在比较多个地方（包括上海）的投资环境和政府运作效率之后，最终决定落户昆山，成为开发区历史上第一家大型台资企业。昆山经开区的招商负责人讲述了这个故事："例如，（开发区的）第一家台资企业，沪士电子是18只螃蟹引进来的。当时他们是去上海的，跑了一个多月，几十个图章才盖了1/3，他们老总抱怨为

---

① 宣炳龙自述。摘自：钟永一，张树成．见证中国第一个自费开发区——宣炳龙印象［M］．南京：江苏人民出版社，2009：90．
② 昆山市老促会领导访谈，2019年9月20日。

何这么慢,想约上海分管的领导见面,结果约不到。当时正好10月,我们招商人员知道消息后,请他们到昆山来吃螃蟹。我们当时的昆山领导过去。走的时候每个人一包螃蟹,送到飞机上。老板很感动。和上海对比,一个礼拜没见着,而这边完全不一样,昆山很亲民。所以当时就决定投资,项目转到昆山。过去算是比较大的项目,决定投资300万(元),我们不到一星期就把程序全部办完了。所以他们觉得昆山办事效率真的高,据说晚上12点打电话给书记说300万元不做了。书记一听,心里拔凉,冒着风险去办程序的,后来我们这边说没关系,生意不成友情在;后来他说,300万(元)不做,我们做3000万(元)的。后来,(我们)又吸引到了樱花、捷安特、统一等(企业),台湾人扎堆(来昆山开发区)。我们引进仁宝时,就请沪士电子(的人)一起来吃饭接待,让他们现身说法。投资嘛,生产生活,以及政府服务,综合比对,(最终)选择我们开发区。"[1]

直到目前,昆山的营商环境仍为外资所称赞,尤其是台资企业。一个直接的证据便是,在台湾"电电公会"关于大陆地区投资环境与风险评估中,截至2018年,昆山已有7次荣登中国大陆城市榜首[2]。可以说,昆山已然把优化营商环境做到了极致,以至于当国家层面大幅优化营商环境制度之前,昆山已经提前"透支"了地方层面的制度优化空间。例如,近来为了响应国台办出台服务台胞的"31条"政策,昆山相应制定了"68条",但当地干部说,"其实昆山大部分已经做到了,私下已经操作,但没有放到台面上。比如台商子女就学,我

---

[1] 昆山市经开区管委会访谈,2019年9月19日。
[2] 数据来源:2019年昆山市人民政府工作报告,链接:http://www.ahm-hxc.com/gongzuobaogao/14191.html.

第四章 地方政府发展能力的施展：以尺度重构为舞台

们昆山 2006 年就开始做了，百分百解决。我们把台资视作内资企业。总之，可以做的我们基本都做了。68 条就是对 31 条的扩充。基本上昆山之前都能做到"①。

由上可知，营商环境构建能力和稀缺资源集聚能力构成了昆山地方政府的强发展能力，是影响尺度重构发挥其有效性的关键调节变量。而恰是这两项政府发展能力的重要构成要素，在各地区之间存在着显著的异质性。例如，昆山地方政府在塑造营商环境中的"成功经验"不乏借鉴者和学习者，每年赴昆山考察的地方政府代表团"一波接一波"，但能成功的却寥寥无几。需要指出的是，进入 2000 年之后，各类国家级园区在全国各地区"遍地开花"，但为何其产业发展成效呈现出如此巨大的差异？为何昆山作为一个普通的县级市，其国家级园区便能取得如此突出的产业发展成效？例如，在 1990 年底，昆山自费开发区的产业发展成效，便已能够跻身于当时全国 14 个国家级经开区中并位列第三，仅次于广州开发区和上海闵行开发区。而进入 20 世纪 90 年代以后，尽管国家批复的经开区数量不断增长，但昆山经开区的全国排名仍然遥遥领先。即使到了 2018 年，昆山经开区仍然在全国 219 家国家级经开区中位列全国第五名，仅次于苏州工业园区、广州开发区、天津开发区，以及北京开发区。而在园区对外贸易的专项排名中，昆山开发区更是位居全国第二名，仅次于苏州工业园区。其中关键秘诀便是政府发展能力。当然，政府发展能力的强弱也随时间而变化，不同的地方领导人，不同的产业发展目标等因素，都将影响着政府发展能力所扮演的角色。

---

① 昆山市高新区管委会访谈，2019 年 9 月 19 日。

四、影响尺度重构有效性的地方结构性因素

昆山的单案例研究，揭示了地方政府借助尺度重构推动区域产业发展的重要作用。然而，尺度重构的经济效应存在限度吗？这背后涉及的是尺度重构有效性的决定因素问题。我们可以采取两种方法来帮助甄别这些决定因素：一是基于昆山案例内部的纵向比较，来考察尺度重构有效性的影响因素；二是利用"思维实验"来分析，如果剔除一些关键因素后，尺度重构的有效性将受到何种影响？除前文第三节内容所讨论的地方政府发展能力因素之外，本节内容进一步讨论下述两个地方结构性因素，简要分析其如何影响尺度重构促进昆山地方经济发展的有效性。

第一，地方区位因素。与周边县市相比，区位因素并不是帮助昆山实现经济逆袭的关键优势。然而，若与更广泛的地区进行比较，昆山邻近上海的区位优势无疑是一个关键因素，同时也是影响尺度重构发挥其经济效应的重要调节变量。例如，在20世纪80年代，昆山依托于自费开发区与上海和中西部"大三线"地区的国营厂实行横向经济联合，并在很大程度上得益于邻近上海的区位优势。尤其是对于"大三线"地区的国营厂而言，在昆山设立横向联营项目便意味着打开了上海这一最具诱惑力的庞大销售市场。进入90年代，昆山之所以能够借助国家级经开区大力发展外向型经济，与其邻近上海的区位优势（伴随着中央设立浦东新区）有着密不可分的关联。实际上，在昆山依托各类园区尺度重构实现经济逆袭的各个阶段，如果缺乏紧邻上海的

区位优势，昆山在积极拥抱经济全球化中的成就无疑将大打折扣。因此，不难想象的是，即使是推动了同一类型的尺度重构（如国家级经开区），其在昆山和中西部地区的县市之间，无疑将产生显著的产业发展成效差异。而这也解释了为何在国家级园区的排名中，中西部地区的园区往往排名较为靠后。

第二，地方产业结构。由于尺度重构本身所包括的异质性问题，例如不同的尺度重构类型，以及所包含的不同发展权限等，也暗含地揭示了其不同的有效性。例如，不同的园区尺度重构类型，便具有不同的产业发展目标指向和政策侧重。具体而言，国家级经开区的主要产业功能是吸引FDI，国家级高新区的主要产业功能是培育自主创新能力，而国家级出口加工区的主要产业功能是吸引出口导向型外资企业的空间集聚，等等。这在昆山的经济逆袭过程中体现得尤为明显。例如，昆山自费开发区有效地促进了轻纺业等本土企业的集聚，昆山国家级经开区则有效地促进了电子信息制造业等外向型经济的发展，昆山国家级出口加工区则有效地促进了笔记本电脑、数码相机等电子信息代工制造业的集聚发展。这主要是因为，不同的园区尺度重构具有不同的发展权限扩增效应，因而对应不同的产业结构和产业类型。这也意味着，尺度重构的有效性取决于特定的尺度重构类型是否契合特定的产业结构。运用"思维实验"可知，昆山自费开发区难以显著促进外向型经济发展，而昆山国家级经开区也难以显著促进国际代工产业的集聚发展。所谓"一个锅配一个盖"，不同的尺度重构类型带来不同的经济效应，而"找准"产业结构是发挥尺度重构有效性的关键。

五、机缘抑或努力？逆袭现象的竞争性解释

（一）对竞争性解释的讨论

昆山所实现的经济逆袭，究竟是机缘巧合的结果，抑或自身努力的产物？如同人生逆袭，对地区经济逆袭现象的成因透视，直接关涉到逆袭现象背后的一般性规律。倘若地区逆袭只是机缘巧合，那么"昆山经验"的借鉴价值将大为削减；而若相反，则意味着昆山经验背后的"人为努力元素"可为其他后发地区所学习。联系到区域产业发展的三种经典理论解释（如区位论、资源禀赋论、国家政策论），本书在文献综述部分已有较为详细的评述。本质上，无论是哪种假说，都暗含着地区经济逆袭"早已注定"的推论。为此，本节内容结合昆山案例分析，进一步讨论上述的"机缘巧合"假说是否成立。

首先是区位论与资源禀赋论。本质上，这两种假说的共同点均在于其所持有的自由主义立场。在经济发展学术史中，存在着两种截然不同的分析视角，一个是自由主义视角，另一个则是结构主义视角[①]。所谓结构主义视角，旨在强调在不同的发展阶段，产业的选择，以及政府与市场关系是不同的[②]。与此不同，自由主义视角则强调经济结构的同质性，以及政府干预的负面效应。但很显然，昆山的经济赶超并非来自地方政府的"自由放任"政策，而毋宁是地方政府积极有为

---

① 瞿宛文. 台湾战后经济发展的源起：后进发展的为何与如何 [M]. 台湾：联经出版社，2017.
② 林毅夫. 新结构经济学：重构发展经济学的框架 [J]. 经济学（季刊），2011，10（1）：1-32.

地推动空间尺度重构的结果。在体制转轨时期，尺度重构揭示了地方政府推动渐进式制度变迁的政治经济过程。

具体而言，区位论，尤其是经济学范式下假定空间均质的区位论面临着解释困境。这类解释认为，一个地区所取得的产业发展成效得益于其所具有的区位优势。本研究发现，区位优势尽管重要，但并非唯一的决定性因素，尤其是在生产要素跨地区流动受阻的经济改革初期阶段。地方政府的发展能力不仅可以更为有效地发挥区位优势，同时也可以在一定程度上弥补和改造区位劣势。区位论不仅无法解释昆山与周边县市（如太仓）的产业发展成效差异，更无法解释为何上海郊区县的产业发展成效无法与昆山相媲美。上海下辖的嘉定、青浦、宝山等地，理论上更具接收浦东新区作为区域经济增长极的空间溢出效应。究其根本在于，区位经济学与新经济地理学假定空间均质，且将区位条件简化为交通成本，而忽视了各地区的制度条件差异。昆山案例已经表明，地方政府的尺度重构努力帮助昆山发挥了其邻沪区位优势。而太仓、嘉定等地，因各种原因而未推动尺度重构，导致其虽具备区位条件却不具备区位优势。换言之，区位优势在一定程度上是地方政府发展行为的函数，且受到地方政府借助尺度重构进而降低生产和交易成本的影响。尤其是在处于经济转轨时期的制度条件下，地方政府的强发展能力有助于增强要素跨地区流动，促进区位优势的充分发挥。

与此同时，要素禀赋论同样忽视了要素资源跨地区流动的制度前提。尤其是仍然存在行政壁垒和市场分割的体制转轨时期，要素跨地区自由流动的假设并不成立。地方政府作为辖区产业发展的经营者，不仅有激励也有能力为辖区内产业集聚组织和各类要素资源。昆山案例表明，即使是在要素禀赋结构最不尽如人意的昆山，地方政府也能够借助尺度重构，通过发展横向经济联合来"借力升级"。资本、技术以及人才要素，昆山地方政府不仅从上海，甚至从最不具地理邻近性的中西部"大三线"地区集聚所得，并在短期内改善了地区要素禀赋结构。由此观之，新结构经济学假定了要素禀赋结构是一个内生过程，但忽视了地方政府所能进行的外生干预，亦即科斯所强调的生产要素组织者的积极角色。

综合上述两种竞争性解释可以发现，昆山案例并不支持新自由主义理论，亦即认为成功的产业发展来自摆脱政府干预的自由市场竞争。通过过程追踪分析发现，地方政府积极有为的区域政策创新行为，而非完全自由放任，有力地推动了区域产业发展。其中，最具有说服力的例子是在20世纪80年代初，如果不是昆山县政府积极拓展乡镇企业原材料供应和成品销售渠道，并且冒着政治风险自费创办开发区，昆山便难以在发展乡镇联营企业和吸引外商投资上有所作为。理论上看，新自由主义的解释框架假定了一种完善的法律与制度架构，但对处于由计划经济体制转型而来的中国而言，这一假设并不成立。地方政府需要在改善区域营商环境、渐进式地推动宏观制度变迁等方面发挥更为积极的作用[1]。正如白重恩等人所指出的，如果不将地方政府在改善局部制度环境上的积极角色纳入进来，我们就无法理解为何在

---

[1] 杨瑞龙. 我国制度变迁方式转换的三阶段论[J]. 经济研究，1998（1）：5-12.

第四章 地方政府发展能力的施展：以尺度重构为舞台

中国存在着极弱的制度环境和极佳的增长绩效并存的局面①。

作为第三种竞争性解释，国家政策论则忽视了地方政府在政策创新以及政策索取上的能力。发展型国家理论和新结构经济学均认为，有效的产业政策及其执行，是后发国家产业发展和经济追赶的重要原因之一②。但实际上，长期以来，昆山以及苏南地区均不享有特殊的国家政策照顾，甚至于苏州作为一个经济大市在行政层级上仍是个普通的地级市。已有理论忽视了地方政府在地方制度（区域政策）创设中的重要作用。对于昆山而言，仅有的国家政策（如获批国家级经开区、出口加工区等）也是地方政府努力的结果，是自费建设开发区获得突出成效的事后认可。而大量依托园区尺度重构的区域政策创新，均是地方政府施展其发展能力的体现，如财税优惠、土地出让、人才政策，以及闻名全国的区域营商服务政策等。昆山的发展经验表明，即使在缺乏国家政策照顾的情况下，地方政府仍然可以借助空间尺度重构，积极创设和优化区域制度环境。

本书基于过程追踪法的昆山案例研究，不仅有助于揭示尺度重构推动区域产业发展的作用机制，也有助于比较相关的竞争性解释。依

---

① BAI C E, HSIEH C T, SONG Z. Special deals with Chinese characteristics [R]. NBER Working Paper (No.25839), 2019. 白重恩，谢长泰，宋铮，等."特事特办"：中国经济增长的非正式制度基础 [J]. 比较，2021，112：138-156.

② AMSDEN A H, CHU W. Beyond late development: Taiwan's upgrading policies [M]. MIT Press, 2003. EVANS P B. Embedded autonomy: States and industrial transformation [M]. Princeton University Press, 1995. JOHNSON C. MITI and the Japanese miracle: The growth of industrial policy: 1925-1975 [M]. Stanford University Press, 1982.

据过程追踪法经典的四步检验法①，进一步对三类竞争性解释及本书所提出的新理论进行分析，如表4-6所示。

表4-6 基于过程追踪的因果推论与竞争性解释

竞争性解释	非充分非必要条件（风中稻草测试）	充分条件（冒烟手枪测试）	必要条件（环型测试）	充分必要条件（双重决定型测试）
区位优势论			√	
要素禀赋论		√		
国家政策论	√			
尺度重构论				√

首先，区位优势论通过了环型测试（即必要条件）。如果昆山不具备邻近上海的区位优势，便无法在外向型经济发展中实现快速追赶；然而，昆山的区位优势无法解释与其周边地区的发展成效差异，尤其是同时邻近上海的太仓。其次，要素禀赋论通过了冒烟手枪测试（即充分条件）。昆山在工业化起步阶段的劳动力与土地要素丰裕，促成了辖区内乡镇企业与上海和"大三线"地区国营企业的横向联营；然而，昆山的电子信息制造业（资本与技术密集型产业）的快速集聚则与其要素禀赋结构并不吻合，尤其是在20世纪90年代。最后，国家政策论只通过了风中稻草测试（非必要非充分条件）。昆山在20世纪80年代工业化起步阶段并没有获得国家的产业政策扶持，甚至中国在此阶段并没有引进和实践产业政策；而20世纪90年代以后，国家陆续在汽车产业等领域出台产业政策，但也与昆山的主导产业关联不大。而

---

① BENNETT A. Process Tracing and Causal Inference, in Henry Brady and David Collier, eds., Rethinking Social Inquiry [M]. Rowman and Littlefield, 2010.

第四章 地方政府发展能力的施展：以尺度重构为舞台

事实上，昆山的主导产业规模扩张得益于两项园区尺度重构，以及地方政府借助空间尺度重构所施展的各项发展能力。

(二) 理论机制的归纳

基于昆山案例的过程追踪分析，有助于厘清地方政府借助尺度重构促进区域产业发展的因果机制，如图 4-2 所示。本书发现，昆山初始的区位条件、资源禀赋以及区域制度并不足以自然转化为区域产业发展成效，也不足以解释昆山为何能够在激烈的区域竞争中脱颖而出。根本原因在于，昆山地方政府推动的园区尺度重构，借助制度变迁机制，通过发展场域扩增效应和发展权限扩增效应，推动了以电子信息制造业为主导产业的规模快速扩张，并实现了对周边地区的经济追赶。在这过程中，昆山地方政府借助尺度重构降低了产业空间集聚的生产与交易成本，加速发挥产业集聚的"滚雪球效应"（大中型企业的内部规模经济效应，产业链上下游空间集聚的外部规模经济，以及不同产业类别空间集聚的外部范围经济）。

当然，昆山作为后发地区实现经济追赶，也得益于一系列的宏观背景因素。其中，最为重要的无疑是 1992 年的邓小平"南方谈话"与中国对外开放的加速（当然也包含 1988 年制定的鼓励台商赴大陆投资的政策[①]），以及 2001 年中国加入世界贸易组织（WTO）与进一步扩大对外开放的国家战略。在这过程中，国际经贸体系的演变，尤其是国家产业分工体系的重塑和产业链模组化生产网络的形成，为昆山的

[①] 中华人民共和国国务院令（第 7 号），《国务院关于鼓励台湾同胞投资的规定》，国发〔1988〕41 号。

电子信息制造业的集聚发展和外向型经济模式的塑造创造了重要的外部机遇。与周边地区相比，昆山地方政府借助园区尺度重构，更为精准地把握住这些外部机遇，进而成功实现经济追赶与地区逆袭。

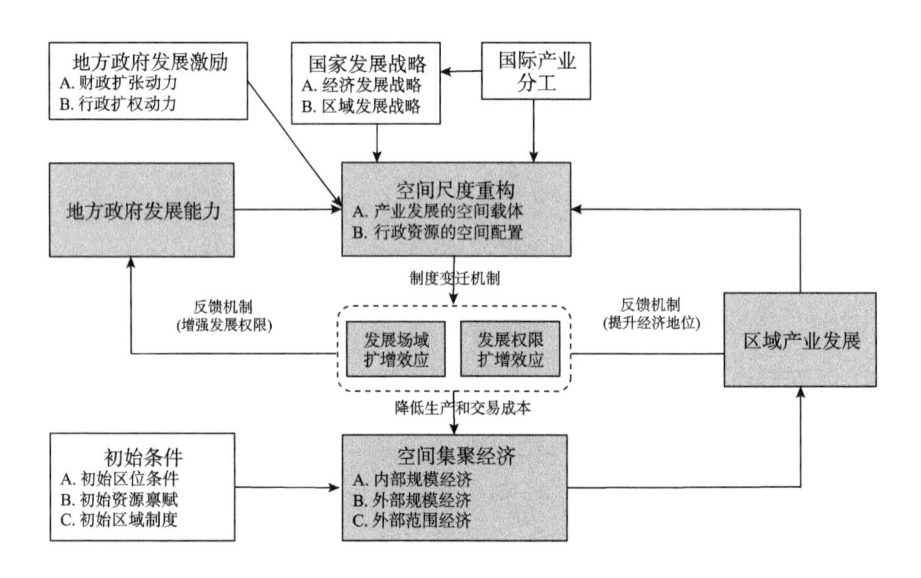

图 4-2 尺度重构推动区域产业发展的理论机制图

六、本章小结

纵观中国近 3000 个县域经济，昆山无疑是园区尺度重构和区域产业发展中的佼佼者。经济体制转轨和央地分权，为地方政府的尺度重构行为创设了制度背景。改革开放 40 多年来，地方政府推动的自下而上式尺度重构不仅担负着扩增发展场域、承载产业集聚的地理创设功能，同时也扮演着优化区域营商环境、推动宏观制度变迁的制度企业家角色。基于昆山案例研究发现，区域产业发展不仅是一个基于初始

第四章 地方政府发展能力的施展：以尺度重构为舞台

条件（区位和要素禀赋结构）的内生和自发过程，更是地方政府借助尺度重构改善地区初始条件，更好地发挥市场在空间资源配置中的作用，并加速产业集聚效应的制度变迁过程。在此过程中，地方政府得以帮助降低产业集聚的生产与交易成本，并增强了在克服各类市场失灵问题上的能力。换言之，通过尺度重构，地方政府得以将制度变迁的"势能"有计划地转化为产业发展的"动能"，进而加速推动区域产业发展。本章内容还揭示了尺度重构在推动产业空间集聚上的有效性，主要取决于地方政府的营商环境建构能力和稀缺要素集聚能力。在论证地方政府发展能力至关重要的基础之上，须进一步分析，地方政府的强发展能力究竟是如何形成与强化的？接下来的两章内容将分别通过地方政府的组织视角与地方官员的个体视角，探究地方政府发展能力的形成与演变机制。

第五章

地方政府发展能力的演变：地方政府的视角[1]

---

[1] 本章部分内容出自叶志鹏：《上下互动式扩权：内生型经济发展中的地方政府行为逻辑——对昆山经济发展的长时段考察》，《公共管理学报》2022年第3期。编入本书时有修订。

第五章　地方政府发展能力的演变：地方政府的视角

一、上下互动式扩权：能力演变的解释模型

本章从地方政府的组织视角来探讨地方政府发展能力的演变问题。本书前文已引入空间尺度重构来理解地方政府发展能力，实际上指出了在中国的制度情境下地方政府发展能力的重要来源——中央政府的选择性放权。换言之，地方政府发展能力增强的过程，同时也是一个地方扩权的过程，背后是央地互动关系的动态调适。只不过，地方扩权具有两种截然不同的方向，一种是外生于地方的、"自上而下式"授权，另一种则是内生的地方的、"自下而上式"获权。昆山即是典型的后者，"昆山经济奇迹"本质上是一种内生型经济发展模式。改革开放以来，昆山地方政府成功推动的是一种内生型经济发展，并持续获得中央政府的行政授权，进而造就了中国县域经济治理典范。

因此，理论上需要对昆山地方政府的持续扩权及其发展能力演变的动因机制进行分析。然而，已有理论对地方政府借助央地互动关系的扩权行为关注不足。长期以来，经济发展中的地方政府行为模式和逻辑广受学界关注，并涌现出一系列颇具影响力的理论创新。其中，主流的经济学理论解释遵循着"激励→行为"模型，假定地方政府推动经济发展的增长激励直接决定了增长绩效[1]。增长激励固然重要，

---

[1] MONTINOLA G, QIAN Y, WEINGAST B R. Federalism, Chinese style: The political basis for economic success in China [J]. World Politics, 1995, 48 (1): 50-81. XU C. The fundamental institutions of China's reforms and development [J]. Journal of Economic Literature, 2011, 49 (4): 1076-1151. 周黎安. 转型中的地方政府：官员激励与治理 [M]. 上海：上海人民出版社, 2008.

逆袭的技艺：地方政府与中国经济奇迹

然而普适于各地的增长激励不足以解释极具差异化的政府发展行为及其发展绩效。与此不同，以地方发展型政府①和"官场＋市场"理论②为代表，另外一些学者则探究了地方政府推动经济发展的实践逻辑，尤其是政企之间的互动模式与联盟策略③，以及地方政府如何借助政策资源推动产业发展④。然而，上述文献在考察中国地方发展型政府的行为逻辑时，均假定一种稳定的央地关系结构，尚未关注动态的央地互动和选择性行政分权对地方发展型政府行为逻辑的影响。而恰是未对央地互动关系进行内生化处理，自然也就忽视了地方政府反向形塑央地互动关系及其在推动经济发展过程中的扩权逻辑。

为揭示地方政府在推动内生型经济发展中的扩权逻辑，就必须将央地互动结构打开，考察地方政府同时形塑央地互动关系（向上互动）和地方政商关系（向下互动）中的角色。理论上，央地关系内生于地方经济发展过程，中央政府可在权力主导的前提下调适央地互动关系，为地方政府发挥制度企业家角色和获得中央选择性放权创设制度空间。为此，需要拓宽已有文献关于央地分权结构既定的假设，通过对昆山案例的长时段追踪，以便更好地考察地方政府推动经济发展过程中实现"上下互动式"扩权的生成逻辑。

---

① BLECHER M J, SHUE V. Tethered deer: Government and economy in a Chinese county [M]. Stanford, CA: Stanford University Press, 1996.
② 周黎安."官场＋市场"与中国增长故事 [J]. 社会, 2018, 38（2）: 1-45.
③ WALDER A G. Local governments as industrial firms: An organizational analysis of China's transitional economy [J]. American Journal of Sociology, 1995, 101（2）: 263-301.
④ 刘蓝予, 周黎安. 县域特色产业崛起中的"官场＋市场"互动：以洛川苹果产业为例 [J]. 公共管理学报, 2020（2）: 116-127.

第五章 地方政府发展能力的演变：地方政府的视角

在理论建构上，央地分权是理解中国地方发展型政府行为的逻辑起点。改革开放以来，央地财政分权和干部人事管理制度，塑造了一种"以推动经济发展为主要目标，以长期担当经济发展的主体力量为主要方式，以经济增长作为政治合法性主要来源的地方发展型政府模式"①。然而，地方发展型政府研究侧重于分析既定央地分权结构下的地方政商互动模式，却忽视了动态的央地互动关系对地方政府行为的影响。地方发展型政府研究脱胎于发展型国家理论②，后者聚焦于中央层面的发展行为分析，但学术界将该理论应用于中国的地方层级时，忽视了中国国家内部的纵向府际互动对地方发展型政府行为的重要影响③。对于中国地方发展型政府而言，发展意愿与发展能力同等重要，而后者在很大程度上来源于中央政府自上而下的行政分权④，尤其是经济发展管理权限的下放⑤。

因此，地方发展型政府研究需要在理论上对央地关系进行内生化处理，借助央地关系和政企关系的复合视角考察地方政府行为逻辑。不同于外生型经济发展，内生型经济发展折射出地方政府自下而上获得中央政府发展授权的重要性。处于经济转轨时期的中国，地方政府

---

① 郁建兴，高翔. 地方发展型政府的行为逻辑及制度基础 [J]. 中国社会科学，2012（5）：95-112.
② LEFTWICH A. Bringing politics back in: Towards a model of the developmental state [J]. Journal of Development Studies，1995，31（3）：400-427.
③ 叶志鹏，李朔严. 遇见创新：比较视野下的东亚发展型国家模式转型 [J]. 比较政治学研究，2022（1）：176-195.
④ 张振华. 我国地方发展型政府建构的制度基础与形态演变 [J]. 比较政治学研究，2018（2）：126-147.
⑤ 史宇鹏，周黎安. 地区放权与经济效率：以计划单列为例 [J]. 经济研究，2007（1）：17-28.

掌握的发展权限与政策资源的多寡直接决定着其集聚和组织各类生产要素和克服市场失灵的能力①。实证研究发现，一个地区的行政等级越高或是中央下放的经济发展权限越多，地方政府越有能力促进经济发展②。这意味着诸如昆山、义乌等维持行政等级不变的地区，中央选择性授予的发展权限是其内生型发展过程中扩权的主要来源。

正如本书所反复强调的，改革开放以来，基于园区尺度重构的央地互动为地方政府扩增发展权限创设了重要机遇。韩博天论证了政策试验是中国经济奇迹的政策创新基础，而政策试验区是经济类政策试验的重要空间载体③，肩负改革开放试验田的重要职能④，亦是地方政府扩增发展权限的主要通道⑤。然而，已有关于政策试验的研究侧重于强调其外生性、中央主导型的一面特征⑥，忽视了地方政府发挥能动性、自下而上争取各类政策试验区尺度重构的行为逻辑⑦。

---

① 罗纳德·科斯，王宁. 变革中国：市场经济的中国之路[M]. 北京：中信出版社，2013.
② 史宇鹏，周黎安. 地区放权与经济效率：以计划单列为例[J]. 经济研究，2007（1）：17-28. 江艇，孙鲲鹏，聂辉华. 城市级别、全要素生产率和资源错配[J]. 管理世界，2018，34（3）：38-50.
③ HEILMANN S. Policy Experimentation in China's Economic Rise [J]. Studies in Comparative International Development，2008，43（1）：1-26.
④ 李慧凤. 情境嵌入的实践理性：中国方案的理论解释：苏州工业园区创新的历史考察[J]. 公共管理学报，2021（4）：152-164.
⑤ NGO T W，YIN C，TANG Z. Scalar restructuring of the Chinese state：The subnational politics of development zones [J]. Environment & Planning C：Politics and Space，2017，35（1）：57-75.
⑥ MEI C，LIU Z. Experiment-based policy making or conscious policy design? The case of urban housing reform in China [J]. Policy Sciences，2014，47（3）：321-337.
⑦ TEETS J C，HASMATH R. The evolution of policy experimentation in China [J]. Journal of Asian Public Policy，2020，13（1）：49-59.

第五章　地方政府发展能力的演变：地方政府的视角

反观昆山的快速经济发展过程可以发现，开发区是其主要空间载体。开发区经济在昆山经济中长期占据半壁江山（2004年一度达到72%）[1]，因而在昆山当地流行着"昆山就是开发区，开发区就是昆山"的说法[2]。横向比较来看，昆山开发区也具有代表性。昆山开发区的发展绩效自20世纪80年代末以来一直位列全国前茅，即使在国家级经开区扩张至217家的2020年，昆山开发区仍位居全国第五。

昆山开发区的创设与不断升级，充分展现了地方政府推动经济发展的能动性。改革开放以来，中国各级政府设立了大量产业园区并取得了显著成效，尤以国家级园区为甚[3]。然而，大部分国家级园区均为国家自上而下创设和资助并承担着引领国家经济体制改革的重要功能，而昆山开发区则是自下而上的典型样本：由昆山县政府于20世纪80年代中期自费开发建设（全国第一家自费建设开发区），此后经历了国家化和数次升级（如图5-1所示），且这一过程均为地方政府主导并借助自下而上的政策路径完成。

自费开发区（1984）—升格→ 国家级经开区（1992）—内设→ 国家级出口加工区（2000）—内设→ 国家级综合保税区（2009）—获批→ 昆山试验区（2013）

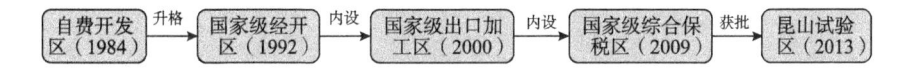

图5-1　昆山开发区的创设与升级历程

昆山政府借助一系列的园区尺度重构，持续增强了地方经济发展权限（如表5-1所示）。昆山不断获得中央在财税、土地、贸易、投

---

[1] 文中关于昆山经济数据的分析均为作者整理自历年昆山统计年鉴。
[2] 长期以来，昆山的乡镇在政策上和开发区挂钩，形成了"开发区为主体，乡镇挂钩"格局，乡镇能享受开发区的优惠政策（退休领导访谈记录，2017-08-29B）。因此，昆山经济更像是一个以开发区为主体，覆盖全域的"区域开发区"。
[3] 据笔者统计，仅以国家级高新区、国家级经开区和国家级新区为例，这三类园区2020年的GDP规模接近全国GDP比重的1/3。若单论工业产值，其占比将更高。

资审批、金融等诸多领域的一系列行政权限下放。尤其是 2013 年获批昆山试验区，中央政府为其设立了全国首次运作的部省际联席会议制度，每年由国家发改委会同各相关中央部委和江苏省政府共同为昆山试验区的发展提供政策支持，率先在国内引领了央县互动及行政授权渠道的制度化进程[1]。持续性的发展权限扩增突破了县级行政权限，为昆山内生型经济发展不断创设制度动力。

表 5-1 昆山基于各类政策试验区的发展权限扩增

昆山开发区的演变	昆山扩增的（代表性）发展权限
1984 年自费开发区	财税优惠：国家每年 500 万元财政补助（1987 年中央领导人视察时承诺）
1992 年升级为国家级经开区	财税优惠：15％企业所得税，"两免三减半"政策，开发区五年不上缴财政收入，出口创汇可以全留等 投资权限：享有一定的固定资产投资配额；1997 年省政府配套下放 3000 万美元项目审批权
2000 年获批国家级出口加工区	海关监管：享受"境内关外"特殊政策 财税优惠：如免税、出口退税、外汇留成等优惠
2013 年被纳入昆山试验区	金融政策：如"台资企业集团内部双向借贷""跨境人民币业务试点" 贸易政策：如"增值税一般纳税人资格试点" 行政审批：如"外商投资合同章程审批权限" 此外，在科技政策、人才政策、社会政策等方面均享有先行先试权限，先后获批设立"两岸电子商务经济合作试验区""两岸人才合作试验区""两岸冷链物流产业合作试点""对台科技合作与交流基地"等[2]

---

[1] 《国务院关于同意设立昆山深化两岸产业合作试验区的批复》（国函〔2013〕21 号），《国务院办公厅关于同意建立昆山深化两岸产业合作试验区部省际联席会议制度的函》（国办函〔2013〕91 号）。

[2] 整理自调研所获的内部政策文档：《昆山深化两岸产业合作试验区政策资料汇编》（2013—2018），昆山试验区推进办，2019 年 1 月。

第五章 地方政府发展能力的演变：地方政府的视角

有鉴于此，本章构建了一个基于政策试验区（园区尺度重构）的地方政府扩权分析框架（如图5-2所示），以分析地方政府如何同时形塑央地关系（向上互动）和政商关系（向下互动）来获得中央授权。首先，该分析框架反映了"中央—地方—企业"的多元主体互动[1]，且突出了地方政府在三边互动关系中的发起者与主体角色。其次，本研究强调政策试验区作为中央在经济发展领域授权放权的空间载体，在地方政府推动上下互动关系中扮演着纽带角色。基于政策试验区的地方政府上下互动式扩权，其成功取决于如下三方面要件。

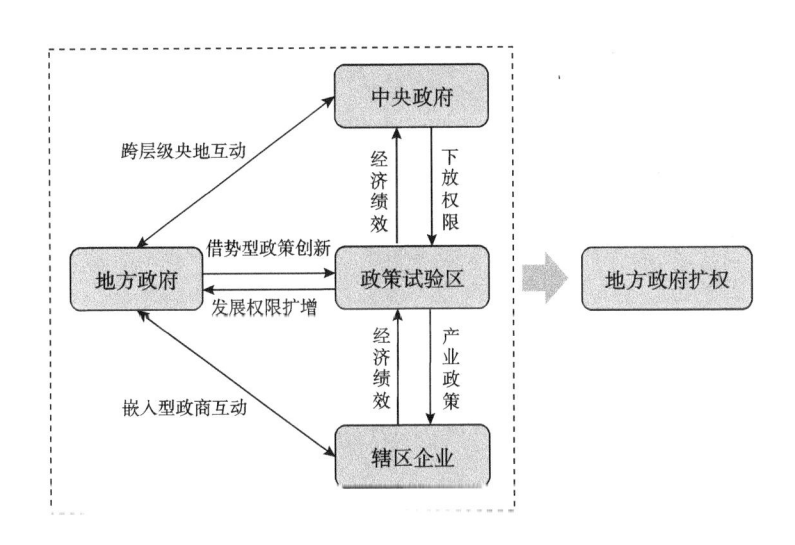

图5-2　基于政策试验区的地方政府扩权分析框架

其一，借势型政策创新。借势型政策创新是指地方政府在推动各类政策试验区的创新时，顺应国家经济体制改革的宏观趋势，借此规避政策创新风险。地方政府的创新行为常因突破既有的制度规则而面

---

[1] 李娉，杨宏山．政企互动与规制重建：企业家如何推进政策创新：基于深圳改革经验的实证分析[J]．公共管理学报，2020（3）：49-61．

临风险，故此风险与政绩因素共同决定着地方政府行动策略①。然而，已有研究过于强调地方政府对创新风险的规避②，并未关注地方政府对创新风险的承担及创造性转化策略③。借势型政策创新反映了地方政府对政策创新风险的创造性转化策略，借此降低政策创新风险。

其二，跨层级央地互动。跨层级央地互动是指地市级及以下地方政府与中央政府之间、纵跨一个或多个行政层级的府际互动。跨层级央地互动有助于解决官僚体制内信息不对称的问题，增进信息传递效率。对于低层级的地方政府而言，维护跨层级央地互动能为获批国家政策试验区建立信息优势。积累府际网络资源和包装地方发展议题是地方政府加强跨层级央地互动的关键策略，有助于吸引中央政策注意力。府际网络资源既包括正式的府际沟通机制，又包括非正式的私人社会网络，如同乡网络等。而对地方发展议题的包装反映了政策企业家的问题界定能力④，是影响中央政策议程的关键策略。

其三，嵌入型政商互动。嵌入型政商互动衍生于发展型国家研究中的嵌入自主性理论⑤，是指地方政府借助一系列制度化的政商互动渠道，有机地嵌入地方产业发展网络，由此加强政商之间的信息互通，

---

① 冯猛. 目标权衡与过程控制：地方政府创新的行为逻辑 [J]. 社会学研究，2020（2）：124-145.

② 张翔，ZHAO W G. 地方政府创新何以持续：基于"政绩安全区"的组织学解释：对一个县级市"智慧市"项目过程的案例观察 [J]. 公共管理学报，2020（4）：98-109.

③ MEI C，CHEN K，WU X. Local government entrepreneurship in China：A public policy perspective [J]. China An International Journal，2016，14（3）：3-15.

④ MINTROM M，NORMAN P. Policy entrepreneurship and policy change [J]. Policy Studies Journal，2009，37（4），649-667.

⑤ EVANS P B. Embedded autonomy：States and industrial transformation [M]. Princeton：Princeton University Press，1995.

优化地方营商环境和发展政策制定，以降低产业集聚发展的交易成本。嵌入型政商互动要求地方政府对组织进行重塑，并创设和优化政商互动渠道，通过取得突出的发展绩效以争取中央政府的授权奖励。简言之，地方政府的成功扩权依赖于中央政府与地方企业之间基于政策试验区的"发展权限—经济绩效"交换。

基于上述分析框架，本章内容透过昆山案例的长时段分析，揭示地方政府的持续扩权行为逻辑，是如何依赖于地方政府基于政策试验区的借势型政策创新、跨层级央地互动以及嵌入型政商关系，且在这过程中，地方发展绩效的反馈机制如何发挥了催化剂作用以助推地方政府发展能力的强化。

二、借势型政策创新与创新风险的创造性转化

在内生型经济发展中，地方政府自发推动政策创新是进入国家政策试验区议程的前提，而借势型政策创新有助于降低创新风险，契合国家经济体制改革的宏观趋势，吸引中央政策注意力。在20世纪80年代，地方政府开展地方政策试验区创新面临着相当大的政策风险，地方官员可能因"不当"的政策创新而被惩罚。在当时，自费建设开发区是在县级政府无权开办园区的制度环境下的一种突破。作为决策者，昆山时任领导人吴克铨谈及这一冒险举动："建新区，一开始就决定对外不宣传，也就是只做不说，所以也没有举行奠基仪式……我们最担心的一个问题是给上面知道了，一声令下，就'胎死腹中'了。

搞几千亩地的工业区,要查处是很容易的。"①

从政策创新类型来看,自费建设开发区是一种借势型政策创新,是昆山县政府学习和借鉴当时深圳和上海等地区国家经开区建设经验的产物。与此同时,昆山县政府推动园区经济发展顺应了国家渐进式经济改革逻辑和率先开放沿海地区的改革策略。加之自费开发区在短期内取得了突出成效,昆山县政府借领导视察机会寻求支持。一位退休干部回忆道:"1987年,有关领导来了一看后说,你们这个开发区是自费的,国家级开发区到你这里来看自费工业新区,很不一样。到闵行去看,还没办起来,国家花了好多钱。我们这里,不光是国家不花钱,还办起来了。有关领导发话说,问我们县委书记(毛阳青)、县长(吴克铨),为什么不叫开发区呢?(回答:我们只能叫工业小区啊。)你们自费的,可以叫自费开发区嘛!比我们国家开发区搞得好嘛。"② 得到有关领导的肯定,昆山县政府开始向相关部委申报国家级经开区。借助1992年邓小平南方谈话以及国家进一步扩大对外开放的宏观大势,昆山自费开发区正式"转正"。

昆山地方政府在开发区的历次升级和制度化过程中充分利用了借势型政策创新。早在1997年,开发区管委会主任宣炳龙听在昆山投资多年的台商吴礼淦无意中谈起,"昆山什么都好,就是报关速度太慢,要是有一个像台湾新竹那样的工业园就好了"③。宣炳龙随即赴日本、中国台湾等地开展调研,引入外部经验在全国率先酝酿了出口加工区

---

① "初创阶段的昆山经济技术开发区",吴克铨写于2002年9月22日。
② 昆山市老促会领导访谈,2019年9月20日。
③ 钟永一,张树成.见证中国第一个自费开发区:宣炳龙印象[M].南京:江苏人民出版社,2009:32.

方案。昆山出口加工区于2000年获批，无疑借助了中国准备加入WTO和加速融入经济全球化的历史进程。类似的逻辑，2012年昆山市政府酝酿昆山试验区方案，打出两岸产业合作牌，亦是充分把握两岸关系升温和国家惠台政策加码的重要宏观契机。由此可见，借势型政策创新有助于降低地方政府的政策创新风险，助推地方政策方案进入国家政策议程。

三、跨层级央地互动与中央政府的注意力分配

跨层级央地互动反映了地方政府有限突破科层制限制，提高官僚制内部信息传递效率，将地方政策试验区方案加速推向国家政策议程的努力。鉴于各级地方政府在干部晋升与财政利益上高度契合，省市县关系在推动地方经济发展过程中更多地呈现为纵向府际合作关系。在跨层级央地互动过程中以及在上级省市政府的支持下，昆山地方政府分别通过积累纵向府际网络资源和良好包装地方发展议题等两项关键策略来获取中央政府政策注意力。

第一，昆山地方政府较早意识到积累纵向府际网络资源对于突破县级行政权限的重要性。开发区干部在访谈中屡次强调"我们（昆山）级别太低"[①]，正如1990年吴克铨在一次大会上所强调的："（我们要）向上多争取。在项目审批、资金物资、信息交流等各方面争取上级主管部门的支持和理解。要加强与南京、北京综合经济部门和有关厅部

---

① 昆山市开发区管委会访谈，2019年9月19日。

的联络，了解信息，争取计划，指导产品结构和产业结构的调整。"①在昆山自费开发区的国家化进程中，非正式府际资源扮演了关键角色。地方干部谈及苏州籍费孝通先生给予昆山的巨大帮助："最给我们昆山呼吁的是费孝通。费老来调研几次，和我们书记谈了好几次话。说昆山开发区搞得很好，应该列到国家级开发区。费老通过全国人大的相关领导同志再来呼吁，呼吁以后又经过很长时间的波折，最终批准了。"② 出口加工区的获批同样离不开昆山地方政府维护的央县互动关系。由于出口加工区涉及国家对外贸易和海关监管政策调整，具有一定的政策风险，因此向中央政府汇报分析政策创新的利弊至关重要。据媒体公开报道，当年宣炳龙为了拿下全国第一家出口加工区，两年多时间跑了84次北京去汇报③。

长期以来，昆山地方政府通过争取领导视察机会，主动且频繁向中央部委汇报工作、向各部委派驻地方借调干部，以及利用社会网络资源等策略，不断拉近央县的政策互动距离。自从昆山获批国家级经开区后，昆山地方政府便通过干部借调渠道与中央各部委保持密切联系，例如每年选派一名干部到国家发改委借调，人事关系不变动，工资也由地方照常发放，通过借调干部获取最新的国家政策动态。通过密切的央地互动交流，"北京慢慢开始感觉到，昆山在发展。不打不成交道，后来（昆山）每个部门和北京的关系都接上了，甚至北京的一

---

① 吴克铨."突出外向 深化横向 优化内向 加强纵向"，在中共昆山市第七届五次全委扩大会议上的讲话，1990年4月27日。
② 昆山市老促会领导访谈，2019年9月20日。
③ 参见：纪念"昆山之路"三评发表30周年，江苏昆山求解高质量发展，http://news.sina.com.cn/o/2018-07-24/doc-ihftenhz3468736.shtml.

第五章 地方政府发展能力的演变：地方政府的视角

些政策要看昆山是怎么做的。我们和北京的机关打交道时，刚开始没有一个机关工作人员可以了解情况，我们要去宣传，我们在做什么、要什么"①。

例如，在昆山试验区的方案酝酿与申报过程中，昆山市政府积极与相关中央部委进行政策沟通："在一年时间里，我们发改委主任为政策申请跑了 30 多趟北京。"② 经过多次的方案细化修订，2013 年 2 月，国务院正式批复设立昆山试验区。

第二，昆山市政府充分利用地方发展特色和优势，良好包装出口加工区和昆山试验区等地方政策创新方案，借此吸引中央注意力，不断走入国家经济改革视野。一方面，获得中央政策的注意离不开昆山市政府择机向上汇报，如借助上级省市政府的资源获得领导考察机会，并择机获得领导人对本地发展议题的口头支持。与此同时，良好包装地方发展议题是政策方案能否获得中央政策支持的关键。"昆山的外向型经济发展很好，上级领导经常来视察。（我们的）开发区里头有报出来很多新的东西，如出口加工区。（我们）在高雄看到加工出口区，和北京说我们也可以搞。北京听进去了，八个部门协商。"③ 昆山试验区的获批也反映了良好包装发展议题的重要性。为了升级既有的国家级开发区并获取新的发展权限以服务产业转型升级，昆山市政府酝酿出昆山试验区方案。该方案充分利用了昆山台资经济高度集聚的优势，包装"两岸产业合作"议题以吸引中央领导人的关注和支持。地方发展议题的包装应立足本地优势，正如一位干部所述，"无论是政治和经济角度，台资企

---

① 昆山市前副市长访谈，2017 年 8 月 29 日。
② 昆山市发改委访谈，2016 年 6 月 18 日。
③ 昆山市前人大副主任访谈，2017 年 8 月 29 日。

业对昆山发展都非常重要。当然（要）借其力量来加强其对昆山经济发展的推动作用"①。

四、嵌入型政商互动与地方发展绩效承诺兑现

嵌入型政商互动关系是发展型政府的核心特征，是实现预期发展目标的组织形态依托。这要求地方政府既要形塑组织满足经济发展的制度需求，又要创建顺畅的政商互动渠道吸收企业的政策反馈。如果说借势型政策创新与跨层级央地互动为地方政府扩权赢得了中央政府的政策注意力，嵌入型政商互动则通过兑现地方发展绩效的承诺，顺利推动中央政府在政策试验区议程设置中吸纳地方政策创新方案。

第一，昆山地方政府长期以来对政府组织进行改造以适应开发区内企业发展的制度需求，不断提升政务服务水平。1985年，昆山县政府为自费开发区成立园区领导小组，下设指挥部，明确园区开发由指挥部统一规划、统一管理、统一办理土地征用等，建立这一体制有助于各类行政事务的协调。随着20世纪90年代以后开发区内的外资企业不断集聚，昆山市政府于2000年在开发区内设立"马上办"，为外商群体提供便利的政务服务。该组织是对既有官僚体制的临时性重构，以便更为灵活地提供政务服务。"第一年8月开始，（马上办）处理100多件（外商服务项目）；第二年，300多件。我那时候手机24小时开通，（常）凌晨一两点接电话。"② 2014年，昆山市政府撤销了以服

---

① 昆山市发改委访谈，2016年6月18日。
② 昆山市前"马上办"领导访谈，2019年9月19日。

第五章 地方政府发展能力的演变：地方政府的视角

务台商为主的"马上办"，改设企业发展服务中心，进一步将政务服务扩展至所有企业。随后为支持科技创新和产业转型升级，又将企业发展服务中心更名为科创发展服务中心，同时改造了所有市直机关和区镇政府的企业服务机构。地方组织的不断重塑，为开发区内的企业发展持续优化营商环境。

第二，昆山地方政府创设制度化的政商互动渠道，便于获取企业的政策需求反馈，优化地方营商环境。早在20世纪80年代，昆山县政府便在园区内设立外商投资服务中心，实行联合办公制度，采取立项、审批、发批准书、工商登记一条龙服务[1]。按照该制度，由分管县长定期召开会议，能解决的当场拍板，投资1000万元的项目一般一年就建成投产[2]。随着90年代后外资企业的不断集聚，昆山市政府先后建立了外资服务中心，定期召开企业座谈会和联谊会，以及扶持行业协会发展等政商互动机制。其中，最具代表性的政商互动渠道当属台资企业的行业协会。1998年，昆山市政府支持创建了全国县域第一家台协会。对于大陆台商而言，台协会是凝结与吸引台商产业集聚、联合向地方政府寻求政策支持以及制约地方政府不当行为的重要组织化力量[3]。台协会被称为昆山的"第五套班子"，可见其在政商互动中的积极角色。借助行业协会，昆山市政府不仅帮助克服了企业投资生产过程中的诸多难题，更为企业家群体解决了公共服务问题。"台商说

---

[1] 吴克铨."昆山经济技术开发区的回顾与展望"[N].江苏通讯，1990（14）.
[2] 吴克铨，"扬长补短 因地制宜 推进横向联合"，应全国贫困地区干部培训中心邀约在无锡的讲稿，1988年9月24日.
[3] 耿曙，林瑞华.制度环境与协会效能：大陆台商协会的个案研究[J].台湾政治学刊，2007（2）：93-171.

昆山没有牙医，第二天书记和卫生局长商量办法，马上设立'绿卡办'帮助就医服务。专门有一个机构每年负责统计并和教育局对接，解决台商子女入学的后顾之忧①。"

需要特别指出的是，昆山的台商高度集聚及其组织化行动能力是维护嵌入型政商互动的重要基础。长期以来，台资企业在昆山经济发展中呈现出"3567"的格局，亦即贡献了GDP的30%、工业总产值的50%、利用境外资本的60%、进出口总额的70%。一方面，台资企业引领着昆山全球IT制造业的产业集群建构，本地民营企业通过提供外向配套融入台商供应链体系，并逐渐形成双向协作配套关系和产业链利益共同体，进而与地方政府开展良好的政商互动。另一方面，台商集聚借助行业协会形成集体力量，为昆山市政府兑现地方发展绩效提供了外部监督机制。例如，在台湾"电电公会"始于2000年的大陆投资环境评估中，昆山已7次荣获大陆城市榜首，"在过去十几年的发展过程中，这一评估对我们政府的营商环境塑造和政策的出台起到很重要的作用，如果排名掉下来了，我们就要去看看哪个指标出了问题，（以此）来指导我们的政策制定"②。

五、发展绩效反馈与地方政府发展能力的成长

持续性扩权和地方政府发展能力的不断增强，是昆山内生型经济发展过程中的重要特征。公共组织研究历来重视地方政府能力理论的

---

① 昆山市退休领导访谈，2017年8月29日。
② 昆山市台办访谈，2021年7月5日。

研究[1]，政府发展能力主要表现为借助要素和政策资源的集聚与高效配置，推动经济发展的资源组织能力[2]。一方面，发展权限扩增是政府发展能力的直接展现[3]。另一方面，推动地方扩权的借势型政策创新、跨层级央地互动和嵌入型政商互动，亦是政府发展能力的重要构成。昆山案例的长时段分析，揭示了地方政府发展能力成长背后的重要驱动机制，即地方发展绩效的反馈机制。

第一，中央授权借助经济发展绩效的反馈机制，进一步强化嵌入型政商互动。尽管政策试验区在全国各地区并不鲜见，但昆山的特殊之处在于，其能够持续获得并升级政策试验区，这背后的一项重要支撑是昆山园区经济的突出发展绩效。一方面，突出的园区发展绩效强化了地方政府的增长激励。除不断增长的地方财力之外，昆山干部也因突出的经济发展绩效得以快速晋升。笔者统计发现，1984年至2018年，昆山的10位市委书记中有6位官至省部级。另一方面，园区经济发展同时也激励地方政府维护嵌入型政商互动，不断助推产业政策供给和营商环境的优化。例如，昆山市政府酝酿出口加工区方案源自园区内的一位台商提议的启发，设立"马上办"也是为了满足外商集聚后的政策需求。长期以来，昆山营商环境常居全国县域首位，折射出

---

[1] BURGESS P. Capacity building and the elements of public management [J]. Public Administration Review，1975，35：705-716. 张钢，徐贤春，刘蕾. 长江三角洲16个城市政府能力的比较研究 [J]. 管理世界，2004（8）：18-27. 叶志鹏. 城市产业治理能力与区域产业发展 [J]. 城市与环境研究，2020（3）：29-49.

[2] 罗纳德·科斯，王宁. 变革中国：市场经济的中国之路 [M]. 北京：中信出版社，2013.

[3] NGO T W, YIN C, TANG Z. Scalar restructuring of the Chinese state: The subnational politics of development zones [J]. Environment & Planning C: Politics and Space，2017，35（1）：57-75.

地方政府对嵌入型政商互动的持续维护。

第二，中央授权借助经济发展绩效的反馈机制，进一步增强地方政府的借势型政策创新与府际互动能力。依托自费开发区的显著成效，昆山县政府于1988年在省内率先探索国有土地有偿出让，20世纪90年代初又率先尝试引进外商独资项目。到1990年底，昆山自费开发区的经济实力已跻身并位列当时全国14个"国批"开发区的第三位，"一战成名天下知"。伴随着经济的快速发展，昆山地方政府的府际互动能力也在不断加强。在中央各部委的视野中，昆山逐渐从一个普通县转变为一个需时刻关注其发展动态的明星城市。而昆山开发区优异的发展绩效无疑是实现这一转变的关键，促使其获得有关领导、学者的关注，积累了府际网络资源。在争取国家级经开区过程中，创设了重要的政策沟通渠道。并继续为昆山的台资企业集聚和府际网络资源的积累创设各种便利，极大地强化了昆山市政府的发展能力[1]。

总而言之，昆山地方政府实施的一套由借势型政策创新、跨层级央地互动和嵌入型政商互动所构成的发展策略，推动了基于一系列国家政策试验区的发展权限扩增。与此同时，成功的地方扩权借助经济发展绩效的反馈机制，进一步增强了地方政府的发展能力和持续性扩权。鉴于政策试验区是中央经济发展权限下放的主要空间载体，地方政府扮演着联结中央政府和辖区企业的中间角色，将政策试验区作为一个推动"发展权限—经济绩效"转化的双边平台，实现了持续性扩权。本节归纳了这一上下互动式扩权行为的生成逻辑（如图5-3所示）。

---

[1] 清华大学台湾研究院访谈，2019年11月10日。

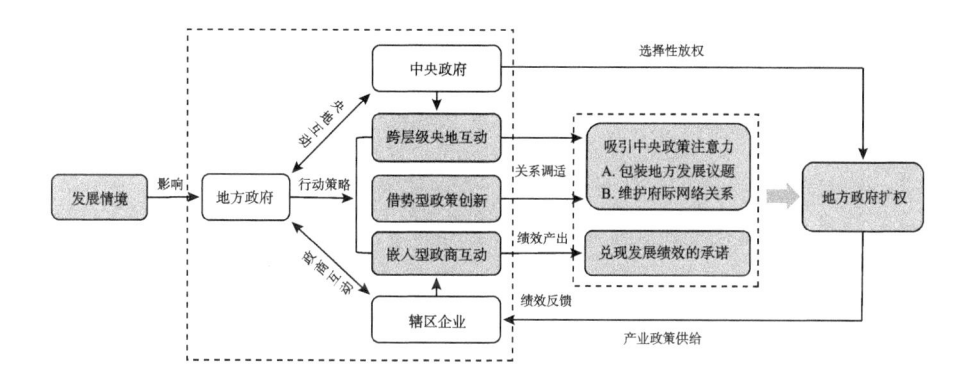

图5-3　昆山内生型发展中地方政府上下互动式扩权的生成逻辑

六、本章小结

本章内容从地方政府的组织视角分析了地方政府发展能力的动态演变机制。透过昆山案例的长时段分析，剖析了地方发展型政府在推动内生型经济发展过程中呈现出的一种基于政策试验区（园区尺度重构）的"上下互动式"扩权逻辑。这一扩权模式刻画了地方政府同时形塑央地互动关系和地方政商互动的行动主体角色，并揭示了地方发展型政府借助国家政策试验区和中央的选择性行政分权来履行地方发展职能的逻辑。根植于中国的放权型央地关系和渐进式制度变迁背景，成功的"上下互动式"扩权依赖于借势型政策创新、跨层级央地互动和嵌入型政商互动等三项先决条件，地方政府借此吸引中央政策注意力，兑现发展绩效承诺，进而在央地之间的"发展权限—经济绩效"循环中实现持续性扩权。

在本章内容中，通过将地方发展型政府理论中的央地关系进行内

逆袭的技艺：地方政府与中国经济奇迹

生化处理，揭示了地方政府推动经济发展过程中行政扩权与政府能力培育的重要性，也为理解中国地方政府权力扩张提供了一种新解释。同时，昆山地方政府扩权促发展的发展型政府行为，具有一定的代表意义。正如义乌借助小商品城的不断升级所实现的发展权限扩增，抑或温州龙港依托经济集聚基础实现的撤镇设市扩权，映射出在中国经济奇迹的宏观图景下，众多地区地方政府能动性的可贵之处。在一定程度上，地方政府的扩权动机指引着国家的渐进式变迁和经济体制改革方向，是对各地区发展条件之分散信息的有效搜集、整合与利用，是理解大国善治逻辑的一个重要补充①。除深圳、浦东等少数熠熠生辉的外生型经济发展地区，众多砥砺前行的内生型经济发展地区无疑也是造就"中国经济奇迹"的重要力量。

---

① 周雪光. 权威体制与有效治理：当代中国国家治理的制度逻辑 [J]. 开放时代，2011 (10)：66-85.

▶▶▶ 第六章

地方政府发展能力的演变：地方官员的视角[①]

[①] 本章部分内容出自 YE Z, W WU. Attracting the remote emperor's attention: local policy entrepreneurship in China's policy experimentation under hierarchy [J]. Journal of Asian Public Policy, 2022, DOI: 10.1080/17516234.2022.2083930。编入本书时有修订。

第六章 地方政府发展能力的演变：地方官员的视角

一、自下而上的政策企业家精神：地方官员的角色

第五章内容从地方政府的组织视角，对央地互动背景下的地方政府发展能力演变进行了深入讨论。已知的研究结论包括：其一，地方政府发展能力的增长主要依托政策试验区（园区尺度重构）的中央政府选择性放权过程；其二，地方政府自下而上成功推动各类政策试验区（园区尺度重构），是地方扩权的重要基础，是地方政府综合运用借势型政策创新、跨层级央地互动和嵌入型政商互动等行动策略的结果。不过，基于组织层级的分析视角将地方政府视作一个统一的决策主体，但仍难以帮助理解地方官员作为关键个体决策者在地方政府发展能力演变中所发挥的重要作用。为此，本章内容进一步采取一种地方官员的个体视角，深入考察在面临各类结构性约束的前提下，地方官员究竟是如何在个体与结构因素的复杂互动中，成功推动区域发展中的地方扩权的。

由昆山经验可知，成功的地方扩权主要呈现为地方政府自下而上推动一系列（尤其是国家级）政策试验区的园区尺度重构。因此，可以将研究问题转化为，地方官员究竟是如何成功推动政策试验区尺度重构的？行之有效的策略是什么？这些地方官员又具有怎样的特质？在对上述问题展开具体分析之前，首先梳理与政策试验区研究相关的理论文献，以便达成指引实证分析的理论共识。

关于政策试验区的研究，首先要回到政策试验（Policy experimentation/ piloting）的讨论。政策科学家们认为，政策试验从本质上

逆袭的技艺：地方政府与中国经济奇迹

来讲是政治性的，而并非一种价值中立的科学过程①，因为它往往涉及多层级政府和具有不同动机与利益的参与者。如德国学者、中国政策试验研究知名专家韩博天所指出的，中国共产党早在20世纪20年代便探索尝试了各类政策试验②，并在中国改革开放后加强了这一具有特色的试验性治理模式。其中，由韩博天提出的"等级制度下的政策试验"（Experimentation under hierarchy）研究认为，中央政府在政策试验中扮演着主导和关键作用，这一结论广为学界所接受。但与此同时，关于地方政府在政策试验中的作用和角色则引发更多争论。

其中的一种分析视角认为地方政府在政策试验中采取被动行为，同时认为是中央政府垄断了试验的目标设定、试验地区的选择、试验过程的管理、绩效评估以及试验优胜者的选择③。从这个角度来看，试验是中央政府或执政党展示政治主张、显示和增强某项政策合法性和适用性或其他任何政治目的的一种治理工具。除中国制度情境之外，许多研究者在

---

① VOß J P, SIMONS A A novel understanding of experimentation in governance: co‑producing innovations between "lab" and "field" [J]. Policy Sciences, 2018, 51 (2): 213‑229.

② HEILMANN S. From local experiments to national policy: The origins of China's distinctive policy process [J]. China Journal, 2008, 59: 1‑30.

③ MEI C, LIU Z. Experiment‑based policy making or conscious policy design? the case of urban housing reform in China [J]. Policy Sciences, 2014, 47 (3): 321‑337. TSAI W H, DEAN A N. Experimentation under hierarchy in local conditions: cases of political reform in Guangdong and Sichuan, China [J]. China Quarterly, 2014, 218: 339‑358. MIAO B, LANG G. A tale of two eco‑cities: experimentation under hierarchy in Shanghai and Tianjin [J]. Urban policy and research, 2015, 33 (2): 247‑263. KO K, SHIN K. How Asian countries understand policy experiment as policy pilots? [J]. Asian Journal of Political Science, 2017, 25 (3): 253‑265.

第六章 地方政府发展能力的演变：地方官员的视角

发达国家的制度情境下也获得了类似的实证结果①。因此，在这一分析视角的相关研究中，其研究注意力仅限于中央政府及其政策制定者。

相比之下，另一种研究视角则承认地方政府在中央与地方的互动关系中发挥积极作用，而恰是这一"上下互动"机制驱动着政策试验进程。如前所述，在中国的政治体制情境下，韩博天提出了著名的"等级制度下的政策试验"模式，亦即中央政府授权和鼓励地方政府在试验目标的指导下积极寻找合适的政策工具②。换句话说，地方政府在试验、创新甚至进一步将有效的地方实践转化为国家层面，然后通过传播在地方之间享有广泛的地方自主权③。在这一研究路径下，政

---

① BRODKIN E Z, KAUFMAN A. Policy experiments and poverty politics [J]. Social Service Review, 2000, 74 (4): 507 - 532. ETTELT S, MAYS N, ALLEN P. Policy experiments: investigating effectiveness or confirming direction? [J]. Evaluation, 2015, 21 (3): 292 - 307. ROCLE N, SALLES D. "Pioneers but not guinea pigs": experimenting with climate change adaptation in French coastal areas [J]. Policy Sciences, 2018, 51 (2): 231 - 247. VOß J P, SIMONS A. A novel understanding of experimentation in governance: co - producing innovations between "lab" and "field" [J]. Policy Sciences, 2018, 51 (2): 213 - 229.

② HEILMANN S. Policy experimentation in China's economic rise [J]. Studies in Comparative International Development, 2008, 43 (1): 1 - 26.

③ HEILMANN S, SHIH L, HOFEM A. National planning and local technology zones: experimental governance in China's torch programme [J]. China Quarterly, 2013, 216: 896 - 919. WANG G. Principle - guided policy experimentation in China: from rural tax and fee reform to Hu and Wen's abolition of agricultural Tax [J]. China Quarterly, 2019, 237: 38 - 57. ZENG J. Did policy experimentation in China always seek efficiency? a case study of Wenzhou financial reform in 2012 [J]. Journal of Contemporary China, 2015, 24 (92): 2452 - 2456. ZHU X, BAI G. Policy synthesis through regional experimentations: comparative study of the new cooperative medical scheme in three Chinese provinces [J]. Journal of Comparative Policy Analysis: Research and Practice, 2020, 22 (4): 320 - 343. ZHU X, ZHAO H. Experimentalist governance with interactive central - local relations: making new pension policies in China [J]. Policy Studies Journal, 2021, 49 (1): 13 - 36.

策试验实际上可以被划分为自上而下（Top‐down）和自下而上（Bottom‐up）两种模式。其中，自下而上式政策试验模式的成功，建立在地方主动和中央认可的基础之上①，两者缺一不可。

与第二种研究思路一致，近来出现了一些基于个人层面视角的理论与实证研究，试图揭示多层级科层官僚体制背景下地方政策创新的驱动机制。越来越多的研究旨在将政策企业家的"创新特质"（Innovative personalities）与为地方政策创新建立微观基础的目标结合起来。例如，其中一项有趣的发现是，具有政策企业家特质的地方政策制定者仍然愿意在高政策风险环境中进行创新②。这种个体层面的视角不仅为考察地方政策创新者多样化的和变化的行动动机开辟了研究方向，同时也促使我们更为重视对政策企业家行动策略的研究，以及对政策试验中政策企业家的个体特质与外部结构性因素之间的相互作用的关注③。

总体而言，考察地方政府在自下而上的政策试验中的行为时，必

---

① HEILMANN S. Policy experimentation in China's economic rise [J]. Studies in Comparative International Development，2008，43（1）：1-26.

② HASMATH R，TEETS J C，LEWIS O A. The innovative personality？Policy making and experimentation in an authoritarian bureaucracy [J]. Public Administration and Development，2019，39（3）：154-162. TEETS J C，HASMATH R. The evolution of policy experimentation in China [J]. Journal of Asian Public Policy，2020，13（1）：49-59. LEWIS O A，TEETS J C，HASMATH R. Exploring political personalities：The micro‐foundation of local policy innovation in China [J]. Governance. 2022，35（1）：103-122.

③ HE A J. Manoeuvring within a fragmented bureaucracy：Policy entrepreneurship in China's local healthcare reform [J]. The China Quarterly，2018，236：1088-1110. TEETS J C，HASMATH R. The evolution of policy experimentation in China [J]. Journal of Asian Public Policy，2020，13（1）：49-59.

第六章 地方政府发展能力的演变：地方官员的视角

须回答两个彼此相关的研究问题：一是地方政府推动自下而上的政策试验的动机是什么？二是在这过程中地方政府如何吸引中央政府的注意力？

关于第一个问题，英国学者 Ettelt 等人归纳总结了政策试验的四个目的/功能，分别是实验（For experimentation）、实施（For implementation）、示范（For demonstration）和学习（For learning)[1]。然而，无论是对哪一种政策试验功能的强调，这些试验功能主要是从政策设计者或中央政府的角度，而不是地方执行者与创新者的角度来展开的。与此同时，上述个人层面的研究视角，假设地方政策制定者将受到个人激励而进行创新，同时也会受到个体创新特质的驱动而进行创新[2]。这一重视内在动机的研究路径有助于解释为什么地方官员即使在制度激励不足的情况下仍在其行政辖区内进行创新；当然，该理论在解释地方官员在其行政辖区范围之外的政策创新方面则是有限的。

本书前文已指出，在中国的制度情境下，促使地方政策制定者将地方政策试验推向国家层面的重要动力，在于可以因此而获得中央选择性的发展权力下放。改革开放以来，中国政府大力推广各类国家级的政策试验区，这些园区尺度重构往往附着有大量的选择性行政资源和权力下放。与此同时，中央政府将授权地方政府在这些特定的政策

---

[1] ETTELT S, MAYS N, ALLEN P. The multiple purposes of policy piloting and their consequences: Three examples from national health and social care policy in England [J]. Journal of Social Policy, 2015, 44 (2): 319-337.

[2] TEETS J C, HASMATH R. The evolution of policy experimentation in China [J]. Journal of Asian Public Policy, 2020, 13 (1): 49-59.

试验区内开展行政改革和产业发展计划[1]。这无疑是一个国家尺度重构过程，在层级制度下实现发展权力的再分配，而政策试验区成为中国选择性分权的主要方式与空间依托[2]。也正因如此，地方政府倾向于创建各种类型的政策试验区，尤其是国家级开发区，并以此来获取层级制度下的政治和经济资源[3]。而通过国家级政策试验区来扩大地方的发展权力，将激励地方政府及主政官员推动自下而上式的政策试验。

第二个问题则涉及地方如何消除信息不对称问题以吸引中央政府注意力的行动策略。任何成功的自下而上式政策试验，都离不开中央政府对地方发起的政策试验的支持[4]。然而，信息不对称问题是下级政府努力实现这一目标时所要面临的主要挑战。尤其是在多层级政治体制中，有近3000个与昆山具有相同行政级别的县级政府，以及大量介于中央和县级政府之间的省、市两级政府。为了获得更多中央关注的机会，地方政府有必要善于利用和经营中央—地方府际网络资源，

---

[1] HEILMANN S, SHIH L, HOFEM A. National planning and local technology zones: experimental governance in China's torch programme [J]. China Quarterly, 2013, 216: 896-919.

[2] LIM K F. State rescaling, policy experimentation and path dependency in post-Mao China: a dynamic analytical framework [J]. Regional Studies, 2017, 51 (10): 1580-1593.

[3] NGO T W, YIN C, TANG Z. Scalar restructuring of the Chinese state: The subnational politics of development zones [J]. Environment & Planning C: Politics and Space, 2017, 35 (1): 57-75.

[4] HEILMANN S. Red swan: how unorthodox policy-making facilitated China's rise [M]. The Chinese University of Hong Kong Press, 2018.

第六章 地方政府发展能力的演变：地方官员的视角

积极为中央决策者提供信息，并在政策议程设置阶段获得影响力[①]，同时拟定（Framing）与国家发展目标高度相关的有吸引力的政策举措。就此而言，引入政策企业家（Policy entrepreneurship）理论有助于揭示地方政府如何采取积极有效的行动策略以吸引中央政府政策注意力。近来，Frisch Aviram 等学者归纳总结了政策企业家在政策过程的不同阶段所使用的近 20 种行动策略[②]。著名的政策企业家理论学者 Mintrom 则进一步将这些行动策略简化为五类，分别是：议题拟定（Problem framing）、网络（Networking）、与倡导联盟合作（Working with advocacy coalitions）、用例示范（Leading by example）和尺度上移变革过程（Scaling up change processes）等。尽管政策企业家的个性与个体特质各不相同，但它们是可以被习得（Acquired）并用于塑造有效的行动策略[③]。与此同时，一些研究对政策企业家的这些策略运用的有效性进行了检验，并发现结构性因素可以影响政策企业家的行为，而往往是个体行动与结构性因素之间的相互作用，决定了政策企业家精神能

[①] ANDERSON S E, DELEO R A, TAYLOR K. Policy entrepreneurs, legislators, and agenda setting: information and influence [J]. Policy Studies Journal, 2020, 48（3）: 587-611.

[②] FRISCH AVIRAM N, COHEN N, BEERI I. Wind(ow) of change: A systematic review of policy entrepreneurship characteristics and strategies [J]. Policy Studies Journal, 2020, 48（3）: 612-644.

[③] MINTROM M. So you want to be a policy entrepreneur? [J]. Policy Design and Practice, 2019, 2（4）: 307-323.

否得以发挥①。

基于上述讨论，本章内容构建了一个简要的理论分析框架，以更好地理解地方决策者在层级结构下促进自下而上式政策试验的有效策略运用的动力机制，如图 6-1 所示。首先，多种相关行动策略的联结（Nexus）将帮助地方决策者吸引中央政府的政策注意力，进而塑造国家级政策试验区的议程设置，这是自下而上式政策试验的前提条件。其次，决策者行动策略的制定和有效性受结构层面和行动者层面双重因素的驱动，这些因素之间的相互作用可以从历史演进的角度进行观察和验证。其中，地方经济结构是塑造决策者个体创新特质的重要因素，特别是在中央政府选择国家级政策试验区最为注重经济发展绩效

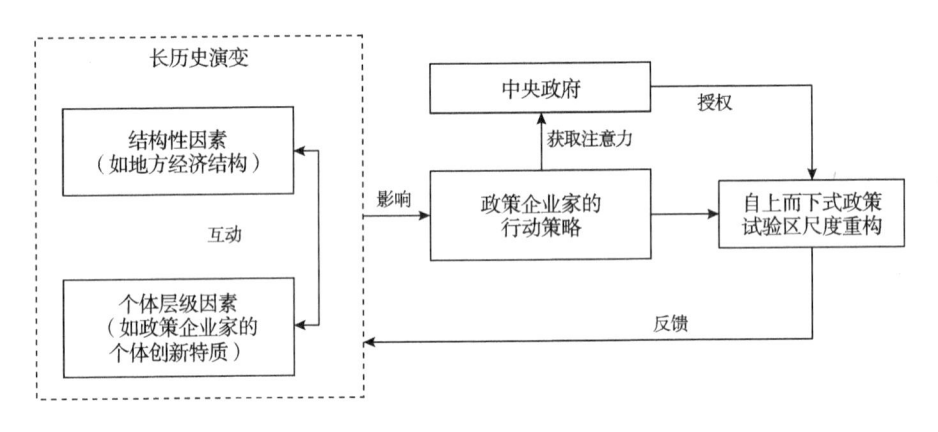

图 6-1 自下而上式政策试验区尺度重构的理论模型

---

① COHEN N. Policy entrepreneurs and agenda setting. Handbook of Public Policy Agenda Setting [M]. Edward Elgar Publishing, 2016, 189-199. MINTROM M, NORMAN P. Policy entrepreneurship and policy change [J]. Policy Studies Journal, 2009, 37 (4): 649-667. HE A J. Manoeuvring within a fragmented bureaucracy: Policy entrepreneurship in China's local healthcare reform [J]. The China Quarterly, 2018, 236: 1088-1110.

的经济政策领域。这一分析框架帮助我们理解地方政府及其主政官员如何在长历史过程中持续推动自下而上式政策试验区。

二、政府官员的创新特质与地方发展策略选择

昆山的政府官员是典型的理论文献中所刻画的地方政策企业家群体，这一群体在持续推动昆山地方扩权和"昆山经济奇迹"过程中扮演着不可忽视的角色。当回顾昆山发展历史上第一个国家级政策试验区的创立时，便可以发现地方政策企业家在推进国家级经开区试点工作过程中充分展现了与众不同的创新特质（Innovative personalities）。回溯至20世纪80年代中期，时任县长吴克铨是最具代表性的具有地方政策企业家特质的地方官员。论其履历，吴县长在国家计委工作期间被派往昆山工作近20年，1984年经过选举后成为昆山县政府的县长。

吴克铨具有成为一名政策企业家的雄心抱负和社会敏锐度（Social acuity）。吴克铨雄心勃勃地要加快昆山的工业化进程。如前文所述，改革开放初期，昆山是一个农业经济发达但工业化水平贫弱的苏南地区的县级市，在苏州辖区中排名倒数第一。很快地，吴克铨便发挥了他独具一格的社会敏锐度，利用之前在中央部委的工作经验，开启了前往深圳经济特区和上海国家级开发区的政策学习之旅。这些考察促使吴克铨深刻认识到，经济特区或者说是广泛意义上的政策试验区在促进地方经济发展方面具有重要价值。实际上，中国政府通过在特定地方授予国家级政策试验区，通过自上而下的政策试验启动了经济改

革进程。1979年,第一个国家级经济特区在深圳设立;经济特区随后向其他城市扩展,紧接着是新一轮的国家级经开区政策试点在东部沿海14个城市展开。这些政策试验区被授权可以凭借中央政府提供的政策优势,如傅高义教授所说的"先行一步"参与经济全球化进程。不难理解,无论是从区位条件抑或城市重要性的角度而言,中央政府总是倾向于选择地级以上政府进行国家级政策试验区开展试点,而昆山等县级政府则暂不在考虑范围之内。不过,对昆山县政府而言,若能加入国家级政策试验区的行列,无疑能够更好地推动地方经济发展。

在此背景下,吴克铨采取了"用例示范"(Leading by example)和"利用央地府际网络"(Using central-local networks)两种策略相结合的方式来自下而上地推动国家级政策试验区。作为政策创新的一次先导示例(Leading example)[1],吴先生于1984年做出了自费建设地方开发区的关键决策,而在一开始,这一地方试验并未得到中央政府甚至上级政府的授权。众所周知,政策创新往往涉及冒险与不确定性,吴先生为自费开发区建设承担了相应的政策风险。需要指出的是,在20世纪80年代改革初期,地方政府无权在中央政府的监管与授权之外自行创建政策试验区,尽管昆山的开发区是自筹资金建设,并不会对中央政府造成任何财政负担。

与此同时,地方官员的央地纵向府际网络能力与"用例示范"策略一同发挥了至关重要的作用。这是因为,如果没有来自更高层级的

---

[1] MINTROM M. So you want to be a policy entrepreneur? [J]. Policy Design and Practice, 2019, 2 (4): 307-323.

政策倡导者予以支持，自下而上的政策试验将不会成功[1]。出乎意料又在情理之中的是，昆山自费开发区取得了突出的经济发展绩效，这为吴克铨赢得上级政府的支持和积累央地府际网络创设了机遇。到1987年底，昆山自费开发区的多项业绩指标（包括GDP增长率、财政收入等），即使与全国14个国家级经济开发区进行横向比较，也能排名第三，仅次于广州开发区和上海闵行开发区。昆山自费开发区的出色表现为地方创新和"用例示范"策略带来了递增的规模收益。推动昆山政府可以向中央相关部门申请将其转变为国家级经济技术开发区。

吴克铨因地缘关系与中国著名社会学家费孝通先生建立了密切的沟通联系。费孝通实地调研了昆山自费开发区，对昆山县政府推动的地方政策创新给予了大力支持，并帮助昆山成功推动自下而上的国家级经济技术开发区政策试点。从20世纪80年代后期开始，昆山与中央部委的纵向府际网络得到快速加强，随着1992年中国新一轮改革开放的开始，昆山也成了中国县域经济中唯一一家获批国家级经开区的地区。

三、官员关键决策与地方经济结构的路径依赖

由地方官员推动的地方自发型政策创新启动了昆山地方经济结构的调整及其自身的不断强化。昆山的经济结构主要包含两方面特征，

---

[1] HEILMANN S. Red swan: how unorthodox policy-making facilitated China's rise [M]. The Chinese University of Hong Kong Press, 2018.

逆袭的技艺：地方政府与中国经济奇迹

一是开发区驱动的区域发展模式；二是台商与台资企业的快速集聚。在此基础上，可以观察到在长历史演变过程中，不断强化的地方经济结构与地方官员的能力相互作用、相互影响，进而为昆山持续且成功的地方政策企业家精神的发挥奠定了基础。接下来，分别从两方面来阐述个体因素与结构因素之间的互动过程。

一方面，地方官员的个体创新特质促进了地方经济结构的形成和自我强化。进入20世纪90年代后，昆山自费开发区加入国家级经开区的行列后，为昆山的区域经济发展提供了重要的中央财政支持和行政权力下放支持，并进一步提高了昆山市政府在推动其他类型的国家级政策试验区上的积极性。例如，在20世纪80年代和90年代，国家经开区内的企业所得税可以从区外的33%降低至区内的15%，这极大地刺激了大量外资企业进入昆山开发区，获取"政策租金"（Policy rents）以降低生产和投资成本。正如前文所述，地方政府热衷于频繁推动园区尺度重构，以获得地方自治权和行政资源。具体到昆山，2000年，昆山再次加入国家级政策试验区，并成为全国县域经济中第一个加入国家级出口加工区政策试点的地区。此后，昆山又于2008年获准加入国家级高新技术开发区。由于昆山市政府的不断推动，这种园区驱动的区域经济发展模式得到了持续的强化，园区经济在地方经济中的占比也在不断提升。例如，自20世纪90年代以来，各类政策试验区内的GDP规模已达到昆山区域经济的70%~80%，这充分表明政策试验区已成为昆山经济发展的重要引擎。

第二个经济结构变化是20世纪90年代以来，台资企业及其境外投资在昆山的集聚，并且，这一过程也有利于强化昆山园区驱动的区域经济发展模式。自20世纪80年代后期以来，中国台湾地区的对外直接投资（OFDI）涉足并遍布东南亚国家，以寻找更低的生产制造成本。中国大陆于1988年制定了旨在消除台商投资流入大陆的制度性障碍[①]。在此背景下，昆山首先以自费开发区开始吸引台商投资，进入90年代后，各类FDI越来越多地流入昆山国家级经济技术开发区。更重要的是，1997年爆发的亚洲金融危机，极大地刺激了台湾IT代工制造商纷纷将其生产基地从东南亚国家迁出，中国大陆成了重要的投资目的地。在此过程中，昆山市政府自90年代以来凭借其国家级经济技术开发区的先发优势，在吸引外商直接投资方面表现出了极高的热情与诚意。昆山市政府在开发区内推动持续的政策创新，以塑造良好的区域营商环境。试举一例，昆山市政府早在1988年便在江苏省内率先推出"国有土地有偿出让"的政策创新，这帮助昆山吸引了数量可观的大企业前来投资，这些企业落户通过政府的长期土地出让而得以在昆山扎根，在稳定外商投资预期的同时也使外商获得日后丰厚的土地增值回报。

在吸引台商直接投资方面，除昆山地方政府积极伸出的"援助之手"外，另一个推动力在于台湾企业之间紧密的产业链合作网络[②]。由于台湾制造业资本专注于信息与通信技术（ICT）产业，尤其是其中的加工和组装环节，大量产业链配套厂商选择效仿富士康等龙头企业，将其（或部分）生产基地迁往昆山。因此，在台湾岛内的多家IT

[①] 中华人民共和国国务院令（第7号），《国务院关于鼓励台湾同胞投资的规定》，（国发〔1988〕41号）。

[②] BERGER S, LESTER R K. Global Taiwan: Building competitive strengths in a new international economy [M]. ME Sharpe, 2005. CHEN S H. Global production networks and information technology: the case of Taiwan [J]. Industry and Innovation, 2002, 9 (3): 249-265.

制造业巨头将其生产基地迁至昆山后，昆山的 IT 制造业开始蓬勃发展。昆山官方统计显示，昆山已经接收了大陆近 1/9 的台商投资。截至 2020 年底，昆山共批准台资项目 5394 个，总投资 645.9 亿美元。接近 10 万台商等在昆山居住。台资企业贡献了昆山近 60% 的境外直接投资和 70% 以上的进出口贸易。此外，台湾制造业百强企业中，已有 70 多家在昆山投资。由于台商和台资企业在昆山的大规模集聚，昆山被亲切地称为"小台北"。

另一方面，地方经济结构也反过来进一步强化地方政策企业家精神的发挥。尤其是台商 FDI 的快速涌入与集聚，极大地方便了昆山地方官员获取和掌握诸多的政策创新技能。随着昆山不断融入经济全球化进程，台商群体在昆山落户生产生活后，也帮助引导昆山的地方官员发展先进制造业，进行园区政策创新，以及与中央政府沟通汇报以获得选择性产业政策。这是因为，台商具有开阔的国际化视野和产业经营理念。此外，与外国直接投资不同，来自台湾地区的 FDI 还具有一项明显的优势——可以充分利用与中国大陆政府"两岸统一"的国家优先政治目标相关的政策创新资本（Policy innovation capital）。因此，昆山市政府可以充分利用台商"与生俱来"的优势，借此吸引中央政府的注意力，以推动各类国家政策试验区的地方试点。具体而言，在此过程中地方经济结构帮助强化了昆山地方官员的两种创新技能。

首先，地方官员的"搜集证据"（Collecting evidence）技能得到加强。前文已述，1997 年后台商开始从岛内以及东南亚地区外迁，昆山地方领导看准了这个大好时机，并考虑如何吸引广达、仁宝等台湾 IT 代工制造巨头。时任昆山开发区管委会负责人的宣炳龙，从昆山台商口中听到有关台湾 IT 巨头政策诉求的宝贵信息："他们（台湾 IT 代

第六章 地方政府发展能力的演变：地方官员的视角

工制造巨头）想要什么？最重要的是'便捷通关'，要做到这一点，政府应该建设出口加工区，为那些大公司及其供应商提供更好的区位和贸易制度便利。"① 不久之后，宣炳龙带领地方政府考察团访问日本，考察中国台湾地区，目的是了解出口加工区究竟是如何成功设计和运作的，例如与"境内关外"监管规则有关的内容。经过这次学习之旅，昆山市政府决定设计拟定出口加工区试点方案并向相关中央部委提交申请，例如出口加工区涉及海关总署管理的关税政策。三年后的2000年，昆山市政府提出的出口加工区政策创新得到中央批准，这进一步支持了昆山的经济全球化战略。

另一项具有政策企业家特质的地方官员的央县网络（Central-county networking）技能也得到加强。例如，自20世纪90年代以来，昆山依托于园区驱动型区域经济发展模式的卓越经济表现以及台商直接投资的快速集聚，帮助赢得了政策制定者们经常性地到昆山视察调研。对于有风险的地方政策试验，地方政府往往会寻求更高级别领导的非正式支持。正如韩博天教授所指出的那样，地方政府试图在高层领导视察地方时展示政策有效性并降低政治风险②。如前所述，有关领导于1987年到苏州考察，并经推荐到昆山开发区考察。据昆山一位退休官员所述，"该领导做了一个评价，这个自费开发区的表现非常好，没有给我们中央政府造成任何财政负担。我们应该鼓励设立更多

---

① 钟永一，张树成. 见证中国第一个自费开发区：宣炳龙印象[M]. 南京：江苏人民出版社，2009.
② HEILMANN S. Policy experimentation in China's economic rise [J]. Studies in Comparative International Development，2008，43（1）：1-26.

这样的自费开发区"①。此后，地方官员开始不断经营与维系央县府际网络，以此为创设和推动自下而上式政策试验服务。例如，昆山市发改委经常向国家发改委派驻地方干部，以快速掌握最新政策信息。再如，昆山市政府每年都会邀请国家发改委、商务部、国台办等中央部委的干部到昆山考察，并邀请他们参加自2011年起在昆山经常性举办的"两岸产业合作论坛"，这便为地方官员巩固和拓展央县域网络提供了良机。再如本书前文所指出的，在2013年昆山试验区获批之后，昆山更是赢得了与相关中央部委固定式的沟通交流机会，这些都为央县府际网络的维系奠定了重要基础。

四、地方经济结构赋能政策企业家精神的发挥

尽管昆山地方主政官员在不断更替，但从整体上看，昆山地方官员的政策创新技能和能力在长历史演进中得到提升，其行动策略的采用也更为有效。自21世纪初以来，在昆山市政府自下而上推动的国家出口加工区和昆山试验区的政策创新过程中，地方官员将尺度上移变革过程（Scaling up change processes）、议题拟定（Problem framing）和增强中央—地方网络（Expanding central‐local networks）等行动策略相互联系起来。

其一，关于尺度上移变革过程的策略采用，这要求展示在其他行

---

① 昆山市退休官员访谈，2019年9月20日。

第六章 地方政府发展能力的演变：地方官员的视角

政辖区内业已开展的成功政策试验[1]。例如，昆山出口加工区的政策方案充分说明了这一行动策略的具体运作方式。对于中央政府而言，一项改革的风险可控、预期成效显著，是给予地方政策创新支持的重要前提。为了获得中央政府的认可和支持，地方政府便需要充分阐述出口加工区如何能够以较低的风险成功运作。为此，时任昆山开发区管委会主任宣炳龙巧妙引用了境外的典型案例，向中央政府说明了出口加工区在日本和韩国的经济全球化进程中是如何有效运作的，以及这些国家的中央政府引领这一政策创新的实践经验。这即风险可控、预期显著的重要例证。尽管出口加工区这一政策试验对于中国来说是全新的，但其在加速推动经济全球化进程中的突出成效已经在日本和韩国，以及全球更大范围内得到充分验证。

其二，关于议题拟定策略，这一策略有助于形塑人们如何将具体问题与自身的利益联系起来[2]。无论是经济或政治优先事项，昆山的地方官员擅长清晰地识别和提炼地方发展议题与国家发展目标之间的紧密关联。在中国自上而下的试验性治理中，清晰拟定并提出地方发展议题以实现国家发展目标是至关重要的[3]；否则，地方试点方案很难得到中央政府的重视和认可。在此过程中，地方官员充分利用地方经济结构的特征及优势，以更好地吸引上级决策者的政策注意力。尤

---

[1] MINTROM M. So you want to be a policy entrepreneur? [J]. Policy Design and Practice, 2019, 2 (4): 307-323.

[2] MINTROM M, LUETJENS J. Policy entrepreneurs and problem framing: The case of climate change [J]. Environment and Planning C: Politics and Space, 2017, 35 (8): 1362-1377.

[3] NGO T W, YIN C, TANG Z. Scalar restructuring of the Chinese state: The subnational politics of development zones [J]. Environment & Planning C: Politics and Space, 2017, 35 (1): 57-75.

其是，高度聚集的台商 FDI 与中国大陆对台湾地区的政治优先目标密切相关。台商被视为可以促进两岸关系并加速中国统一大业进程的重要可团结力量①，自然也就受到不同于一般境外投资的政府独特关注。

因此，昆山市政府从 20 世纪 90 年代末开始就充分利用其台商集聚优势向中央政府获取政策创新权限。例如，昆山通过外向型发展模式积累了大量的台商和台商移民，这为昆山市政府说服中央政府创新独特的昆山试验区计划以实现行政分权的制度化带来了巨大优势。中央政府于 2013 年正式批准了"昆山试验区"这一具有国家首创意义的新型园区尺度重构，极大地重塑了中国的中央与县级政府之间的府际关系。

其三，更重要的是，昆山持续的自下而上式试验区尺度重构也有赖于不断加强的央县府际网络能力。它可以帮助地方官员更好地利用和扩大府际网络资源②，从而有利于消除中央政府与下级政府之间的信息不对称问题。关于如何与中央各部委建立紧密联系，解决信息不对称问题，昆山的地方官员给予了足够的重视。例如，在昆山市政府建立的诸多央县府际网络中，其中的一位重要决策者曾在国家发展改革委和国台办工作。他通过个人网络及相关的府际网络资源，为昆山

---

① YU Y W，YOU K C，LIN T C. Political economy of cross－strait relations：Is Beijing's patronage policy on Taiwan business sustainable？［J］. Journal of Contemporary China，2016，25（1）：372－388. ZHENG Z. Developmentalism and pan－functionalism in Mainland China's economic policy toward Taiwan，1988－2018［J］. The China Review，2021，21（3）：271－305.

② MINTROM M，NORMAN P. Policy entrepreneurship and policy change［J］. Policy Studies Journal，2009，37（4），649－667. MINTROM M. So you want to be a policy entrepreneur？［J］. Policy Design and Practice，2（4）：307－323.

市政府创造了与部委和一些高层干部之间直接沟通交流的机会①。与周边地区相比，昆山高度集聚的台商企业对于其加强与中央的府际网络资源起到了至关重要的作用，这也是高层认识昆山、支持昆山的重要原因之一。熟悉昆山及其台商集聚优势的地方干部，到部委工作，这也进一步丰富了央县府际网络资源，并促进了地方在有关政策议程设置阶段发挥更大的影响力。

五、本章小结

本章内容从地方官员的个体决策视角，补充探讨了地方政府发展能力是如何动态演变的。通过引入政策企业家理论，本章内容考察了昆山的干部如何采用有效的行动策略，跨越省市多个行政层级来吸引中央政府政策注意力，进而持续获批各类自下而上的政策试验区，以实现地方政府发展能力的持续成长。与以往的实证研究结果一致②，昆山案例通过长历史分析验证了结构因素和个体行动因素之间的动态相互作用，如图 6-2 所示。

本章的实证研究还揭示了几个额外但与研究主旨相关的理论命题：

---

① 昆山市退休官员访谈，2020 年 3 月 25 日。
② HE A J. Manoeuvring within a fragmented bureaucracy: Policy entrepreneurship in China's local healthcare reform [J]. The China Quarterly, 2018, 236, 1088-1110. HASMATH R, TEETS J C, LEWIS O A. The innovative personality? Policy making and experimentation in an authoritarian bureaucracy [J]. Public Administration and Development, 2019, 39 (3), 154-162. LEWIS O A, TEETS J C, HASMATH R. Exploring political personalities: The micro-foundation of local policy innovation in China [J]. Governance. 2022, 35 (1): 103-122.

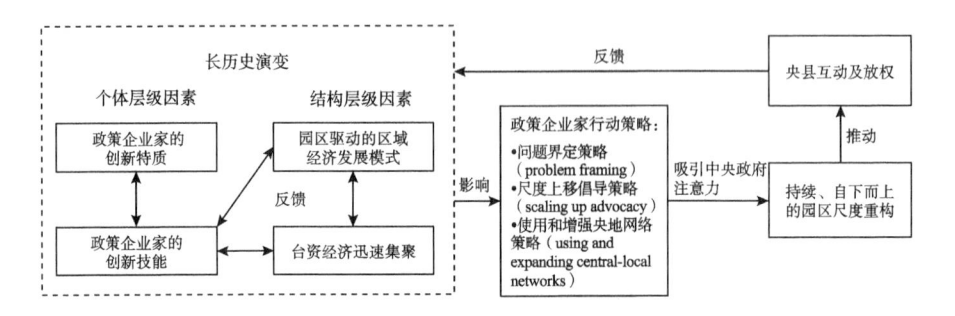

图 6-2 地方政策企业家推动园区尺度重构的作用机制图

一是地方经济结构（园区驱动的区域经济发展模式和高度聚集的台商投资）有助于促进地方官员的创新技能（例如维护府际网络关系和收集政策创新证据等技能）在塑造政策企业家精神发挥方面的积极作用，而现有研究更多地关注宏观政治结构和制度框架的调节作用①。这一发现暗示了一种"因地制宜的政策企业家精神"（Policy entrepreneurship in local conditions）的实践模式，并增进了我们对于政策企业家精神的结构性因素的理解。二是结构因素和行为因素可以在长历史发展演变过程中相互加强与形塑，而不仅是已有研究所认为的——结构因素对个体行为的单向塑造过程②。此外，本研究还发现了昆山"利用和扩展网络"的另一种方式，亦在其地方行政管辖范围之外（而不

---

① HE A J. Manoeuvring within a fragmented bureaucracy: Policy entrepreneurship in China's local healthcare reform [J]. The China Quarterly, 2018, 236, 1088-1110. LEWIS O A, TEETS J C, HASMATH R. Exploring political personalities: The micro-foundation of local policy innovation in China [J]. Governance. 2022, 35 (1): 103-122.

② COHEN N. Policy entrepreneurs and agenda setting. Handbook of public policy agenda setting [M]. Edward Elgar Publishing, 2016, 189-199. MINTROM M, NORMAN P. Policy entrepreneurship and policy change [J]. Policy Studies Journal, 2009, 37 (4), 649-667.

仅限于辖区内）参与中央—地方府际网络的构建与维护，这有助于在理论上将纵向政府间互动因素引入政策创新与政策企业家的研究领域①。

---

① HE A J. Manoeuvring within a fragmented bureaucracy：Policy entrepreneurship in China's local healthcare reform [J]. The China Quarterly, 2018, 236, 1088 - 1110.

第七章
讨论：昆山案例的借鉴价值及其理论蕴含

第七章 讨论：昆山案例的借鉴价值及其理论蕴含

一、昆山案例的特殊性与一般性

在研究方法上，尽管本书采取的是一种基于案例的混合型研究策略（单案例＋比较案例研究），但主要研究结论的获得仍然基于昆山样本。单案例研究的优劣势十分明显。一方面，其重要优势在于揭示研究现象背后的复杂因果机制、鲜活的故事与细节，以及提升研究设计的内部效度等；另一方面，就其不足而言，实证主义者常对其外部效度，亦即研究结论外推至更广泛的实践场景中的有效性抱有质疑。不过，任何案例都是特殊性与普遍性的综合，而案例研究尤其是单案例研究的重要价值恰在于，借助单案例研究情境进行更具一般意义的研究探索，并为各相关学科研究贡献超越个案情境的一般性知识[1]。本节内容将归纳提炼昆山案例的特殊之处，并着重讨论这些特殊性背后的一般性知识，以帮助分析判断昆山案例的特殊性将在多大程度上影响本书的主要结论及推论。

（一）区位与经济结构特征

论及"昆山经济奇迹"，昆山的区位优势是个首当其冲的解释。在笔者与同行交流本项研究时，几乎所有人都会脱口而出、不假思索地认为昆山的崛起乃是因其紧邻上海的区位优势。俗话说，"背靠大树好乘凉"。这一说法错了吗？倒也未必。对了吗？也不尽然。区位因素在

---

[1] 张静. 从特殊中发现一般：反思中国经验的阐述问题 [J]. 学术月刊，2022，54（03）：142-150.

◎ 逆袭的技艺：地方政府与中国经济奇迹

要素配置与流动中所具有的极端重要性，以至于在分析任何区域发展问题时都不能忽视。例如在中国的区域发展研究中，学者们常常将某地区与上海、香港的地理距离长短，作为刻画与衡量该地区的区位优劣势。但正如本书在第二章文献综述中所指出的，昆山的区位优势固然重要，但并不足以解释其为何能够实现地区经济逆袭。即使是在上海周边，紧邻县市也并非昆山一家，同为苏州的太仓、吴江，再如浙江嘉兴的多个县市，与昆山形成了最佳的"实验—对照"组。更不消说，上海下辖的各县区较之昆山更具备区位优势。

质言之，昆山的区位优势是其区域发展的核心竞争力之一，但并非其全部。否则，具备区位优势的地区，其政府似乎可以"躺赢"。但正如本研究所发现的那样，在渐进式制度变迁背景下，区位优势的发挥须得益于积极有为的地方政府。其实放眼全国，具备区位优势的地区屈指可数。因此，对处于"相对区位劣势"的广大地区而言，地方政府发展能力的重要性则更为凸显。义乌的区域发展即是个典型案例。位于浙江省中部的丘陵地带，不靠海、不靠中心城市，而在改革开放之初，义乌的交通基础设施也十分匮乏。但义乌政府却能推动机场、铁路，以及内陆海关的建设，极大地降低了内贸和外贸的运输成本和交易成本，区位劣势转化为了区位优势，最终将义乌发展成为中国乃至全球最大的商品交易中心和物流集散地之一。这说明，昆山所具备的区位优势，并不妨碍地方政府发展能力的"昆山经验"借鉴至其他地区，而且对于不具备区位优势的广大地区而言，"昆山经验"的借鉴更为必要且重要。

与区位优势类似，昆山的经济结构特征也同样不构成其他地区学习借鉴"昆山经验"的障碍。昆山的区域经济呈现出典型的外向型经

第七章 讨论：昆山案例的借鉴价值及其理论蕴含

济发展模式，而这无疑得益于中国政府推动的改革开放战略，以及经济全球化浪潮。尤其是伴随着1992年邓小平"南方谈话"和上海浦东新区的开发开放，昆山随即借助国家级经开区积极拥抱经济全球化。2001年之后，昆山更是借助国家级出口加工区极大地促进了外向型经济的发展。因此在"昆山模式"中，外资经济（尤其是台资经济）远胜于民营经济，这与温州模式、义乌模式具有着显著差异。在较长一段时间内，相较于民营经济而言，外资经济不仅投资额大，而且往往在全球产业链分工体系中占据一定的位置，这促使昆山短期内在其产业园区内形成了诸如电子信息制造业、装备制造业为主的资本和技术密集型产业集聚。据统计，截至2023年3月，昆山共集聚79个国家和地区的9600多个外资项目，总投资超1200亿美元。其中48家世界500强企业在昆山投资设立项目108个①。其中，台资企业更是功不可没。20世纪90年代以来，台资企业在全球电子信息制造业中占据着举足轻重的位置，尤其是笔记本电脑、数码相机等IT产品的国际代工制造。对于台资企业而言，中国大陆提供了无与伦比的市场规模优势以及生产成本优势；而对于昆山而言，台资企业，尤其是行业龙头引领的电子信息产业链的集聚，极大地助推了昆山产业集聚规模的扩张。也正因如此，在产业规模扩张阶段，单论工业产值，昆山模式相较于温州模式和义乌模式而言略胜一筹。

外向型经济、台资企业、电子信息制造业，这三个关键词构成了昆山地方经济结构的核心特征，是"三位一体"的过程。深入考察可

---

① 数据来源："昆山发布"公众号，"大项目纷至沓来、落地生根，昆山'强磁场'引力从何而来？①城与企的'双向奔赴'"，2023-04-14。

以发现，这一经济结构特征是昆山市政府依据各项地方发展条件的优劣势所作出的发展战略选择，进而在长历史的路径依赖作用下所形成与巩固的。如若在20世纪90年代初，昆山选择了汽车产业抑或生物医药产业作为其主导产业，则无疑难以实现今日之辉煌。论汽车产业，尽管产业市场规模巨大，但与上海、武汉、长春、广州等汽车老牌城市相比，昆山在技术基础、供应链环境等方面均不占据优势。倒是随着装备制造业和电子信息制造业的高度发展，昆山如今逐渐具备了发展汽车产业尤其是新能源汽车制造业的重要优势。而至于生物医药产业，更是对城市的行政能级，及其创新要素集聚能力提出了更高的挑战。正如昆山自2008年以来在小核酸产业培育上的"步履蹒跚"所表明的[①]，再培育一个诸如电子信息制造业的主导产业并非易事。进一步比较昆山、义乌与温州也可以发现，选择不同的产业发展模式、形成不同的地方经济结构特征，并不妨碍地区经济逆袭的实现，而其关键仍然在于地方政府推动辖区发展、选择与执行发展战略的重要角色。

（二）空间尺度重构类型

在本书研究中，中国治理场景下的空间尺度重构被划分为四种主要类型，分别是园区尺度重构、村镇产业集群建构、行政区划调整，以及市场组织创新。但由于聚焦于昆山案例，本书研究对其他三种尺度重构

---

① 在近10年的产业培育过程中，昆山小核酸产业集聚和创新发展较为缓慢。数据显示，截至2015年，小核酸产业基地内的企业超140家，但规模以上企业只有20家，规模以上企业产值59.16亿元。对昆山政府扶持小核酸产业发展的历程与成效，可参阅：叶志鹏. 空间尺度重构与区域产业发展：基于政府发展能力的视角［D］. 清华大学博士学位论文，2020.

第七章 讨论：昆山案例的借鉴价值及其理论蕴含

类型的分析较为不足。这也延伸出一个疑问：昆山经济奇迹的实现是否与特定的（园区）尺度重构有关？相较而言，园区尺度重构是中国各地区推动制造业集聚发展的核心空间载体，而且昆山案例也主要以园区尺度重构为主，因此在研究过程中并未聚焦于另外三类尺度重构类型。但结合地方政府发展能力理论可知，不同的尺度重构类型，所能展现的地方政府发展能力的程度与空间的确存在差异。例如，行政区划调整大多为自上而下式尺度重构，地方政府在推动这类尺度重构上的"空间"不足。再如，地方政府借助市场组织创新和村镇产业集群所获得的发展权限效应较弱。诸如此类的问题，也构成了本研究的局限性之一。

但尽管如此，不同的尺度重构类型也确实为地方政府施展与积累其发展能力创设了条件，同时也为落后地区实现超常规增长提供了尺度重构的"增长效应"。这里可以基于昆山、义乌、东莞和温州等四个逆袭案例作简要分析，通过对四个地区开展横向案例间与纵向案例内的跨时空比较，考察不同的尺度重构路径所导致的产业发展成效差异，以及地方政府发展能力在其中所扮演的角色。如表7-1所示，本书将四个案例在其三个产业发展阶段的地方制度因素和产业发展成效进行归纳提炼，可得出如下两个简要结论[①]。

其一，不同的尺度重构路径契合于不同的产业发展特征，且均能够有效推动区域产业发展。至少在工业化起步阶段，四个逆袭地区的地方政府均展现出较强的发展能力，而四地截然不同的尺度重构类型均有效推动了各自主导产业的集聚发展和转型升级。与此同时，无论

---

① 对四个逆袭地区详细的案例比较分析，可参阅：叶志鹏. 空间尺度重构与区域产业发展：基于政府发展能力的视角 [D]. 清华大学博士学位论文, 2020.

是原有尺度重构路径的不断升级（义乌案例），抑或对既有尺度重构路径的转型（2008年之后的东莞案例），均不影响尺度重构在推动产业集聚和转型升级中的促进作用。

其二，不同的尺度重构路径对于产业发展的影响，均受制于政府发展能力。昆山与东莞的案例比较说明，即使是相同的高新区尺度重构，其作用效果受制于地方政府的创新要素资源的集聚能力。温州与东莞的案例比较进一步说明，在尺度重构路径发生转型的同时，若未能展现充足的政府发展能力，仍然难以获得突出的产业发展成效。而昆山与义乌的案例比较则说明，只要保持较强的政府发展能力，不同尺度重构路径的不断升级均能够推动各个阶段的产业集聚发展。

表7-1 "逆袭四城"的横向案例比较总结

案例	发展阶段	地方制度因素		产业发展成效
		尺度重构路径	政府发展能力	
昆山	起步阶段	园区尺度重构	强	好
	扩张阶段			
	升级阶段		中	中
义乌	起步阶段	市场组织创新	强	好
	扩张阶段			
	升级阶段			
东莞	起步阶段	村镇产业集群	强	好
	扩张阶段	村镇产业集群	中	中
	升级阶段	村镇产业集群 园区尺度重构	强	好
温州	起步阶段	村镇产业集群	强	好
	扩张阶段	村镇产业集群 园区尺度重构	中	中
	升级阶段			

第七章　讨论：昆山案例的借鉴价值及其理论蕴含

基于上述简要的比较案例分析可知，尽管昆山经济逆袭乃是依托园区尺度重构所施展和增强的政府发展能力，但地方政府可"因地制宜"地借助不同尺度重构类型来实现地区经济逆袭。更重要的是，无论是何种尺度重构类型，地方政府发展能力对于维系持续的地方经济增长而言至关重要，这便进一步佐证了，本书的核心研究结论并不局限于昆山样本。

（三）地方政策连续性

由于本书对昆山案例开展的是长历史分析，考察的是地方政府发展能力的动态演变过程。这便涉及一个重要的议题，即地方发展战略及政策创新方向的连续性问题。由于尺度重构的本质是行政资源的空间再配置，这意味着地方主政官员对行政资源的配置将影响尺度重构所能发挥的效应。例如，在中国的干部人事管理制度下，地方官员的调动往往会影响某一地区的发展思路，"一届领导一届思路"的现象并不少见。但在昆山，从自费创办开发区以来，各届领导一直将外向型经济作为主要发展战略而一以贯之地执行。

不同的访谈对象均指出了政策连续性是"昆山经济奇迹"的重要原因之一。一位老干部谈道："吴克铨的最大功劳，是从县长、市长到书记（的任上），把昆山开发区成立了。后来他去苏州工业园区做副主任。后续领导一任接一任，昆山一直把外向型经济作为主要任务来抓，发展路径没变。"① 另一位老干部评价说："昆山经验有一条：苏州、江苏省的政策放得开，对昆山比较爱护，充分调动了昆山干部的积极

---

① 昆山市人大前副主任访谈，2017年8月29日。

性。下派的每一任领导，没有否定以前，政策连续性很强。都是觉得外向型经济对，差不多都是市长接替书记，长时间参与政策。领导外调，都把昆山经验与当地实践相结合，做了不少事情。苏州下派干部，没有把昆山官员分为两派。昆山也有不少能人，干部都能够得到重视、提拔、使用。那个年代，那些干部做事情很洒脱，充分和上级领导沟通。再困难也要去完成，出问题，上级担责任，所以昆山才有今天。"[1] 另一位退休干部说："昆山的政策连续性强，领导理念一直都推动和维护外向型经济，在政府内部形成了氛围，以至于没人会打破这种氛围，一直延续下来。"[2]

地方领导人的稳定性，保障了地方政府发展思路和政策执行的稳定性。例如，吴克铨主导了昆山20世纪80年代的经济发展。一位退休干部评价说，"吴克铨以前在国家计委工作过，眼界不一样，一直都管经济、管工业。20世纪80年代到90年代初，基本上都是吴克铨在主抓工业。领导人的眼界和能力很重要。昆山经开区，就是在吴克铨的手上弄起来的，包括刚开始自费创办，到后来争取国家级经开区政策"[3]。再如，宣炳龙更是执掌昆山开发区运营长达20余年，开发区经营管理团队的稳定性也保障了昆山开发区能够一直发挥重要作用。昆山地方干部评价说："开发区工作的连续性和联动性，决定了经营管理开发区团队必须是一个长期稳定和团结的队伍。长期稳定，包括发展规划和人员之间关系的长期稳定性。一个地方，市委书记、市长可

---

[1] 昆山市退休领导访谈，2017年8月29日。
[2] 昆山市退休干部访谈，2019年9月19日。
[3] 昆山市退休干部访谈，2019年9月19日。

第七章 讨论：昆山案例的借鉴价值及其理论蕴含

以几年一换好似'流水的兵'，但经营管理者团队必须是'铁打的营盘'。"①

地方政府的政策连续性，还保障了园区运营团队和发展思路的稳定性。长期担任开发区管委会主任的宣炳龙谈道："上次上海几个报社及其他新闻媒体的人，在研究采写昆山是什么'现象'，我说不是哪一个人的什么现象，而是昆山开发区经营管理团队现象。开发区的工作有连续性、联动性，市委书记、市长可能几年一换，开发区团队 20 多年一直沿着这条路，一段一段一直往前走，我们没有尽头。整个队伍是一个长期、稳定和团结的团队。长期，主要是经济发展长期性决定了规划的长期性、人员之间关系的长期性。如果开发区两三年换一个主任，就不会有今天有血有肉的四个阶段的发展，也不会有阶段连续的不断的"爬坡"。这说明，保持人员和思路稳定的团队，是非常重要的。但话说回来，昆山市委、市政府每任领导对开发区都是十分重视与关注，大力支持的。否则，开发区不会有今天这样的辉煌。"②

实际上，从吴克铨时代以来，昆山地方干部一直具有较强的稳定性，这从市委书记的任命中可以看出这一特征。通过梳理改革开放以来昆山（县）市的主要领导任免信息可以发现，昆山大部分的市委书记均由市长接任，这在一定程度上确保了地区发展理念和政策思路的连续性。例如，恰是因为政策连续性，才能保障难以在短期内见效的新兴产业培育得以顺利推进。以 2008 年在昆山高新区内开始培育小核

---

① 钟永一，张树成. 见证中国第一个自费开发区：宣炳龙印象 [M]. 南京：江苏人民出版社，2009：16.

② 宣炳龙自述。摘自：钟永一，张树成. 见证中国第一个自费开发区：宣炳龙印象 [M]. 南京：江苏人民出版社，2009：102.

酸产业为例，如果缺乏连续和稳定的政策支持，该产业能否培育成功也需要打个问号。"能走到今天这一步，非常不容易，其背后是昆山地方政府的前瞻、远见、担当和定力……这十年间，昆山先后经历了5任市委书记，但每任市领导上任后并没有'翻烧饼'，而是始终不渝地支持相关企业和生物医药产业园，每年都要往里面砸巨资，但短时间内根本看不到产出，就这样坚持了十年！"①

总结起来，昆山政府领导及其政策理念的长期连续性，确实是"昆山经验"中的特殊性之所在。我们甚至可以将地方政策连续性视为地方政府发展能力的构成要素之一。但本书并未如此处理的主要原因在于，地方政策连续性是一个较为偶然的现象，往往并非地方一级政府所能左右，而是上下级政府间复杂互动、政治行政因素相互交织的产物。就此而言，这一条"昆山经验"着实难以为其他地区所借鉴与模仿；当然，也并不妨碍其他地区去追求与维护。

二、昆山模式的理论价值蕴含

"昆山经济奇迹"的背后，是一套由昆山特定的区位条件、地方经济结构、空间尺度重构，以及地方政府发展能力所构成的区域发展模式。本书暂且将其提炼为"昆山模式"（Kunshan Model）。关于区域发展模式的研究，数20世纪90年代至21世纪初期最为辉煌，诸如温州模式、苏南模式、东莞模式、义乌模式等，伴随这些地区快速的经

---

① "新昆山之路4：归零再出发，昆山为何发力'科创之城'"[N].澎湃新闻，2019-09-25.

第七章 讨论：昆山案例的借鉴价值及其理论蕴含

济发展而受到学术界和社会各界的广泛热议。相较而言，学术界关于昆山模式的分析与讨论不多，而基于昆山发展经验进一步理论对话、贡献一般性学科知识的探讨更是少之又少。为此，本书结合昆山案例研究成果，尝试来挖掘和分析昆山模式所蕴含的丰富的、跨学科的理论价值。具体包括：

其一，对于空间尺度重构理论的研究启示。"昆山模式"凸显出地方政府发展能力对于促进区域经济发展的重要作用，而这一作用主要是借助持续的空间尺度重构来完成的。因此，对于经济地理学的尺度重构理论而言，本书实际上揭示并强调了中国区域产业发展中的地方制度动力，这便丰富了经济地理学的尺度转向（Scalar turn）和制度转向（Institutional turn）研究。既有研究区域产业发展的三个经典解释，或是基于市场机制的区位优势和要素相对价格出发展开讨论，或是从国家层面的政策支持视角进行研究。与此不同，本书将地方制度性差异引入理论分析，并将地方政府推动的尺度重构作为一个新的解释变量。本书基于中国制度情境的理论创新，丰富了新经济地理学自20世纪90年代以来探索驱动经济地理分布背后的地方性制度差异的热潮[①]，同时也有助于将围绕空间尺度重构的政治经济过程引入经济

---

① CLARK G L, et al. The Oxford handbook of economic geography [M]. Oxford University Press, 2003. MARTIN R, SUNLEY P S. Low convergence? The new endogenous growth theory and regional development [J]. Economic Geography, 1998, 74 (3): 201 - 227. TICKELL A, SHEPPARD E, PECK J, et al. Politics and practice in economic geography [M]. Sage, 2007. STORPER M, KEMENY T, MAKAREM N P, et al. The rise and fall of urban economies: Lessons from San Francisco and Los Angeles [M]. Stanford University Press, 2015.

地理学研究①。此外，通过分析空间尺度重构在区域发展的要素资源配置中的作用，本质上是将空间因素融入政治经济学之中，或将制度因素引入区域经济学当中。就此而言，本书有助于促进在既有的地方政府行为研究中融入区域政治经济学（Regional political economy）的研究视角。

其二，对于地方政府行为理论的研究启示。基于昆山案例，本书通过拓宽地方政府发展能力同质性假设，补充并丰富了地方政府行为研究的发展能力视角。具体而言，本书在理论上引入了地方政府发展能力的异质性分析视角，通过拓宽地方政府行为研究的重要前提假设（假定地方政府行为激励直接决定地方经济发展成效），将地方政府发展能力对于促进区域产业发展的异质性影响纳入考察。本书丰富了地方政府行为研究的发展能力视角，其与既有的行为激励视角一同，为理解中国地方政府行为提供更为全面的考察维度。与此同时，发展能力异质性的引入，还有助于理解中央与地方政府之间的行政分权如何促进区域产业发展的作用机制，亦即：行政分权不仅影响地方政府行为激励，而且还能形塑地方政府发展能力，并借助尺度重构得以实现地方政府"愿意干"和"如何干"的过程。因此，未来的区域发展研究应重视刻画和捕捉区域间的地方政府发展能力差异，并进一步对其形成激励和影响效应开展理论与实证研究。

其三，对于发展型政府理论的研究启示。基于昆山的持续地方扩权经验，本书提出的地方政府"上下互动式"扩权理论，揭示了一种

---

① 隶属于经济地理学的"新"经济地理学研究思潮，区别于经济学中由克鲁格曼创设的新经济地理学流派（New Economic Geography，NEG）。

第七章 讨论：昆山案例的借鉴价值及其理论蕴含

不同于地方发展型政府理论的政府行为逻辑。这不仅为理解内生型经济发展提供了分析视角，同时也为理解中国地方政府的扩权行为提供了一种新解释。具体而言，对于中国地方发展型政府行为的解释，本书将央地互动关系内生化处理，从而覆盖了地方发展型政府和"官场＋市场"理论的观察盲区。已有文献在一个央地关系稳定结构假定下考察地方政府的发展模式及其与企业的互动逻辑，这虽然有助于简化理论模型，但却忽视了地方政府借助央地互动关系实现自我扩权的行为逻辑。在本书第五章内容中，通过构建一个基于政策试验区的"上下互动式"扩权分析框架，从而将央地互动关系引入地方政府发展行为研究，强调地方政府综合运用三种发展策略来形塑央地关系和政商关系，最终推动中央政府基于政策试验区的选择性放权。这意味着，地方发展型政府研究不仅可以探究政商互动模式，还可用于分析地方政府的发展权限扩增及其发展成效差异等议题。而具体到"官场＋市场"理论而言，其不仅可以分析横向维度的官场竞争与市场竞争，还可以关注纵向维度的央地合作式互动与选择性放权对地方"官场＋市场"互动模式的影响。

其四，对于政策试验与政策企业家理论的研究启示。本书第六章，通过将政策企业家精神引入考察自下而上式政策试验的微观动力机制，为政策试验的理论研究带来一些启示。首先，不同于大多数研究侧重分析中央政府如何选择、设计和控制政策试验的目标与过程[1]，本书揭示了层级体制中自下而上式政策试验的微观基础和具体机制。这意

---

[1] MEI C, LIU Z. Experiment-based policy making or conscious policy design? The case of urban housing reform in China [J]. Policy Sciences, 2014, 47 (3): 321-337. KO K, SHIN K. How Asian countries understand policy experiment as policy pilots? [J]. Asian Journal of Political Science, 2017, 25 (3), 253-265.

味着，政策企业家理论应当被更多地应用于政策创新和政策试验研究当中，尤其是需要探寻其微观机制或采用个体层级分析视角时，政策企业家理论的解释力将更为彰显。其次，近来的一些政策创新文献开始关注为何即使在集权改革背景下还会发生持续的地方政策创新[1]。对于这一研究议题，"昆山模式"的重要启示在于，地方经济结构特征很重要，尤其是它在加强地方官员的创新特质和创新技能方面，能够扮演着政策创新"加速器"（Accelerator）的作用。最后，本书还有助于考察地方政策试验的另一个未被已有研究重视的独特功能——增强在多层级政治体制中的地方自主性（Local autonomy）。现有关于政策试点和政策试验之多重功能的相关讨论，均假设了政策设计者（往往是中央或高层级政府）的分析视角，而忽略了地方政策制定者与创新者的利益[2]。"昆山模式"则指明了地方政府借助政策试验来扩大地方自主权的重要目的，这一发现与自下而上式国家尺度重构的研究文献相一致[3]。特别是对于处于中央与地方关系动态调适情景下的地方政

---

[1] HASMATH R, TEETS J C, LEWIS O A. The innovative personality? Policy making and experimentation in an authoritarian bureaucracy [J]. Public Administration and Development, 2019, 39 (3): 154-162. TEETS J C, HASMATH R. The Evolution of Policy Experimentation in China [J]. Journal of Asian Public Policy, 2020, 13 (1): 49-59.

[2] HEILMANN S. Policy experimentation in China's economic rise [J]. Studies in Comparative International Development, 2008, 43 (1): 1-26. ETTELT S, MAYS N, ALLEN P. The multiple purposes of policy piloting and their consequences: Three examples from national health and social care policy in England [J]. Journal of Social Policy, 2015, 44 (2): 319-337.

[3] NGO T W, YIN C, TANG Z. Scalar restructuring of the Chinese state: The subnational politics of development zones [J]. Environment & Planning C: Politics and Space, 2017, 35 (1): 57-75.

第七章　讨论：昆山案例的借鉴价值及其理论蕴含

府而言，考察政策试验的制度性激励时，便需要将这一地方扩权激励纳入考察。

其五，对于中国中央与地方关系研究的启示。一方面，本书基于昆山案例所提出的"上下互动式扩权"理论，提倡在既有的地方政府行为研究中引入央地关系，通过央地关系的内生化与动态化处理，为理解地方内生型经济发展的政府行为逻辑，尤其是理解中国地方政府扩权行为提供一种新的分析视角。在渐进式制度变迁背景下，一些地方官员实际上具有制度企业家的色彩，为克服宏观制度障碍和外部结构约束而探索行之有效的发展策略。而这一政策创新过程恰是在中央与地方动态互动的制度背景下发生的，同时反过来也不断形塑着当代中国的中央与地方关系。另一方面，"昆山模式"的研究帮助我们更好地理解当代中国制度背景下正在发生的"央县互动"及其制度化互动趋势。昆山案例揭示了政策试验区作为地方政府扩权的一个重要空间载体，帮助地方政府克服其行政层级限制，尤其是借助"部省际联席会议"制度实现了央县政策互动的制度化，这对于理解当代中国的央县关系演变以及县级政府的扩权模式提供了一些有价值的实践观察与理论蕴含[1]。此外，在央地互动关系视角下剖析地方政府基于政策试验区等扩权载体的行动策略选择与能力积累机制，还有助于丰富关于

---

[1] 叶志鹏. 上下互动式扩权：内生型经济发展中的地方政府行为逻辑——对昆山经济发展的长时段考察 [J]. 公共管理学报，2022，19（3）：84-95+171. YE Z, WU W. Attracting the remote emperor's attention: local policy entrepreneurship in China's policy experimentation under hierarchy [J]. Journal of Asian Public Policy, 2022, 1-19. doi.org/10.1080/17516234.2022.2083930. 赵子龙，吴维旭，黄斯璇. 部省际联席会议的运行机制及其制度化逻辑：基于昆山深化两岸产业合作试验区的案例分析 [J]. 公共行政评论，2023，16（1）：70-87+198.

地方内生型经济发展与县域经济治理的本土化理论解释。

其六，对于政府与市场关系研究的启示。本书增进了对中国经济体制转型中的政府与市场关系的理解。本书拓宽了政府创设市场环境和增进市场机制的途径研究，其核心内容是空间尺度重构。在渐进式制度变迁的背景下，地方政府借助空间尺度重构来塑造和优化区域营商环境，亦即在特定的地域范围内引进和培育市场机制，更好地促进市场机制在资源配置中的作用，同时也增强了地方政府克服市场失灵的能力。在这意义上，尺度重构成为中国经济体制转型时期的政府与市场形成良性互动的中介平台。尽管已有文献并不缺乏对中国地方政府之制度企业家角色的理解，但对地方政府如何发挥其制度企业家职能的过程分析仍然匮乏。在中国的渐进式制度变迁过程中，市场机制是一个逐步培育和发展的过程，其中的市场失灵问题也受到了广泛关注，典型如行政壁垒与市场分割、营商环境欠佳等。然而，这些市场失灵究竟是如何被有效克服的？既有文献的讨论较为不足。中央政府无疑是个至关重要的角色，如对改革开放进程的启动、沿海地区的开放等，都是自上而下式制度变迁的体现。而对于地方政府而言，为辖区内的"关联企业"创设并提供"特惠制度"、优化区域营商环境是其克服市场失灵的重要方式①。

在已有研究基础之上，本书通过揭示地方政府借助空间尺度重构来克服市场失灵进而优化区域营商环境，有助于增进学术界对于中国制度情境下政府与市场关系的理解。基于昆山案例研究可

---

① BAI C E, HSIEH C T, SONG Z. Special deals with Chinese characteristics [R]. NBER Working Paper (No. 25839), 2019. 白重恩，谢长泰，宋铮，等."特事特办"：中国经济增长的非正式制度基础 [J]. 比较，2021，112：138-156.

第七章 讨论：昆山案例的借鉴价值及其理论蕴含

以发现，尺度重构是地方政府，尤其是落后地区优化区域营商环境的重要途径。尺度重构理论的"中国化"建构，有助于回答既有理论的困惑与讨论不足。在宏观制度变迁的过程中，尺度重构不仅扮演着空间平台和发展场域的建构，同时起到了推动地方制度变迁进而推动宏观制度变迁的功能，本书概之为制度变迁机制。就中国的改革实践而言，中央和地方政府均为推动制度变迁的行为主体，如果说自上而下式尺度重构是中央政府主导的制度变迁过程，那么自下而上式尺度重构无疑更多是地方政府自身努力的结果。自下而上式尺度重构的制度变迁机制，反映了中国渐进式改革背景下的地方政府行为逻辑。显然，对于地方政府而言，改善区域制度环境而非宏观制度环境，是一个较切实际的策略。而尺度重构，不仅可以将改革风险缩小至最小的地域范围，同时也为国家和地方层面的一系列政策创新与试验提供了平台。本书套用科斯的一句名言来表达："如果说企业组织是市场这片汪洋大海中的一座座小岛，那么空间尺度重构何尝不是宏观制度体制这片汪洋大海中的一座座小岛？""昆山之路"的创始人吴克铨揭示了推动开发区建设的制度变迁蕴含："我们在老体制的汪洋大海包围之中，要走出自己的路来很不容易；而且我们自己也是从老体制中走出来的，或多或少会带上不少老的观念、老的办法，客观上还有不少人不理解。"[①] 而持续且成功的尺度重构，成了昆山走出老体制的汪洋大海的"诺亚方舟"。

尺度重构所蕴含的制度变迁过程，是地方政府推动区域产业集聚

---

① 吴克铨，"坚持实事求是，搞好园区建设"，1996年在苏州工业园区全体干部学习学会上的发言。

发展的地方制度基础。在与尺度重构相伴随的行政资源的空间配置过程中，地方政府不仅可以增加可资利用的行政与经济资源，还可以借此推动宏观层面的制度变迁，如由昆山率先提出的出口加工区概念。在这一自下而上的制度变迁过程中，地方政府借助尺度重构得以开发区位优势、集聚要素资源、塑造区域制度环境，进而增强地方政府在克服市场失灵上的能力。尤其是在宏观制度（如营商环境）不健全时期，尺度重构推动的区域制度环境优化，帮助克服了产业集聚发展中的市场失灵问题，如外商投资信心不足、项目审批流程烦琐、基础设施配套不足等问题。总之，只要宏观制度变迁过程仍在继续，亦即所谓的"制度势能"仍然存在，且产业发展中的市场失灵问题仍然存在，则尺度重构的制度变迁机制依然重要。这也恰恰解释了为何发展中国家，尤其是经济绩效较好的国家和地区，其产业园区等各类尺度重构也更为频繁。这也解释了，为何在诸如昆山、义乌、东莞等相对落后地区的经济赶超过程中，也伴随着频繁的空间尺度重构。由此观之，地方政府借助尺度重构推动区域产业发展的制度变迁机制，本质上蕴含着具有中国（转型）特色的政府与市场互动关系。

第八章

结语

第八章　结语

一、初步提出地方政府发展能力理论

本书从探究地区经济逆袭现象的成因切入，通过转换研究的空间尺度，从地方层级来重新解析"中国经济奇迹"命题。以改革开放以来江苏昆山的地方经济发展与变迁史作为观察对象，本书试图回答，为何一些不具备突出区位条件、要素禀赋优势，以及国家政策厚待的县市，能从周边地区的激烈竞争中脱颖而出？在本书的理论创新中，地方政府能力是一条逻辑主线。通过拓展政府发展能力的异质性假设，引入空间尺度重构这一关键解释变量，用以考察地方政府如何推动尺度重构并借此施展和积累其发展能力，进而促进区域产业发展。基于上述研究，本书旨在帮助读者们理解，构成"中国经济奇迹"的一个个"地方经济奇迹"是如何发生的？地方政府究竟做对了什么？

本书并非认为一个地区的区位条件、要素禀赋结构以及国家政策支持不重要，而是要强调地方政府在创设和优化地方经济制度的组织者角色，一如科斯所说的，"在区域发展层面，中国的地方政府扮演着填补组织（生产要素配置）真空的角色[①]"。在中央政府的支持、管理与引导下，中国的地方政府成为塑造"中国经济奇迹"和推动区域经济发展过程中的制度供给与创新主体，因而探讨地方政府发展能力的作用机制、形成机制与强化机制，便成了题中应有之义。

首先，围绕地方政府发展能力的作用机制，本书通过引入空间尺

[①] 罗纳德·科斯，王宁. 变革中国：市场经济的中国之路[M]. 徐尧，等译. 北京：中信出版社，2013.

度重构理论，揭示了地方政府如何借助尺度重构来施展其推动辖区产业集聚与转型升级的发展能力。在扮演辖区内生产要素配置的组织者角色时，地方政府无法凭空施加其引导经济发展的能力，而需要借助尺度重构这一内涵权力和空间的重要发展平台，来助推完成这一过程。基于对昆山案例的长历史观察与分析，本书发现：其一，空间尺度重构是地方政府推动区域产业发展的重要途径，在改革开放的制度变迁过程中，有助于增强市场在资源配置中的作用，帮助地方政府克服市场失灵问题。研究发现，在短短20余年间，昆山政府借助持续性的园区尺度重构推动了产业集聚发展，并实现了对周边县市的经济赶超。20世纪80年代中期，昆山（县）市政府在苏南地区率先推动了自费开发区尺度重构，助推了轻纺工业、电子工业和机械制造业的空间集聚，完成工业化的起步阶段。在20世纪90年代至21世纪初期，昆山进一步推动了国家级经开区和出口加工区的园区尺度重构，助推了电子信息制造业的空间集聚和规模急剧扩张，进而实现了对周边县市的经济追赶。对"苏州五虎"的比较案例研究发现，园区尺度重构越频繁、发展权限越高，越有利于地方政府推动区域产业发展。其二，尺度重构分别通过发展场域扩增效应和权限扩增效应，增强了地方政府在克服市场失灵中的能力，进而加速发挥产业集聚的"滚雪球效应"。自下而上式尺度重构的本质是一个由地方政府扮演制度企业家角色的制度变迁过程。地方政府能够借助尺度重构，扩增辖区内产业发展所需的发展场域，并扩大在特定空间尺度内的发展权限。基于上述两条权力与空间作用机制，尺度重构有助于地方政府更好地发挥区位优势、集聚稀缺要素资源以及塑造区域营商环境，进而降低产业发展的生产和交易成本，加速产业集聚效应的发挥。

第八章 结语

其次，围绕地方政府发展能力的动态演变机制，本书分别从地方政府的组织视角和地方官员的个体视角两方面进行了深入探究。其一，本书第五章内容通过对昆山案例的长时段分析，剖析了地方发展型政府在推动内生型经济发展过程中呈现出的一种基于政策试验区（园区尺度重构）的"上下互动式"扩权逻辑。这一扩权模式刻画了中国地方政府能够同时形塑央地互动关系和地方政商互动的行动主体角色，并揭示了地方发展型政府借助国家政策试验区与中央的选择性行政分权来履行地方发展职能的基本逻辑。根植于中国的放权型央地关系和渐进式制度变迁背景，成功的"上下互动式"扩权依赖于借势型政策创新、跨层级央地互动和嵌入型政商互动等三项先决条件，地方政府借此吸引中央政策注意力，兑现发展绩效承诺，进而在央地之间的"发展权限—经济绩效"循环中实现持续性扩权。其二，本书第六章内容仍然以昆山作为案例，但将研究对象进一步聚焦于昆山的地方官员群体，着重从地方官员的个体决策视角，补充探讨了地方政府发展能力如何动态演变的作用机理。在这一过程中，地方经济结构因素与地方官员的企业家创新特质相互影响、互为条件，并且在昆山地区共同形塑出一种新型的央县互动关系。

总体而言，本书通过刻画和揭示地方政府发展能力的作用机制与演变机制，为观察和理解中国地方政府的发展行为提供了一个重要但受到忽视的能力维度。加强对区域发展中地方政府发展能力的研究，有助于弥补主流经济学的"激励→行为"模型在地方政府行为研究中解释力不足的问题。已有研究假定，经济发展中的地方政府"援助之手"行为是地方财税激励和官员政治晋升激励的产物。然而，这一研究路径预设了从增长激励到发展绩效之间的自动转化，却未探究增长行为的区域异质性及其决定机制。虽然公共管理领域不乏地方政府能力的研究，但却未重视其在产业发展中的作用。能力维度的引入有助于揭示中国区域经济竞争中的政府能力异质性，能力与激励维度共同构成了对地方政府发展行为的全面理解：增长激励是地方政府推动经济发展的前提条件，而发展能力则是决定经济发展成效的关键。且相较于外生型、自上而下赋予的发展能力，内生形成和维系的能力更为稳定，是推动地方内生型经济发展的重要驱动力，同时也构成了从地方层级解析"中国经济奇迹"命题的重要理论视角。

二、重新解析中国经济奇迹理论命题

回顾人类经济发展史，无论从哪个维度来比较，"中国经济奇迹"都称得上是一个足以载入史册的重大理论与实践命题。这一命题是如此令人着迷，以至于几乎所有的顶尖经济学家们都参与到这项极具挑战性的研究工作中。也正因如此，长期以来，对"中国经济奇迹"命题的解析，为经济学家群体所主导。需要指出，研究学科的单一性，也意味着研究视角的单一性。例如，政治科学家与公共管理学者们所擅长的制度分析与组织行为分析，尤其是对中国央地互动的结构特征、多层级政策执行的科层官僚体制运行逻辑，以及中国地方政府的发展行为逻辑等方面的研究，在"中国经济奇迹"命题的相关讨论中鲜有涉及。

经济学界对经济发展中政府角色有意无意的忽视，其原因是多方面的。尤其是在青年时代受西方新自由主义思潮浸润的一代社科学人，

第八章 结语

其从思维模式的底层逻辑上不太倾向于承认和认可政府在经济发展中的必要角色，因而自然也就不会将中国经济发展背后的政府组织及其行为逻辑作为分析对象予以细致考察。不应当限制站在价值中立的立场，对政府的经济发展角色及其历史性贡献作出客观评判。无论愿意承认与否，政府组织都是"中国经济奇迹"命题的重要组成部分，在国际比较视野下，这一特征更为显著。作为"中国经济奇迹"命题的重要提出者和解答者，林毅夫教授在其创设的新结构经济学中强调，持续的产业升级与经济发展离不开政府积极有为的角色。本书则旨在进一步强调，在中国的中央政府扮演重要角色的同时，同样不能忽视地方政府的积极有为作用。

换言之，在中国，"中国经济奇迹"不仅是一个宏观现象，同时也是一个区域现象。从产业空间集聚角度来看，经济奇迹不可能是全国范围内整齐划一的奇迹，而毋宁是部分先发地区的经济奇迹。宏观层面的"中国经济奇迹"，乃是由一个个"地方经济奇迹"所构成的。自然地，对于这些先发地区区域发展动力机制的解析，成了解析"中国经济奇迹"的题中应有之义。这也意味着，我们需要转换研究尺度，从区域发展视角来重新解析"中国经济奇迹"命题。在这过程中，引入政治学与公共管理学的学科视角显得尤为必要，这有助于更为全面地理解和刻画地方政府行为：不仅要理解地方政府伸出"援助之手"的行为激励[1]，还应当理解地方政府何以助推经济发展的发展能力及其能力成长。周黎安教授提出和发展的官员晋升锦标赛理论与"官场+市

---

[1] 吕冰洋，陈怡心. 财政激励制与晋升锦标赛：增长动力的制度之辩[J]. 财贸经济，2022，43（6）：25-47.

场"理论，是经济学家勇于踏出学科舒适圈的代表性成果，在社会科学各领域均产生了极为广泛的影响力，并为理解中国地方政府行为的"激励"维度作出了重要贡献。立基于此，学术界对于"能力"维度的探究仍需更进一步的努力。

本书旨在推进这一研究议程。地方政府发展能力视角之所以重要，乃是源于这样一个基本事实，那就是在世界范围内，中国地方政府的行政规模和经济发展职能，都是无与伦比的存在。这既有郡县制历史传统的继承，也与改革开放以来持续的地方分权进程有关。这同时也意味着，地方政府推动辖区经济发展的积极作用，离不开对中国特色的央地互动模式的关注与考察。不过，这并非要宣称宏观层面的财政、货币机制对于经济增长而言不重要；而是要强调，中央—地方的政策联结、持续的府际互动，才是理解区域经济发展的丰富制度内涵。

本书可被视作是对央地互动关系下地方政府发展能力研究视角的初步探索。央地动态互动下地方政府发展能力的形成、维系与强化，可被用于理解和分析更为丰富的区域发展实践。学者们应适时考虑从蔚为壮观乃至"冗余"的地方政府激励行为研究中抽身，更多地转向地方政府发展能力的研究。无论是财政分权，抑或晋升激励，政治经济激励的制度安排的确重要，但问题是，简单地复制这些制度安排就能够自动实现"经济奇迹"吗？"罗马不是一天建成的"，连续的经济发展过程也是各类政府组织与市场主体共同创造的。相较于激励的获得而言，能力的积累更具挑战性，培育能力的制度安排无疑也更为复杂。但对于解析伟大的"中国经济奇迹"命题而言，这是一个必须要纳入并予以推进的研究议程。

三、迈向中国特色的区域政治经济学

本书以地区经济逆袭现象为切入口，初步探索并提出地方政府发展能力理论，在央地互动视角下考察地方政府推动经济发展的作用机制、行动策略及能力演变机制，揭示出颇具中国特色的区域政治经济运行规律。基于此，本书进一步探讨了构建和完善中国特色的区域政治经济学的可行性及未来的研究议程。这一交叉性学科，将在诸多方面不同于既有的相关分支学科，如政治经济学、区域经济学等，但其建立与发展也离不开这些分支学科的重要支撑。

中国特色的区域政治经济学（Regional Political Economy），立基于地方政治经济系统的异质性假设，以及央地互动关系与区域政治经济系统的相互形塑关系。2014年，哈佛大学 Meg E. Rithmire 教授在著名的 *World Politics* 杂志上，提出了中国研究的"新区域主义"转向[①]，并倡导在中国的政治经济研究中应更多地关注次国家研究（Subnational analysis）。这是国际学术界首次对中国区域政治经济学研究议程的重要讨论，并认为应加强对区域政治经济异质性的研究，这些异质性包括地方政治安排、经济制度以及地方与中央的互动关系等。其实早在2003年，华东师范大学学者陈占彪便在博士后出站研究报告中，率先提出了中国区域政治经济学的研究倡议。在该份研究报告中，陈占彪提出，"中国区域政治经济学，是一门用政治经济学方

---

① RITHMIRE M E. China's "new regionalism": subnational analysis in Chinese political economy [J]. World Politics, 2014, 66 (1): 165-194.

法，对我国以行政区域为地域空间单位、以行政组织结构为区域政治单位共同构成的区域政治的经济运行机制进行研究、分析的一门新兴交叉边缘学科"[1]。尽管这一研究议程后续未能得到学术界的积极回应与跟进，但不妨碍该文深刻地洞察并指出了中国政治经济运行规律中呈现出的多层级互动这一典型事实。不过需要指出的是，陈占彪所提出的中国区域政治经济学，主要立基于华东师范大学刘君德先生提出并发展的"行政区经济"理论[2]。但正如笔者在本书中所划分的，行政区划调整只是中国空间尺度重构4种类型中的一种，因而难以反映更为动态且多元的中国区域政治经济现象。

国内外既有的关于中国区域政治经济学的研究倡议，为构建和完善具有中国特色的区域政治经济学学科奠定了重要基础。在此基础上，结合本书所做的理论探索，笔者就推动这一研究议程提出若干有待进一步拓展的研究方向。

其一，恢复和加强区域发展"模式"以及模式间比较的重要研究传统。各类区域发展模式的涌现是中国政治经济学运行之区域异质性的重要呈现。这一研究传统在20世纪90年代至21世纪初期，曾一度甚为繁荣，大量研究对中国东部地区在率先启动工业化与经济全球化进程中涌现出的各具特色的区域发展模式与路径展开了深入的研究与比较分析，典型如苏南模式、温州模式、东莞模式、义乌模式等。这一研究议题吸引了包括经济学、地理学、社会学、政治学等诸多学科学者们的深入耕耘，其重点在于探讨这些区域发展模式的核心特征，

---

[1] 陈占彪. 中国区域政治经济的理论与实践 [D]. 华东师范大学，2003.
[2] 刘君德，舒庆. 中国区域经济的新视角：行政区经济 [J]. 改革与战略，1996（5）：1-4.

以及在长历史发展视角下考察这些模式究竟是如何形成与演变的。然而,自21世纪第一个10年的后一段时期以来,关于中国区域发展模式的研究热度大幅下降。原因是多方面的,例如华东师范大学曾刚教授等人通过实证研究发现,中国的区域经济发展模式在经历百花齐放之后逐渐趋于一种"人力资本—市场—外生型"的发展模式①。

不过,如果将区域政治经济制度的差异性纳入考虑,尤其是考虑到本书所提出的地方政府发展能力的区域异质性,则将进一步凸显出地方制度因素形塑区域经济发展模式的重要逻辑。因此,区域发展模式的下一波研究浪潮,不应只聚焦其产业特征,而是可以将其延伸至对地方政治经济系统的整体性考察。一方面,正如地方发展型政府研究所揭示的那样,将地方政商互动过程纳入区域发展模式的考察,探究"有为地方政府"与"有效市场"的结合,或"官场+市场"的双向互动过程,是如何在不同地区开展与实践的;另一方面,还应当在学理上更多地将央地互动关系纳入研究,利用"中央—地方—企业"的分析框架②,并结合中国特色的多层级政治体制来提炼区域发展模式的核心特征、考察其发展演变的过程与机制、比较模式之间的共性与特性等。

其二,重视利用地方政府发展能力视角来理解和考察区域发展的动力机制。本书旨在呼吁,应同时从地方政府行为激励和发展能力两个维度,更为全面地理解和考察中国区域发展中的地方政府行为逻辑。

---

① 曾刚,尚勇敏,司月芳. 中国区域经济发展模式的趋同演化:以中国16种典型模式为例 [J]. 地理研究,2015,34 (11):2005 - 2020.

② CHU W. Industry policy with Chinese characteristics: a multi - layered model [J]. China Economic Journal,2017,10 (3):305 - 318.

一方面，地方政府发展能力是地方制度差异性之根本所在，甚至可将其视作地方制度差异的核心指标；另一方面，地方政府发展能力的强弱及其动态演变，同时也在形塑着不同区域政治经济系统的运行。因而就区域发展的动力机制而言，并非主流经济学理论所认为的地方政府发展激励对地方经济发展绩效起到了直接、简单的决定关系。更准确地说是地方政府行为的激励与发展能力之间的双向互动，两者共同决定着区域发展成效，乃至决定该区域不同的发展路径，亦即前文所述的区域发展模式。因此，若要深入理解中国政治经济运行规律，除了要认识"行政区经济"这一根本的制度特征，同时还应理解立基于这一特征所延伸出的制度特征，亦即地方政府发展能力作为衡量地方异质性并作为区域发展动力机制的重要性。

其三，考察央地互动关系与区域发展的双向塑造关系，以及空间尺度重构的纽带作用。在中国区域政治经济学中，央地关系是衡量并塑造着地方制度差异的重要构成要素。具体而言，央地关系与区域发展之间是一个双向塑造的过程：一方面，央地关系通过调整国家的相关制度安排，影响地方政府的行为激励与发展能力，进而改变地方制度环境来动态形塑区域发展过程；另一方面，区域发展的成效及其路径演化，也将通过影响地方政府行为激励与发展能力，进而改变地方政府的行动策略来动态形塑央地关系（中央放权或地方扩权）。尤其是对于地方政府发展能力而言，其区域异质性不仅来自各自能力禀赋的不同，更重要的是，地方政府发展能力是在央地互动关系中得到提升的。这无疑是颇具中国制度特色的现象。中国的央地关系是典型的放

第八章 结语

权体制而非分权体制[①]，这一独具特色的放权体制特征在中国改革开放开启的渐进式制度变迁过程中，体现得淋漓尽致。改革开放以来，先发地区的地方政府发展能力在很大程度上受到了央地互动关系的动态塑造（主要是放权引发的能力强化），典型如深圳特区、浦东新区的强势崛起；与此同时，地方政府发展能力的不断发育也反过来形塑着央地关系本身。典型如本书所揭示的，昆山地方政府与中央政府的关系，借助"部省际联席会议"等制度创新，俨然已突破了传统的由省市两级政府刚性约束的"央县关系"，在中国纵向府际关系制度安排上探索出了新的府际关系内涵。

改革开放以来，以国家政策试验区为代表性的空间尺度重构过程，在很大程度上充当了央地关系与区域发展之间相互形塑的纽带性角色。本书强调，唯有引入空间尺度重构概念，方能理解中国的中央、地方与企业之间多层级、多主体的复杂空间互动关系，同时也才能更好地理解央地之间的放权（尤其是发展权下放）过程。故此，与欧美国家的空间尺度重构及其权力下放实践有所不同的是，中国的空间尺度重构过程反映的是动态的央地互动关系，放权和收权在不同空间层次、不同政策领域、不同地区，以及不同的发展阶段都会发生动态调整和演变。换言之，空间尺度重构及其权力下放并非"一锤子买卖"，而是中央政府可控的、选择性、渐进式的权力空间优化配置过程。这反映了中国政治经济制度安排上的适应性治理特征，也反映了当代中国党政领导体制对央地关系安排的成熟驾驭。为此，学术界应当持续关注

---

① 殷存毅，夏能礼."放权"或"分权"：我国央—地关系初论[J]. 公共管理评论, 2012, 12(1): 23-42. 周飞舟. 以利为利：财政关系与地方政府行为[M]. 上海：上海三联书店, 2012.

当代中国的空间尺度重构创新及其演变过程，继而在这一过程中分析和考察"央地关系—地方政府发展能力—区域发展"之间的相互形塑过程与动态演变关系。

总而言之，中国特色的区域政治经济学仍处于初步探索阶段，但无疑拥有着广阔的发展前景。无论是学界持久热议的"中国模式"[①]，抑或中国共产党提出的"四个自信"中的道路自信与制度自信，均为中国特色的区域政治经济学学科的发展创设了研究需求。这需要（新）政治经济学、区域政治学、区域经济学、产业经济学、空间经济学、经济地理学等相关学科，央地关系（或广义上的府际关系）、地方政府行为、地方发展型政府、空间尺度重构、当代中国研究等相关领域的学者们通力协作，共同努力将这门被称为"新兴交叉边缘学科"建设发展为一门根植于神州大地的"新兴交叉主流学科"。

---

① 陶然，苏福兵.经济增长的"中国模式"：两个备择理论假说和一个系统性分析框架[J].比较，2021，114：128-189.丁学良.辩论中国模式[M].北京：社会科学文献出版社，2011.黄亚生."中国模式"到底有多独特？[M].北京：中信出版社，2011.郑永年.中国模式：经验与困局[M].杭州：浙江人民出版社，2010.

参考文献

[1] ALDER S, SHAO L, ZILIBOTTI F. Economic reforms and industrial policy in a panel of Chinese cities [J]. Journal of Economic Growth, 2016, 21 (4): 1-45.

[2] AMSDEN A H. Asia's Next Giant [M]. Oxford University Press, 1989.

[3] AMSDEN A H, CHU W. Beyond late development: Taiwan's upgrading policies [M]. MIT Press, 2003.

[4] ANDERSON S E, DELEO R A, TAYLOR K. Policy entrepreneurs, legislators, and agenda setting: information and influence [J]. Policy Studies Journal, 2020, 48 (3), 587-611.

[5] AOKI M, KIM H K. The role of government in East Asian economic development: Comparative institutional analysis [J]. The Journal of Asian Studies, 1999, 58 (2): 651-653.

[6] AOKI M, KIM H K, FUJIWARA. The role of government in East Asian economic development [M]. Clarendon Press, 1997.

[7] BAI C E, HSIEH C T, SONG Z. Special deals with Chinese characteristics [R]. NBER Working Paper (No. 25839), 2019.

[8] BARCA F, MCCANN P, RODRÍGUEZ-POSE A. The case for

regional development intervention: Place - based versus place - neutral approaches [J]. Journal of Regional Science, 2012, 52 (1): 134 -152.

[9] BAUM R, SHEVCHENKO A. The State of the State. In Goldman M, Macfarquhar R. (Eds.). The Paradox of China's Post - Mao Reforms [M]. Harvard University Press, 1999.

[10] BEACH D, PEDERSEN R B. Process - tracing methods: Foundations and guidelines [M]. University of Michigan Press, 2019.

[11] BERGER S, LESTER R K. Global Taiwan: Building competitive strengths in a new international economy [M]. ME Sharpe, 2005.

[12] BENNETT A. Process Tracing and Causal Inference, in Henry Brady and David Collier, eds., Rethinking Social Inquiry [M]. Rowman and Littlefield, 2010.

[13] BLANCHARD O, SHLEIFER A. Federalism with and without political centralization: China versus Russia [J]. IMF Staff Papers, 2001, 48 (1): 171 - 179.

[14] BLECHER M J, SHUE V. Tethered deer: Government and economy in a Chinese county [M]. Stanford University Press, 1996.

[15] BOUDVILLE J. R. Problems of regional economic plan [M]. Edinburgh University Press, 1966.

[16] BRENNER N. Globalisation as reterritorialisation: the re - scaling of urban governance in the European Union [J]. Urban studies, 1999, 36 (3): 431 - 451.

[17] BRENNER N. Open questions on state rescaling [J]. Cambridge Journal of Regions, Economy, and Society, 2009, 2 (1): 123 - 139.

[18] BRODKIN E Z, KAUFMAN A. Policy experiments and poverty politics [J]. Social Service Review, 2000, 74 (4): 507-532.

[19] BURGESS P. Capacity Building and the Elements of Public Management [J]. Public Administration Review, 1975, 35: 705-716.

[20] CAI H, TREISMAN D. Did government decentralization cause China's economic miracle? [J]. World Politics, 2006, 58 (4): 505-535.

[21] CARTIER C. Zone Analog: The state-market problematic and territorial economies in China [J]. Critical Sociology, 2018, 44 (3): 455-470.

[22] CASTREE N, COE N M, WARD K, et al. Spaces of work: Global capitalism and geographies of labour [M]. Sage, 2004.

[23] CERNY P G. Restructuring the state in a globalizing world: capital accumulation, tangled hierarchies and the search for a new spatio-temporal fix [J]. Review of International Political Economy, 2006, 13 (4): 679-695.

[24] COTTER D A, HERMSEN J M, OVADIA S, et al. The glass ceiling effect [J]. Social forces, 2001, 80 (2): 655-681.

[25] DEARDORFF A V. The general validity of the Heckscher-Ohlin theorem [J]. The American Economic Review, 1982, 72 (4): 683-694.

[26] CHEN X. A U-turn or just pendulum swing? Tides of bottom-up and top-down reforms in contemporary China [J]. Journal of Chinese Political Science, 2017, 22 (4): 651-673.

[27] CHEN S H. Global production networks and information technology: the case of Taiwan [J]. Industry and Innovation, 2002, 9 (3): 249-265.

[28] CHEN Z, PONCET S, XIONG R. Inter-industry relatedness and industrial-policy efficiency: Evidence from China's export processing zones [J]. Journal of Comparative Economics, 2017, 45 (4): 809-826.

[29] CHEN Y, YE Z, HUANG G. The financial crisis in Wenzhou: An unanticipated consequence of China's "four trillion yuan economic stimulus package" [J]. China: An International Journal, 2018, 16 (1): 152-173.

[30] CHARBONNEAU E, HENDERSON A C, LADOUCEUR B, et al. Process tracing in public administration: The implications of practitioner insights for methods of inquiry [J]. International Journal of Public Administration, 2017, 40 (5): 434-442.

[31] CHANG H J. Kicking away the ladder: Development strategy in historical perspective [M]. Anthem Press, 2002.

[32] CHUNG J H, LAI H, JOO J H. Assessing the "Revive the Northeast" (zhenxing dongbei) programme: origins, policies and implementation [J]. The China Quarterly, 2009, 197: 108-125.

[33] CHU W. Industry policy with Chinese characteristics: a multi-layered model [J]. China Economic Journal, 2017, 10 (3): 305-318.

[34] CLARK G L, et al., eds. The Oxford handbook of econom-

ic geography [M]. Oxford University Press, 2003.

[35] COASE R H. The nature of the firm [J]. Economica, 1937, 4 (16): 386-405.

[36] COLLIER D. Understanding process tracing [J]. PS: Political Science & Politics, 2011, 44 (4): 823-830.

[37] COHEN N. Policy entrepreneurs and agenda setting. Handbook of public policy agenda setting [M]. Edward Elgar Publishing, 2016, 189-199.

[38] DUCKETT J. The entrepreneurial state in China: Real estate and commerce departments in reform era Tianjin [M]. Routledge, 1998.

[39] DURANTON G, VENABLES AJ. Place-based policies for development [R]. The NBER Working Paper 24562, 2018.

[40] EVANS P B. Embedded autonomy: States and industrial transformation [M]. Princeton University Press, 1995.

[41] EVANS P B, STALLINGS B. Development studies: Enduring debates and possible trajectories [J]. Studies in Comparative International Development, 2016, 51 (1): 1-31.

[42] ETTELT S, MAYS N, ALLEN P. Policy experiments: investigating effectiveness or confirming direction? [J]. Evaluation, 2015, 21 (3): 292-307.

[43] ETTELT S, MAYS N, ALLEN P. The multiple purposes of policy piloting and their consequences: Three examples from national health and social care policy in England [J]. Journal of Social Policy, 2015, 44 (2): 319-337.

[44] FAROLE T. Second best? Investment climate and performance in Africa's special economic zones [R]. World Bank Policy Research Working Paper, 2010.

[45] FAN S, LI L, ZHANG X. Challenges of creating cities in China: Lessons from a short-lived county-to-city upgrading policy [J]. Journal of Comparative Economics, 2012, 40 (3): 476-491.

[46] FOLMER H, OOSTERHAVEN J. Spatial inequalities and regional development [M]. Dordrecht: Springer, 1979.

[47] FRIEDMANN J. Regional development policy [M]. Cambridge, MA: MIT Press, 1966.

[48] FRISCH AVIRAM N, COHEN N, BEERI I. Wind (ow) of change: A systematic review of policy entrepreneurship characteristics and strategies [J]. Policy Studies Journal, 2020, 48 (3), 612-644.

[49] FUJITA M, THISSE J F. Economics of agglomeration [J]. Journal of the Japanese and International Economies, 1996, 10 (4): 339-378.

[50] FUJITA M, KRUGMAN P R, VENABLES A. The spatial economy: Cities, regions, and international trade [M]. MIT press, 1999.

[51] FUKUYAMA F. State-building: governance and world order in the 21st century [M]. Cornell University Press, 2014.

[52] GEERTZ C. The interpretation of cultures [M]. Basic books, 1973.

[53] GERSCHENKRON A. Economic backwardness in historical perspective [M]. The Belknap Press of Harvard University Press, 1962.

[54] GERRING J. What is a case study and what is it good for? [J]. American Political Science Review, 2004, 98 (2): 341-354.

[55] GERRING J. Is there a (viable) crucial-case method? [J]. Comparative Political Studies, 2007, 40 (3): 231-253.

[56] GROVES T, HONG Y, MCMILLAN J, et al. China's evolving managerial labor market [J]. Journal of Political Economy, 1995, 103 (4): 873-892.

[57] HAN L, KUNG J K S. Fiscal incentives and policy choices of local governments: Evidence from China [J]. Journal of Development Economics, 2015, 116: 89-104.

[58] HASMATH R, TEETS J C, LEWIS O A. The innovative personality? Policy making and experimentation in an authoritarian bureaucracy [J]. Public Administration and Development, 2019, 39 (3): 154-162.

[59] HENDERSON J, DICKEN P, HESS M, et al. Global production networks and the analysis of economic development [J]. Review of International Political Economy, 2002, 9 (3): 436-464.

[60] HE A J. Manoeuvring within a fragmented bureaucracy: Policy entrepreneurship in China's local healthcare reform [J]. The China Quarterly, 2018, 236: 1088-1110.

[61] HEILMANN S. From local experiments to national policy: The origins of China's distinctive policy process [J]. China Journal, 2008, 59: 1-30.

[62] HEILMANN S. Policy experimentation in China's economic

rise [J]. Studies in Comparative International Development, 2008, 43 (1): 1-26.

[63] HEILMANN S, SHIH L, HOFEM A. National planning and local technology zones: experimental governance in China's torch programme [J]. China Quarterly, 2013, 216, 896-919.

[64] HEILMANN S. Red swan: how unorthodox policy-making facilitated China's rise [M]. The Chinese University of Hong Kong Press, 2018.

[65] JABOBS J. The economy of cities [M]. New York: Vintage Books, 1969.

[66] JIN H, QIAN Y, WEINGAST B R. Regional decentralization and fiscal incentives: Federalism, Chinese style [J]. Journal of Public Economics, 2005, 89 (9-10): 1719-1742.

[67] JOHNSON C. MITI and the Japanese miracle: The growth of industrial policy: 1925-1975 [M]. Stanford University Press, 1982.

[68] JOHNSON ND, KOYAMA M. States and economic growth: Capacity and constraints [J]. Explorations in Economic History. 2017, 64 (1): 1-20.

[69] JOHNSTON R J, GREGORY D, SMITH D M. The dictionary of human geography [M]. Basil Blackwell, 2000.

[70] KAY A, BAKER P. What can causal process tracing offer to policy studies? A review of the literature [J]. Policy Studies Journal, 2015, 43 (1): 1-21.

[71] KO K, SHIN K. How Asian countries understand policy ex-

periment as policy pilots? [J]. Asian Journal of Political Science, 2017, 25 (3), 253-265.

[72] KRUGMAN P R. Geography and trade [M]. MIT Press, 1991.

[73] LEFTWICH A. Bringing politics back in: Towards a model of the developmental state [J]. Journal of Development Studies, 1995, 31 (3): 400-427.

[74] LEWIS O A, TEETS J C, HASMATH R. Exploring political personalities: The micro-foundation of local policy innovation in China [J]. Governance. 2022, 35 (1): 103-122.

[75] LEFEBVRE H. De l'État: de Hegel a Marx par Staline. [M]. Vol. 2. Paris: Union Générale d'Editions, 1976.

[76] LEFEBVRE H. The production of space [M]. Oxford: Blackwell Ltd, 1992.

[77] LI H, ZHOU L A. Political turnover and economic performance: The incentive role of personnel control in China [J]. Journal of Public Economics, 2005, 89 (9-10): 1743-1762.

[78] LI Y, WU F. The transformation of regional governance in China: The rescaling of statehood [J]. Progress in Planning, 2012, 78 (2): 55-99.

[79] LIN J Y. New structural economics: A framework for rethinking development [J]. The World Bank Research Observer, 2011, 26 (2): 193-221.

[80] LIN J Y. Industrial policy revisited: A new structural economics perspective [J]. China Economic Journal, 2014, 7 (3):

382-396.

[81] LIN G C S. Scaling-up regional development in globalizing China: Local capital accumulation, land-centred politics, and reproduction of space [J]. Regional Studies, 2009, 43 (3): 429-447.

[82] LIU A P L. The "Wenzhou model" of development and China's modernization [J]. Asian Survey, 1992, 32 (8): 696-711.

[83] LIM K F. State rescaling, policy experimentation and path dependency in post-Mao China: a dynamic analytical framework [J]. Regional Studies, 2017, 51 (10): 1580-1593.

[84] LU Y, WANG J, ZHU L. Do place-based policies work? Micro-level evidence from China's economic zone program [R]. SSRN Working paper, 2015, https://ssrn.com/abstract=2635851.

[85] MASKIN E, QIAN Y, XU C. Incentives, information, and organizational form [J]. The Review of Economic Studies, 2000, 67 (2): 359-378.

[86] MACKINNON D. Reconstructing scale: Towards a new scalar politics [J]. Progress in human geography, 2011, 35 (1): 21-36.

[87] MARTIN R. Introduction in economy: Critical essays in human geography [M]. Oxford: Ashgate Publishing Limited, 2008.

[88] MARTIN R, SUNLEY P S. Low convergence? The new endogenous growth theory and regional development [J]. Economic Geography, 1998, 74 (3): 201-227.

[89] MERTHA A C. China's "soft" centralization: Shifting tiao/kuai authority relations [J]. The China Quarterly, 2005, 184: 791-810.

[90] MEI C, LIU Z. Experiment-based policy making or conscious policy design? The case of urban housing reform in China [J]. Policy Sciences, 2014, 47 (3): 321-337.

[91] MEI C, CHEN K, WU X. Local government entrepreneurship in China: A public policy perspective [J]. China: An International Journal, 2016, 14 (3): 3-15.

[92] MONTINOLA G, QIAN Y, WEINGAST B. Federalism, Chinese style: the political basis for economic success in China [J]. World Politics, 1995, (48): 50-81.

[93] MORGAN K. The learning region: Institutions, innovation and regional renewal [J]. Regional Studies, 1997, 31 (5): 491-503.

[94] MIAO B, LANG G. A tale of two eco-cities: experimentation under hierarchy in Shanghai and Tianjin [J]. Urban policy and research, 2015, 33 (2): 247-263.

[95] MINTROM M, NORMAN P. Policy entrepreneurship and policy change [J]. Policy Studies Journal, 2009, 37 (4): 649-667.

[96] MINTROM M, LUETJENS J. Policy entrepreneurs and problem framing: The case of climate change [J]. Environment and Planning C: Politics and Space, 2017, 35 (8): 1362-1377.

[97] MINTROM M. So you want to be a policy entrepreneur? [J]. Policy Design and Practice, 2019, 2 (4): 307-323.

[98] MUSGRAVE R A. Theory of public finance: a study in public economy [M]. McGraw Hill, 1959.

[99] NEWMAN P. Changing patterns of regional governance in

the EU [J]. Urban Studies, 2000, 37 (5/6): 895-908.

[100] NGO T W, YIN C, TANG Z. Scalar restructuring of the Chinese state: The subnational politics of development zones [J]. Environment & Planning C: Politics and Space, 2017, 35 (1): 57-75.

[101] OATES W E. Fiscal federalism [M]. New York: Harcourt Brace Jovanovich, 1972.

[102] OI J C. Fiscal reform and the economic foundations of local state corporatism in China [J]. World Politics, 1992, 45 (1): 99-126.

[103] OI J C. The Role of the local state in China's transitional economy [J]. China Quarterly, 1995, (144): 1132-1149.

[104] ONG A. The Chinese axis: Zoning technologies and variegated sovereignty [J]. Journal of East Asian Studies, 2004, 4 (1): 69-96.

[105] QIAN Y, XU C. Why China's economic reforms differ: the M-form hierarchy and entry/expansion of the non-state sector [J]. Economics of Transition, 1993, 1 (2): 135-170.

[106] QIAN Y, WEINGAST B. Federalism as a commitment to preserving market incentives [J]. Journal of Economic Perspectives, 1997, (11): 83-92.

[107] QIAN Y, ROLAND G. Federalism and the soft budget constraint [J]. American Economic Review, 1998, 88 (5): 1143-1162.

[108] QIAN Y. How reform worked in China: The transition from plan to market [M]. MIT Press, 2017.

[109] RITHMIRE M E. China's "new regionalism": Subnational

analysis in Chinese political economy [J]. World Politics, 2014, 66 (1): 348-194.

[110] ROCLE N, SALLES D. "Pioneers but not guinea pigs": experimenting with climate changeadaptation in French coastal areas [J]. Policy Sciences, 2018, 51 (2), 231-247.

[111] SCOTT A J. Regions and the world economy: the coming shape of global production, competition, and political order [M]. Oxford: Oxford University Press, 1998.

[112] SCHNEIDER M, TESKE P. Toward a theory of the political entrepreneur: evidence from local government [J]. American Political Science Review, 1992, 86 (3): 737-747.

[113] SHEN J. Scale, state and the city: Urban transformation in post-reform China [J]. Habitat International, 2007, 31 (3-4): 303-316.

[114] SHEN X, TSAI K S. Institutional adaptability in China: Local developmental models under changing economic conditions [J]. World Development. 2016, 87: 107-127.

[115] SMART A, LIN G C S. Local capitalisms, local citizenship and translocality: Rescaling from below in the Pearl River Delta region, China [J]. International Journal of Urban and Regional Research, 2007, 31 (2): 280-302.

[116] SMITH N. Homeless/global: scaling places. In: Bird J, Curtis B, Putnam T, et. al. Mapping the futures [M]. London: Routledge, 1993: 87-119.

[117] SMITH N. Uneven development: Nature, capital, and the production of space [M]. University of Georgia Press, 2010.

[118] SONG Z, STORESLETTEN K, ZILIBOTTI F. Growing like China [J]. American Economic Review, 2011, 101 (1): 196-233.

[119] STURGEON, TIMOTHY J. Modular production networks: a new American model of industrial organization [J]. Industrial and corporate change, 2002, 11 (3): 451-496.

[120] STORPER M. The regional world: territorial development in a global economy [M]. Guilford press, 1997.

[121] STORPER M, KEMENY T, MAKAREM N P, et al. The rise and fall of urban economies: Lessons from San Francisco and Los Angeles [M]. Stanford University Press, 2015.

[122] SWYNGEDOUW E. Neither global nor local: Glocalization and the politics of scale. Spaces of globalization: Reasserting the power of the local [M]. Gulford Press, 1997: 115-136.

[123] TAYLOR P J. A materialist framework for political geography [J]. Transactions of the Institute of British Geographers, 1982, 7 (1): 15-34.

[124] TEETS J C, HASMATH R. The Evolution of Policy Experimentation in China [J]. Journal of Asian Public Policy, 2020, 13 (1): 49-59.

[125] TIEBOUT C M. A pure theory of local expenditures [J]. Journal of Political Economy, 1956, 64 (5): 416-424.

[126] TICKELL A, SHEPPARD E, PECK J, et al. Politics and

practice in economic geography [M]. Sage, 2007.

[127] TSAI W H, & DEAN A N. Experimentation under hierarchy in local conditions: cases of political reform in Guangdong and Sichuan, China [J]. China Quarterly, 2014, 218, 339-358.

[128] VOß J P, SIMONS A. A novel understanding of experimentation in governance: co-producing innovations between "lab" and "field" [J]. Policy Sciences, 51 (2), 213-229.

[129] WADE R. Governing the market [M]. Princeton University Press, 1990.

[130] WANG J. The economic impact of special economic zones: Evidence from Chinese municipalities [J]. Journal of Development Economics, 2013, 101 (1): 133-147.

[131] WANG G. Principle-guided policy experimentation in China: from rural tax and fee reform to Hu and Wen's abolition of agricultural Tax [J]. China Quarterly, 2019, 237, 38-57.

[132] WARNER ME. Club goods and local government: Questions for planners [J]. Journal of the American Planning Association. 2011, 77 (2): 155-166.

[133] WALDER A G. Local governments as industrial firms: An organizational analysis of China's transitional economy [J]. American Journal of Sociology, 1995, 101 (2), 263-301.

[134] WHITING S. Power and wealth in rural China: The political economy of institutional change [M]. Cambridge University Press, 2001.

[135] XU C. The fundamental institutions of China's reforms and devel-

opment [J]. Journal of Economic Literature, 2011, 49 (4): 1076-1151.

[136] YE Z, WU W. Attracting the remote emperor's attention: local policy entrepreneurship in China's policy experimentation under hierarchy [J]. Journal of Asian Public Policy, 2022, 1-19. Doi. org/10.1080/17516234.2022.2083930.

[137] YU Y W, YOU K C, LIN T C. Political economy of cross-strait relations: Is Beijing's patronage policy on Taiwan business sustainable? [J]. Journal of Contemporary China, 2016, 25 (1): 372-388.

[138] ZENG D Z. How do special economic zones and industrial clusters drive China's rapid development? [M]. Washington, DC: World Bank, 2011.

[139] ZENG J. Did policy experimentation in China always seek efficiency? a case study of Wenzhou financial reform in 2012 [J]. Journal of Contemporary China, 2015, 24 (92), 2452-2456.

[140] ZHANG T, ZOU H. Fiscal decentralization, public spending, and economic growth in China [J]. Journal of Public Economics, 1998, 67 (2): 221-240.

[141] ZHENG G, BARBIERI E, DI TOMMASO M R, et al. Development zones and local economic growth: zooming in on the Chinese case [J]. China Economic Review, 2016, (38): 238-249.

[142] ZHENG Z. Developmentalism and pan-functionalism in Mainland China's economic policy toward Taiwan, 1988-2018, The China Review, 2021, 21 (3): 271-305.

[143] ZHU X, BAI G. Policy synthesis through regional experi-

mentations: comparative study of the new cooperative medical scheme in three Chinese provinces [J]. Journal of Comparative Policy Analysis: Research and Practice, 2020, 22 (4): 320-343.

[144] ZHU X, ZHAO H. Experimentalist governance with interactive central-local relations: making new pension policies in China [J]. Policy Studies Journal, 2021, 49 (1): 13-36.

[145] 阿尔弗雷德·马歇尔. 经济学原理 [M]. 廉运杰, 译. 北京: 华夏出版社, 2005.

[146] 阿尔弗雷德·韦伯. 工业区位论 [M]. 李刚剑, 等译. 北京: 商务印书馆, 2011.

[147] 白重恩, 杜颖娟, 陶志刚, 等. 地方保护主义及产业地区集中度的决定因素和变动趋势 [J]. 经济研究, 2004, 4 (11): 29-40.

[148] 白重恩, 谢长泰, 宋铮, 等. "特事特办": 中国经济增长的非正式制度基础 [J]. 比较, 2021, 112: 138-156.

[149] 陈抗, Arye L. Hillman, 顾清扬. 财政集权与地方政府行为变化: 从援助之手到攫取之手 [J]. 经济学 (季刊), 2002, 2 (4): 111-130.

[150] 陈钊, 熊瑞祥. 比较优势与产业政策效果: 来自出口加工区准实验的证据 [J]. 管理世界, 2015 (8): 67-80.

[151] 陈宇峰, 叶志鹏. 金融体制改革的理论进展与实践经验 [J]. 经济研究, 2014, 49 (5): 188-192.

[152] 陈玮, 耿曙. 政府介入与发展阶段: 发展策略的新制度分析 [J]. 政治学研究, 2017, (6): 103-114.

[153] 陈玮, 耿曙. 发展型国家的兴与衰: 国家能力、产业政策

与发展阶段 [J]. 经济社会体制比较, 2017 (2): 7-19.

[154] 陈占彪. 中国区域政治经济的理论与实践 [D]. 华东师范大学, 2003.

[155] 蔡之兵, 张可云. 区域政策叠罗汉现象的成因、后果及建议 [J]. 甘肃行政学院学报, 2014 (1): 94-104.

[156] 蔡之兵, 张可云. 区域发展的逻辑及启示 [J]. 教学与研究, 2015, 49 (11): 40-47.

[157] 杜能. 孤立国同农业和国民经济的关系 [M]. 吴衡康, 译. 北京: 商务印书馆, 1986.

[158] 道格拉斯·C. 诺斯. 制度, 制度变迁与经济绩效 [M]. 杭行, 译. 上海: 格致出版社, 2008.

[159] 丁学良. 辩论中国模式 [M]. 北京: 社会科学文献出版社, 2011.

[160] 丁任重, 陈姝兴. 大区域协调: 新时期我国区域经济政策的趋向分析: 兼论区域经济政策"碎片化"现象 [J]. 经济学动态, 2015 (5): 4-10.

[161] 董香书, 肖翔. "振兴东北老工业基地"有利于产值还是利润: 来自中国工业企业数据的证据 [J]. 管理世界, 2017 (7): 24-34.

[162] 费孝通. 小商品·大市场 [J]. 浙江学刊, 1986, 3 (6): 4-13.

[163] 傅高义. 先行一步: 改革中的广东 [M]. 凌可丰, 等译. 广州: 广东人民出版社, 2008.

[164] 傅高义. 邓小平时代 [M]. 冯克利, 译. 上海: 上海三联出版社, 2013.

[165] 傅勇. 中国的金融分权与经济波动 [M]. 北京：中国金融出版社，2016.

[166] 范子英，张军. 财政分权与中国经济增长的效率：基于非期望产出模型的分析 [J]. 管理世界，2009 (7)：15-25.

[167] 范子英，田彬彬. 税收竞争，税收执法与企业避税 [J]. 经济研究，2013 (9)：99-111.

[168] 方红生，张军. 中国地方政府竞争，预算软约束与扩张偏向的财政行为 [J]. 经济研究，2009，12 (4)：16.

[169] 冯兴元. 地方政府竞争：理论范式，分析框架与实证研究 [M]. 上海：译林出版社，2010.

[170] 冯猛. 目标权衡与过程控制：地方政府创新的行为逻辑 [J]. 社会学研究，2020 (2)：124-145.

[171] 耿曙，林瑞华. 制度环境与协会效能：大陆台商协会的个案研究 [J]. 台湾政治学刊，2007 (2)：93-171.

[172] 黄亚生. "中国模式"到底有多独特？[M]. 北京：中信出版社，2011.

[173] 韩永辉，黄亮雄，王贤彬. 产业政策推动地方产业结构升级了吗：基于发展型地方政府的理论解释与实证检验 [J]，经济研究. 2017 (8)：33-48.

[174] 洪俊杰，刘志强，黄薇. 区域振兴战略与中国工业空间结构变动:对中国工业企业调查数据的实证分析 [J]. 经济研究，2014 (8)：28-40.

[175] 洪正，胡勇锋. 中国式金融分权 [J]. 经济学（季刊），2017 (2)：545-576.

[176] 何建明. 我的天堂: 苏州改革开放 30 年全纪录 [M]. 北京: 新世界出版社, 2018.

[177] 贺灿飞, 郭琪, 马妍, 等. 西方经济地理学研究进展 [J]. 地理学报, 2014, 69 (8): 1207-1223.

[178] 贺灿飞, 毛熙彦. 尺度重构视角下的经济全球化研究 [J]. 地理科学进展, 2015, 34 (9): 1073-1083.

[179] 贺灿飞. 区域产业发展演化: 路径依赖还是路径创造? [J]. 地理研究, 2018, 37 (7): 1253-1267.

[180] 金煜, 陈钊, 陆铭. 中国的地区工业集聚: 经济地理, 新经济地理与经济政策 [J]. 经济研究, 2006 (4): 79-89.

[181] 江小涓. 新中国对外开放 70 年: 赋能增长与改革 [J]. 管理世界, 2019 (12): 1-16.

[182] 江飞涛, 李晓萍. 直接干预市场与限制竞争: 中国产业政策的取向与根本缺陷 [J]. 中国工业经济, 2010 (9): 26-36.

[183] 江飞涛, 李晓萍. 当前中国产业政策转型的基本逻辑 [J]. 南京大学学报 (哲学·人文科学·社会科学), 2015, 52 (3): 17-24.

[184] 江飞涛, 李晓萍. 改革开放四十年中国产业政策演进与发展: 兼论中国产业政策体系的转型 [J]. 管理世界, 2018 (10): 73-85.

[185] 江艇, 孙鲲鹏, 聂辉华. 城市级别, 全要素生产率和资源错配 [J]. 管理世界, 2018 (3): 38-50.

[186] 鞠建东, 刘政文. 产业结构调整中的有为地方政府 [J]. 经济学报, 2017 (4): 61-76.

[187] 昆山市人才学会. 今日昆山: 科学发展之路 [M]. 上海: 上海人民出版社, 2008.

[188] 昆山市老区开发促进会. 昆山市革命老区发展史 [M]. 南京：江苏人民出版社，2019.

[189] 罗纳德·科斯，王宁. 变革中国：市场经济的中国之路 [M]. 徐尧，等译. 北京：中信出版社，2013.

[190] 林毅夫，刘志强. 中国的财政分权与经济增长 [J]. 北京大学学报（哲学社会科学版），2000，37（4）：5-17.

[191] 林毅夫. 新结构经济学：重构发展经济学的框架 [J]. 经济学（季刊），2011，10（1）：1-32.

[192] 林毅夫. 新结构经济学，反思经济发展与政策的理论框架 [M]. 北京：北京大学出版社，2012.

[193] 林毅夫. 产业政策与我国经济的发展：新结构经济学的视角 [J]. 复旦学报（社会科学版），2017，59（2）：148-153.

[194] 林毅夫. 新结构经济学、自生能力与新的理论见解 [J]. 武汉大学学报（哲学社会科学版），2017（6）：5-15.

[195] 林毅夫，向为，余淼杰. 区域型产业政策与企业生产率 [J]. 经济学（季刊），2018（2）：781-800.

[196] 李小建. 经济地理学 [M]. 北京：高等教育出版社，1999.

[197] 李斯特. 政治经济学的国民体系 [M]. 万煦，译. 北京：商务印书馆，2009.

[198] 李力行，申广军. 经济开发区、地区比较优势与产业结构调整 [J]. 经济学（季刊），2015（2）：885-910.

[199] 李世杰，胡国柳，高健. 转轨期中国的产业集聚演化：理论回顾、研究进展及探索性思考 [J]. 管理世界，2014（4）：165-170.

[200] 李贲，吴利华. 开发区设立与企业成长：异质性与机制研

究 [J]. 中国工业经济, 2018 (4): 79-97.

[201] 李慧凤. 情境嵌入的实践理性: 中国方案的理论解释: 苏州工业园区创新的历史考察 [J]. 公共管理学报, 2021 (4): 152-164.

[202] 李娉, 杨宏山. 政企互动与规制重建: 企业家如何推进政策创新: 基于深圳改革经验的实证分析 [J]. 公共管理学报, 2020 (3): 49-61.

[203] 刘君德, 舒庆. 中国区域经济的新视角: 行政区经济 [J]. 改革与战略, 1996 (5): 1-4.

[204] 刘瑞明. 所有制结构, 增长差异与地区差距: 历史因素影响了增长轨迹吗? [J]. 经济研究, 2011 (2): 16-27.

[205] 刘瑞明, 赵仁杰. 西部大开发: 增长驱动还是政策陷阱: 基于PSM-DID方法的研究 [J]. 中国工业经济, 2015 (6): 32-43.

[206] 刘瑞明, 赵仁杰. 国家高新区推动了地区经济发展吗: 基于双重差分方法的验证 [J]. 管理世界, 2015 (8): 30-38.

[207] 刘明兴, 张冬, 章奇. 区域经济发展差距的历史起源: 以江浙两省为例 [J]. 管理世界, 2015 (3): 34-50.

[208] 刘生龙, 王亚华, 胡鞍钢. 西部大开发成效与中国区域经济收敛 [J]. 经济研究, 2009 (9): 94-105.

[209] 刘冲, 乔坤元, 周黎安. 行政分权与财政分权的不同效应: 来自中国县域的经验证据 [J]. 世界经济, 2014 (10): 123-144.

[210] 刘云刚, 王丰龙. 尺度的人文地理内涵与尺度政治: 基于1980年代以来英语圈人文地理学的尺度研究 [J]. 人文地理, 2011, 26 (3): 1-6.

[211] 刘蓝予, 周黎安. 县域特色产业崛起中的"官场+市场"

互动:以洛川苹果产业为例［J］.公共管理学报,2020（2）：116-127.

［212］吕冰洋,陈怡心.财政激励制与晋升锦标赛：增长动力的制度之辩［J］.财贸经济,2022,43（6）：25-47.

［213］路风,蔡莹莹.中国经济转型和产业升级挑战政府能力：从产业政策的角度看中国TFT-LCD工业的发展［J］.国际经济评论,2010（5）：23-47.

［214］莫远人.江苏乡镇工业发展史［M］.南京：南京工学院出版社,1987.

［215］苗长虹,樊杰,张文忠.西方经济地理学区域研究的新视角：论"新区域主义"的兴起［J］.经济地理,2002,22（6）：644-650.

［216］马学广,李鲁奇.国外人文地理学尺度政治理论研究进展［J］.人文地理,2016,31（2）：6-12.

［217］倪志伟,欧索菲.自下而上的变革：中国的市场化转型［M］.阎海峰,等译.北京：北京大学出版社,2016.

［218］欧阳淞,高永中.改革开放口述史：地方卷［M］.北京：中国人民大学出版社,2018.

［219］瞿宛文.超赶共识监督下的中国产业政策模式：以汽车产业为例［J］.经济学（季刊）,2009,8（2）：501 532.

［220］瞿宛文,安士敦.超越后进发展：台湾的产业升级策略［M］.台湾：联经出版社,2003.

［221］瞿宛文.台湾战后经济发展的源起：后进发展的为何与如何［M］.台湾：联经出版社,2017.

［222］青木昌彦,等.政府在东亚经济发展中的作用：比较制度分析［M］.张春霖,等译.北京：中国经济出版社,1998.

[223] 青木昌彦，等．市场的作用，国家的作用 [M]．林家彬，等译．北京：中国发展出版社，2002．

[224] 邱毅，郑勇军．交易效率，运输成本，产业集群与中心市场生成 [J]．商业经济与管理，2010 (7)：11-17．

[225] 萨缪尔森，诺德豪斯．经济学 [M]．萧琛，等译．北京：人民邮电出版社，2008．

[226] 史宇鹏，周黎安．地区放权与经济效率：以计划单列为例 [J]．经济研究，2007 (1)：17-28．

[227] 孙久文，原倩．京津冀协同发展战略的比较和演进重点 [J]．经济社会体制比较，2014 (5)：1-11．

[228] 孙久文，夏添，胡安俊．粤港澳大湾区产业集聚的空间尺度研究 [J]．中山大学学报（社会科学版），2019，59 (2)：178-186．

[229] 孙志燕，侯永志，张永生，等．对我国区域不平衡发展的多视角观察和政策应对 [J]．管理世界，2019，35 (8)：1-8．

[230] 司月芳，曾刚，曹贤忠，等．基于全球—地方视角的创新网络研究进展 [J]．地理科学进展，2016，35 (5)：600-609．

[231] 尚虎平，刘俊腾．欠发达地区的政策创新真的促进了"弯道超车"吗：一个面向贵阳市大数据发展政策的合成控制检验 [J]．公共管理学报，2021，18 (4)：34-45+168．

[232] 陶然，陆曦，苏福兵，等．地区竞争格局演变下的中国转轨：财政激励和发展模式反思 [J]．经济研究，2009，44 (7)：21-33．

[233] 陶然，苏福兵，陆曦，等．经济增长能够带来晋升吗：对晋升锦标竞赛理论的逻辑挑战与省级实证重估 [J]．管理世界，2010，207 (12)：13-26．

[234] 陶然,苏福兵. 经济增长的"中国模式": 两个备择理论假说和一个系统性分析框架 [J]. 比较, 2021, 114: 128-189.

[235] 唐为. 经济分权与中小城市发展: 基于撤县设市的政策效果分析 [J]. 经济学(季刊), 2019 (6): 123-150.

[236] 吴敬琏. 当代中国经济改革教程 [M]. 上海: 上海远东出版社, 2016.

[237] 吴一平,李鲁. 中国开发区政策绩效评估: 基于企业创新能力的视角 [J]. 金融研究, 2017 (6): 126-141.

[238] 吴克铨,等. 唯实、扬长、奋斗: "昆山之路"的发展历程及现实意义 [M]. 苏州: 古吴轩出版社, 2005.

[239] 王振寰. 追赶的极限: 台湾的经济转型与创新 [M]. 台湾: 巨流图书公司, 2010.

[240] 王永进,张国峰. 开发区生产率优势的来源: 集聚效应还是选择效应? [J]. 经济研究, 2016 (7): 58-71.

[241] 王绍光,胡鞍钢. 中国国家能力报告 [M]. 沈阳: 辽宁人民出版社, 1993.

[242] 王丰龙,刘云刚. 尺度概念的演化与尺度的本质: 基于二次抽象的尺度认识论 [J]. 人文地理, 2015, 30 (1): 9-15.

[243] 王丰龙,刘云刚. 尺度政治理论框架 [J]. 地理科学进展, 2017, 36 (12): 1500-1509.

[244] 王贤彬,聂海峰. 行政区划调整与经济增长 [J]. 管理世界, 2010, 4 (1): 42-53.

[245] 王汉生,刘世定,孙立平. 作为制度运作和制度变迁方式的变通 [J]. 中国社会科学季刊, 1997 (21): 45-68.

[246] 沃尔特·克里斯塔勒. 南部德国的中心地原理 [M]. 常正文, 王兴中, 译. 北京: 商务印书馆, 1998.

[247] 西达·斯考切波. 国家与社会革命: 对法国、俄国和中国的比较分析 [M]. 何俊志, 等译. 上海: 上海人民出版社, 2007.

[248] 夏添, 孙久文. 基于区域经济理论的新时代空间尺度重构研究 [J]. 城市发展研究, 2019, 26 (6): 13-20.

[249] 夏添, 孙久文, 宋准. 新时代国内外区域经济学研究热点评述 [J]. 经济学家, 2019 (9): 15-24.

[250] 约瑟夫·熊彼特. 经济发展理论: 对于利润、资本、信贷、利息和经济周期的考察 [M]. 何畏, 易家祥, 等译. 北京: 商务印书馆, 2011.

[251] 约翰逊. 通产省与日本奇迹: 产业政策的成长 (1925—1975) [M]. 曹海军, 等译. 吉林: 吉林出版集团有限责任公司, 2010.

[252] 殷存毅, 姜山. 外来投资与城市化发展: 对东莞和昆山城市化的实证研究 [J]. 清华大学学报 (哲学社会科学版), 2003, 18 (6): 71-79.

[253] 殷存毅. 大陆经济转型与台商投资演变趋势: 以昆山市为例 [J]. 台湾研究集刊, 2007, 97 (3): 44-55.

[254] 殷存毅, 汤志林. 纵向治理、资源配置与创新网络: 中关村与竹科的比较分析 [J]. 国际经济评论, 2010 (5): 48-60.

[255] 殷存毅. 区域发展与政策 [M]. 北京: 社会科学文献出版社, 2011.

[256] 殷存毅, 夏能礼. "放权"或"分权": 我国央—地关系初论 [J]. 公共管理评论, 2012, 12 (1): 23-42.

[257] 殷洁, 罗小龙. 尺度重组与地域重构: 城市与区域重构的政治经济学分析 [J]. 人文地理, 2013, 28 (2): 67-73.

[258] 杨瑞龙. 我国制度变迁方式转换的三阶段论 [J]. 经济研究, 1998 (1): 5-12.

[259] 袁航, 朱承亮. 国家高新区推动了中国产业结构转型升级吗 [J]. 中国工业经济, 2018 (8): 60-77.

[260] 亚历山大·格申克龙. 经济落后的历史透视 [M]. 张凤林, 译. 北京: 商务印书馆, 2009.

[261] 叶志鹏, 王蔚, 汪苾轩. 货币政策, 生产投资结构与温州区域性金融危机: 基于奥地利商业周期理论的分析视角 [J]. 浙江社会科学, 2016 (7): 141-149.

[262] 叶志鹏. 城市产业治理能力与区域产业发展: 基于江苏昆山的案例分析 [J]. 城市与环境研究, 2020 (3): 29-49.

[263] 叶志鹏. 上下互动式扩权: 内生型经济发展中的地方政府行为逻辑: 对昆山经济发展的长时段考察 [J]. 公共管理学报, 2022, 19 (3): 84-95+171.

[264] 叶志鹏, 李朔严. 遇见创新: 比较视野下的东亚发展型国家模式转型 [J]. 比较政治学研究, 2022, 22 (1): 175-193.

[265] 叶志鹏, 郑晶坏, 李朔严. 制度适应性与区域经济发展模式的演变: 对温州模式转型的再思考 [J]. 贵州财经大学学报, 2022 (4): 101-110.

[266] 郁建兴, 高翔. 地方发展型政府的行为逻辑及制度基础 [J]. 中国社会科学, 2012 (5): 95-112.

[267] 曾智华. 经济特区的全球经验: 聚焦中国和非洲 [J]. 国

际经济评论，2016（5）：123-148.

［268］张五常. 中国的经济制度［M］. 北京：中信出版社，2009.

［269］张五常. 佃农理论：应用于亚洲的农业和台湾的土地改革［M］. 易宪容，译. 北京：商务印书馆，2000.

［270］张军，高远，傅勇，等. 中国为什么拥有了良好的基础设施？［J］. 经济研究，2007，42（3）：4-19.

［271］张军，周黎安. 为增长而竞争：中国增长的政治经济学［M］. 上海：上海人民出版社，2008.

［272］张军，范子英，方红生. 登顶比赛：理解中国经济发展的机制［M］. 北京：北京大学出版社，2015.

［273］张翔，ZHAO W G. 地方政府创新何以持续：基于"政绩安全区"的组织学解释：对一个县级市"智慧市"项目过程的案例观察［J］. 公共管理学报，2020（4）：98-109.

［274］张可云. 区域经济政策：理论基础与欧盟国家实践［M］. 北京：中国轻工业出版社，2001.

［275］张可云. 区域科学的兴衰，新经济地理学争论与区域经济学的未来方向［J］. 经济学动态，2013（3）：9-22.

［276］张晏，龚六堂. 分税制改革，财政分权与中国经济增长［J］. 经济学（季刊），2005（4）：75-108.

［277］张京祥. 国家—区域治理的尺度重构：基于"国家战略区域规划"视角的剖析［J］. 城市发展研究，2013，20（5）：45-50.

［278］张京祥，吴缚龙. 从行政区兼并到区域管治：长江三角洲的实证与思考［J］. 城市规划，2004，28（5）：25-30.

［279］张国华，张二震. 改革开放的昆山之路［M］. 北京：人民

出版社，2008.

[280] 张维迎. 制度企业家与儒家社会规范 [J]. 北京大学学报（哲学社会科学版），2013，50（1）：16-35.

[281] 张钢，徐贤春，刘蕾. 长江三角洲16个城市政府能力的比较研究 [J]. 管理世界，2004（8）：18-27.

[282] 张振华. 我国地方发展型政府建构的制度基础与形态演变 [J]. 比较政治学研究，2018，8（2）：126-147.

[283] 张静. 从特殊中发现一般：反思中国经验的阐述问题 [J]. 学术月刊，2022，54（3）：142-150.

[284] 赵静，陈玲，薛澜. 地方政府的角色原型、利益选择和行为差异：一项基于政策过程研究的地方政府理论 [J]. 管理世界，2013（2）：90-106.

[285] 赵子龙，吴维旭，黄斯嫄. 部省际联席会议的运行机制及其制度化逻辑：基于昆山深化两岸产业合作试验区的案例分析 [J]. 公共行政评论，2023，16（1）：70-87+198.

[286] 郑永年. 中国模式：经验与困局 [M]. 杭州：浙江人民出版社，2010.

[287] 郑永年. 中国的"行为联邦制"：中央—地方关系的变革与动力 [M]. 邱道隆，译. 北京：东方出版社，2013.

[288] 郑勇军，邱毅. 时空协同视角下的义乌中国小商品城演进历程分析 [J]. 商业经济与管理，2006（7）：15-21.

[289] 郑勇军，叶志鹏，陈宇峰. 关系型治理与温州金融危机的再考察 [J]. 经济社会体制比较，2015（2）：77-87.

[290] 钟永一，张树成. 见证中国第一个自费开发区：宣炳龙印

象 [M]. 南京：江苏人民出版社，2009.

[291] 曾刚，尚勇敏，司月芳. 中国区域经济发展模式的趋同演化：以中国 16 种典型模式为例 [J]. 地理研究，2015，34（11）：2005-2020.

[292] 周茂，陆毅，杜艳，等. 开发区设立与地区制造业升级 [J]. 中国工业经济，2018（3）：62-79.

[293] 周雪光. 权威体制与有效治理：当代中国国家治理的制度逻辑 [J]. 开放时代，2011（10）：66-85.

[294] 周飞舟. 以利为利：财政关系与地方政府行为 [M]. 上海：上海三联书店，2012.

[295] 周黎安. 中国地方官员的晋升锦标赛模式研究 [J]. 经济研究，2007（7）：36-50.

[296] 周黎安. 转型中的地方政府：官员激励与治理 [M]. 上海：上海人民出版社，2008.

[297] 周黎安. 行政发包制 [J]. 社会，2014，34（6）：1-38.

[298] 周黎安. 转型中的地方政府：官员激励与治理 [M]. 上海：格致出版社，2017.

[299] 周黎安. "官场+市场"与中国增长故事 [J]. 社会，2018，38（2）：1-45.

[300] 世界银行. 2009 年世界发展报告：重塑世界经济地理 [M]. 北京：清华大学出版社，2009.

后记

后 记

本书基于我的博士论文修订而成。行文至此，意味着一段漫长的学术旅程正式告一段落，如今算是能体会师友口中所谓的"匆匆付梓"是一种怎样的心境。对于"以学术为志业"的人文社科学人而言，出版学术专著是个人学术生涯中的里程碑式事件，又岂能轻率推出、"匆匆付梓"？不过，昨天的作品，是永远都不会令人满意的。大抵是学术考核的缘由，加之，自己确实难以在短期内将这部作品进行根本性的修缮；总之，是时候将这些年围绕某一项学术议题所作的一些思考，公开分享至更广泛读者群体的时候了。

这项研究的思考起始点是"中国经济奇迹"命题，一个几乎每一位社科学人都会为之魂牵梦萦的时代性"大问题"（Big Question）。自1994年林毅夫、蔡昉、李周合著出版《中国的奇迹：发展战略与经济改革》以来，围绕这一命题的讨论持续不断，乃至几乎关注中国研究的知名社科学者都或多或少参与到了这项"揭榜挂帅"运动中，如罗纳德·科斯、德怀特·帕金斯、法布里齐奥·齐利博蒂、青木昌彦、张五常、林毅夫、钱颖一、许成钢、周黎安、白重恩、蔡昉、夏斌、易纲、姚洋、张军、文一、杨瑞龙、韦森、冯兴元、盛洪、华民、刘守英、陶然、黄宗智、赵鼎新、洪源远、龚启圣、宋铮、杨开忠、王永钦、聂辉华、任保平等。学者们是如此勤勉地思考并持续贡献丰富的理论解释，以至于伴随着我的学术成长阶段，电脑磁盘里"中国经济奇迹"文件夹中的文献数量不断增长，而迫不得已不断分类归档，以期能在这些蔚为壮观的理论解释中寻找一丝"理论缝隙"。我始终坚信，一个时代性命题的背后，隐藏着宽裕的理论探寻空间。

俗话说，"一千个人眼中就有一千个哈姆雷特"。由于自己所受的学术训练包括经济学、公共管理学和政治学，自然地，或是"鬼使神差"地，尝试另辟蹊径来重新解析"中国经济奇迹"命题。这便涉及本项研究较为不同的核心思路：通过转换研究的空间尺度，以地区经济逆袭现象为切入口，从地方政府的经济发展与制度创新角色，来解析"中国经济奇迹"的中观呈现与微观机制。本书借助空间尺度重构理论资源，从地方政府发展能力的作用机制、形成机制与强化机制，初步探索并提出了地方政府发展能力理论。基于这一理论，本书相继提出了尺度重构的"发展场域扩增"与"发展权限扩增"的双重效应、"上下互动式扩权"等理论思想。姑且不论本书所提供的理论解释能在学术界溅起多高的水花，也不甚期待能够说服或启发多少读者；但将本书视作中国大国崛起过程中的一个理论注脚，拉长时光，或许日后能为某些未预料的研究领域提供些养料、延续理论的生命力。

鉴于本书主要的研究工作均围绕昆山展开，这里仍需要费些口舌来谈一谈我与昆山的情缘。在我还比较小的时候，便听闻家中有一表哥"远赴"江苏昆山从事模具设计工作，那是第一次听说昆山这个地方。对于浙江人来说，出省务工是件不可思议的事情。心中不免产生疑惑：昆山还能比浙江好？以及，昆山到底在哪里？为什么不去苏州和南京呢？在我大学毕业不久，亦即在2012年的夏天，参加了上海"市场经济与企业家精神"奥地利学派经济学暑期夏令营。可是下了地铁才发现，"上海夏令营"原来不在上海，而是在昆山花桥。上海的地铁居然通到了江苏昆山，昆山究竟有何能耐？这是我对昆山的第二个印象。2014年，跟随殷存毅教授读博后，开始有了更多深入了解昆山的机会。得益于清华台研院与昆山市政府建立的长期合作关系，以及殷教授的研究志趣和丰富的社会网络资源，我们师门开始将昆山作为一个长期的跟踪调查对象，由此获得大量实地调研访谈的田野调查机

后 记

会。当然，我也会利用一些调研机会与表哥在昆山见面叙旧，捕捉一些居民视角下的昆山印象。加之在调研中结识了昆山的一些干部和企业家，如时常通过微信拉家常的晓峰兄；再如，师门的勇帅师兄娶了"昆山媳妇"，这些都为深入全面地了解研究对象创设了非正式网络资源。这里要特别感谢昆山产新院的庄先生和荣荣姐，帮助创设了许多次的重要调研机会。

回顾这项研究经历，自然离不开师友们的关心与帮助。本项研究的顺利完成，首要感谢我的博士生导师殷存毅教授，领我进入区域发展研究的大门。能够拜先生门下治学五年（加上博士录取后的一年，实则六年），是我一生的幸运。感谢先生周全我读万卷书的理想，鼓励我坐冷板凳，安心治学。先生的言传身教，坚定了我以学术为志的人生追求。读博期间，与先生的学术交流不下百次，蓦然回首，鲜活细节历历在目，每次醍醐灌顶的启迪，历久弥新，获益无穷。先生组织与创设的十余次实地调研机会，极大地开阔了我对中国基层社会之多样性与复杂性的认知，也增进了我对中国基层政府运行原理的理解。先生悉心培育与呵护的师门读书会，增进了同门间的学术交流，也凝聚了休戚与共的一家人。

本书作为博士论文成果的修订版，还要感谢清华大学和公共管理学院提供全球无与伦比的学习、科研与生活环境。能够成为清华和清华公管的一员，是我一生的骄傲。感谢俞樵、朱旭峰、周绍杰和梅赐琪等老师在开题答辩时的大力斧正。感谢彭宗超、杨永恒、周绍杰、梅赐琪和孟廷春等老师在中期答辩时的指点迷津。感谢楚树龙、孟庆国、王亚华、周绍杰、贾西津、高宇宁、殷成志等老师在预答辩时的悉心指教。感谢杨永恒、邓国胜、陆军（北京大学）、孙久文（中国人民大学)、梁正等老师在最终论文答辩中提出的宝贵建议。感谢在苏黎世大学政治科学系访学期间的导师 Daniel Kübler 教授,以及 Thomas Widmer 教授和 Su Yun Woo(淑云)博士等多位同事,很享受每日 Coffee Break 时的闲聊,开阔了我对欧洲的理解和人生视野。感谢第二合作导师汉学系 Simona Grano 老师,以及洪安瑞(Andrea Riemenschnitter)教授的学术指导,参与的两门课程讨论帮助我拓宽了观察中国问题的视角。在苏黎世大学的一年联培经历,促使我"跳出中国看中国",学会运用国际比较的视野重新审视"中国经济奇迹"命题。

本书的部分章节内容曾以独作或第一作者的形式发表于 *Journal of Asian Public Policy*、《公共管理学报》《城市与环境研究》等学术刊物,感谢上述杂志社提供的宝贵交流平台,感谢匿名审稿人的不断鞭策,感谢合作者的支持与帮助。本书的不同部分曾先后在苏黎世大学汉学系、上海交通大学公共经济与社会政策系、复旦大学"博士生学术论坛"、《公共管理评论》"给青年一小时"工作坊、《社会学研究》杂志"栗林论坛"、《社会》杂志理论工作坊、上海清华国际创新中心青年学术研讨会、*Global Public Policy and Governance* 杂志创刊一周年研讨会、美国 Midwest Political Science Association(MPSA)年会、华东师范大学 70 周年校庆报告会等学术场合作了报告,感谢与会者的点评与指教,特别感谢王有强、米加宁、梅赐琪、张楠迪扬、张翔、陈家建、葛天任、冯猛、肖汉宇、范梓腾、徐菁媛,以及华东师范大学公共管理学院高恩新、王法硕等多位学界前辈和同事的慷慨赐教与悉心指点!还要特别感谢吴维旭、王晓阳、李朔严、赵子龙、周凌一、舒全峰、谢伟民、朱梦曳、李蹊、郭施宏、凌争等诸位师友,以及所有的"殷门成员"在我博士论文各阶段的鼎力相助。

后 记

还要感谢我的家人。与我相识相爱于高中的妻子，在我"光吃草不产奶"的漫长青春岁月里不离不弃，甚至不惜牺牲个人事业，优先支持我的学术事业发展。2020年入职华东师大后，我们的宝贝女儿小叶子出生了。都说女儿是爸爸的贴身小棉袄，在我教师生涯的起步阶段也同样倍感于这份温暖。特别感谢我的父母，一直从经济和精神上支持我"冗长且拖沓"的学业生涯，"中国经济奇迹"亦离不开全天下父母在家庭教育投入上作出的历史贡献。

本书的顺利出版，须特别感谢经济日报出版社李晓红老师辛勤的编辑工作，犹记得在华师大"大夏书店"的交流，给予了我许多力量。感谢上海市浦江人才计划项目"经济赶超地区的产业发展路径比较与动力机制研究"（编号：2021PJC035）的出版资助，感谢国家社会科学基金青年项目"推动共同富裕背景下跨区域帮扶长效促进机制研究"（编号：22CZZ045），教育部人文社科重点研究基地青年项目"面向共同富裕的跨域科创治理体制与合作机制创新研究"（编号：401215-22056/006），中央高校基本科研业务费项目华东师范大学引进人才启动费项目"地方政府能力、空间尺度重构与区域产业发展研究"（编号：2020ECNU-HLYT071），中央高校基本科研业务费项目华东师范大学人文社会科学青年跨学科创新团队项目（编号：2022QKT005）等项目对本研究各阶段的资助。

叶志鹏

2023年5月

于丽娃河畔